아산재단 연구총서 제421집

소규모 사회적기업과
소셜미디어 마케팅

아산재단 연구총서 제421집

소규모 사회적기업과 소셜미디어 마케팅

박 철

집문당

박철(朴哲) 현재 고려대학교 글로벌비즈니스대학 교수
현재 한국소비문화학회장, 기독경영연구원장, 한국중소기업학회 부회장
현재 (재)중앙자활센터 이사
미국 밴드빌트대학교, 하와이대학교 방문학자 역임
서울대학교 국제경제학과 졸업
서울대학교 대학원 경영학과 졸업(경영학석사)
서울대학교 대학원 경영학과 졸업(경영학박사)

아산재단 연구총서 제421집

소규모 사회적기업과 소셜미디어 마케팅

2017년 9월 30일 1판 1쇄

저 자 | 박 철
발행인 | 임동규
발행처 | **집문당**
등 록 | 1971. 3. 23. 제300-2012-69호
영업부 | 10881 경기도 파주시 광인사길 85(파주출판도시)
(02)743-3192~3 팩스(02)742-4657
전자우편 | sale@jipmoon.co.kr
편집부 | 03134 서울시 종로구 돈화문로 82 집문당빌딩 5층
(02)743-3096~7 팩스(02)743-0227
전자우편 | edit@jipmoon.co.kr
홈페이지 | www.jipmoon.co.kr

편 집 | 이현정
디자인 | 임용우

ISBN 978-89-303-1772-6 94320
978-89-303-1500-5(세트)

가격 15,000원

이 도서의 국립중앙도서관 출판시도서목록(CIP)은 e-CIP홈페이지(http://www.nl.go.kr/ecip)와
국가자료공동목록시스템(http://www.nl.go.kr/kolisnet)에서 이용하실 수 있습니다.
(CIP제어번호: CIP2017022393)

머리말

2007년 사회적기업 육성법이 공포된 이후, 우리나라에서 사회적기업은 양적으로 급증하였다. 이 법이 제정되기 전에도 자활공동체, 각종 생산자/소비자 협동조합, 마을공동체 등 다양한 형태의 사회적 경제가 존재하였다. 하지만 정부에서 주도(인증)하고 지원하는 우리나라의 사회적기업은 전 세계에서도 유래가 없을 정도로 빠르게 확산되어 갔다. 초기에 우리나라의 사회적기업들은 주로 취약계층의 일자리 제공과, 영리기업이 잘 하지 않는 사회서비스를 수행하였다. 이 때문에 그들은 태생적으로 영세적이고 경영이 취약할 수밖에 없었다. 최근에 소셜벤처의 형태로 경쟁력 있는 사회적기업들이 등장하고 있다. 하지만 사회적가치와 경제적가치를 동시에 추구하는 사회적기업은 두 마리 토끼를 한꺼번에 잡아야 하는 어려움이 상존한다.

2017년 4월 기준 한국사회적기업진흥원에 등록된 인증 사회적기업 수는 1,710개이다. 여기에 예비사회적기업, 각 지자체의 인증 및 예비 사회적기업, 협동조합, 자활기업, 마을기업 등을 합치면 우리나라의 사회적경제 주체는 양적으로 팽창해 있다. 그런데 이러한 기업들은 대부분 인적, 물적 자원이 부족해 매우 영세하며, 경영전문가가 없는 경우도 많다. 따라서 경영상 애로가 많으며, 항상 생존 가능성, 지속 가능성을 걱정한다. 특히 판로개척, 광고홍보, 고객관리 등 마케팅 분야에서는 어려움이 많다. 돈이 없고 지식(전문력)이 없고 인맥이 없기 때문이다.

최근 트위터, 페이스북, 인스타그램, 유튜브, 카카오스토리 등 소셜미디어(SNS) 시대가 오면서 소통의 혁명이 일어나고 있다. 전 세계를 시간의 제약이 없이 연결하고, 쌍방향 의사소통이 가능한 이 미디어의 혁명은 기업 경영활동도 변혁시키고 있다. 특히 기존의 매스미디어를 활용한 마케팅에 비해 소셜미디어는 저비용-고효율의 마케팅을 가능하게 하고 있다. 이것은 작은 기업들에게는 새로운 기회로 떠오르고 있다. 영세기업이라도 좋은 제품과 명분(사회적가치)이 있다면 소셜미디어를 활용하여 손쉽게 광고홍보하고, 판로를 개척하며, 고객을 관리할 수 있게 된 것이다.

이 책은 이러한 배경하에서 소규모 사회적기업들이 소셜미디어를 활용하여 마케팅 성과를 높일 수 있는 방안을 탐색해 보기 위해 시도되었다. 정말 좋은 명분과 비즈니스모델을 가지고 있지만, 지속가능성을 확보하지 못하는 소규모 사회적기업들에게 작은 도움을 주고자 하였다. 이 책의 내용은 구체적으로 다음과 같다.

제1장은 서론으로 연구의 배경과 목적을 담고 있다. 사회적기업의 대두와 그 취약성, 이를 극복할 수 있는 소셜미디어를 활용한 마케팅에 대한 문제를 제기하였다.

제2장은 이론적 배경으로 문헌연구 내용을 정리하였다. 먼저 사회적기업의 특징과 문제점을 정리하고, 소셜미디어 마케팅의 특성과 활용 방안을 정리하였다.

제3장은 SNS 마케팅의 성공 사례를 다루었다. 광고홍보, 고객관리, 그리고 판매관리 분야에서 SNS마케팅에 성공한 국내외 각종 기업들의 사례들을 간략히 정리하였다. 특히 마지막에는 5개 영세기업

의 SNS마케팅 성공 사례를 집중적으로 정리하여 그 가능성을 탐색하였다.

제4장에서는 사회적기업의 소셜미디어 활용 실태를 설문조사하였다. 실제 58개 사회적 기업을 방문하여 마케팅 애로사항, 소셜미디어 활용 정도, 향후 이용 의도 등에 대해서 조사하였고, 그 결과를 정리하였다.

제5장에서는 소규모 사회적기업 다섯 군데의 소셜미디어 활용 사례를 직접 개발하고 분석하였다. 기업 개요, 마케팅 문제, 페이스북 구축 과정과 진행, 그리고 마케팅 성과에 대해서 소개하였다.

제6장은 결론 부분으로 소규모 사회적기업의 소셜미디어 마케팅 방안을 제시하고, 선결과제 및 단계별 방안을 제시하였다.

이 책이 소규모 사회적기업의 마케팅 문제를 100% 풀어 주지는 못할 것이다. 또한 소셜미디어를 활용한 마케팅이 도깨비방망이처럼 만병통치약은 아닐 것이다. 심지어 소셜미디어를 구축할 만한 능력이 없는 기업조차도 많을 것이다. 하지만 이 책에서는 여러 실제 사례를 많이 제시하였다. 소규모 사회적기업 경영자나 마케터들은 이들을 모본으로 하여, 기업 사정에 맞게 다양하게 적용해 볼 수 있으리라 본다. 제목에는 비록 '사회적기업'이라고 되어 있지만 실제로는 모든 사회적 경제 주체, 그리고 영세한 자영업자에게도 이 책의 방안이 적용될 수 있다. 하지만 결론에서도 제시했지만 우리나라의 영세한 사회적 경제 주체들에게는 아직도 사회적 지지(social supports)가 필요하다. 학생들이나 전문가들의 재능기부 혹은 착한 소비자들의 출현 같은 것들이다.

이 책은 아산사회복지재단의 지원이 없었으면 빛을 보지 못했을 것이다. 아산사회복지재단은 연구총서를 꾸준히 출간 지원하면서 이

사회를 아름답게 하는 지식 생산과 축적을 돕고 있는 귀한 기관이다. 다소 집필기간이 늘어졌는데도 저자에게 인내심을 가지고 지원해 주심을 특히 감사드린다.

저자가 몸담고 있는 고려대학교 경영학부 동료 교수님들은 항상 지적 자극을 주었고, 책의 내용에 귀중한 조언들을 해 주었다. 이 분들께 감사드린다. 또한 본 책을 집필함에 있어 직접적인 도움을 준 대학원(디지털마케팅랩)의 정성재, 전수연, 최민석, 조준희, 이원, 조미영, 강금림, 김인규 등의 제자들에게 감사드린다. 대기업 출신인 저자가 사회적경제에 관심을 갖게 된 계기는 마이크로크래딧 기관인 (사)신나는조합의 자활공동체에 관여하면서부터이다. 이 길로 인도해 준 소정렬 전 조합장님과 한신대 사회적혁신경영대학원장이신 오창호 교수께 감사드린다. 친구인 전 사회적기업진흥원장인 명지대 김재구 교수는 사회적기업 전문가로서 많은 도움을 주었다. 저자가 현재 이사를 맡고 있는 (재)중앙자활센터는 취약계층의 자활기업을 관장하는 기관이다. 여기에서 만난 많은 자활전문가, 기업 현장의 직원들, 그리고 경영자들은 이 책을 쓰게 한 강력한 동인이 되었다. 부디 이 책이 이러한 소규모 사회적 경제 주체들에게 도움이 되기를 간절히 바란다.

끝으로 살아생전 나를 많이 사랑해 주시고, 기도해 주셨으며, 아직까지 내 영혼과 정신에 살아 계신 할머니께 이 책을 바친다.

2017년 8월

박 철

| 차 례 |

제4장 사회적기업의 소셜미디어 활용 실태 조사 · 149

제5장 소규모 사회적기업의 소셜미디어 활용 사례 분석 · 167

| 표 차례 |

| 그림 차례 |

제 1 장
서　론

제1장 서 론

제1절 연구의 배경

'강원도 정선 냉동찰옥수수, SNS 타고 날다'

한 언론 매체의 기사 제목이다(아시아 투데이, 2015. 3. 29). 강원도청이 도내 영세한 사회적기업과 협동조합, 그리고 마을기업 홍보와 판매 위해 SNS(Social Network Service) 지원 사업인 '카페트'로 일주일 만에 정선 여량 냉동찰옥수수를 1,500만 원 이상 판매했다고 한다. '카페트'는 카카오스토리, 페이스북, 트위터의 앞 글자를 딴 단어이다. 강원도 산골에 있는 옥수수가 입지, 인지도, 자원, 인력의 한계를 극복하고 단기간에 매출을 달성한 것이다. 이는 SNS, 즉 소셜미디어가 없던 시절에는 상상할 수 없는 일이었다. 영세한 사회적기업들에게도 기회가 오고 있다.

전 세계적으로 사회 양극화현상의 부작용들이 나타나면서, 공동체 및 사회적 가치를 기업의 경영 가치로 삼는 사회적기업에 관심이 커지고 있다. 특히 2001년 세계적인 금융 위기의 시발점이 된 미국의 엔론 사태 이후 자본주의의 새로운 대안으로써 사회적기업이 주목받고 있다(한국경제, 2011; 서울경제, 2012).

사회적기업은 사회 양극화를 지양하고 지속 가능한 질 높은 일자리 창출에 기여한다. 뿐만 아니라 최근 기업들의 사회적 책임과 사회공헌활동이 중시되면서 사회적기업이 많이 등장하고 있다. 우리나라의 경우 2007년 사회적기업 육성법이 공포되고 시행되면서 사회적기업들이 제도적인 경로를 통해 정착하기 시작하였다. 사회적기업 육성법에 따르면 사회적기업이란 취약계층에게 일자리를 제공하고 지역주민에게 사회서비스를 제공하여 삶의 질을 높이는 등 사회적 목적과 함께 재화 및 서비스의 생산, 판매 등 영업 활동을 수행하는 조직이다. 하지만 사회적기업들이 추구하는 사회적 기여와 해외의 성공적인 사례에도 불구하고, 우리나라의 대다수 사회적기업은 현재까지도 정부와 지역 공동체의 지원이 없이는 기본적인 경영활동을 유지할 수 없을 정도로 열악한 상황이다(노대명, 2008; 김순양, 2010). 따라서 사회적기업의 활동에서 중요시되는 것은 단순한 일자리 창출과 제공에 그칠 것이 아니라 스스로 자립할 수 있는 지속적인 성장이 가능한 역량을 갖춘 기업으로 발전하는 데 있다.

사회적기업이 사회적 가치를 추구하면서도 기업으로서 지속가능성을 확보하는 과정에서 가장 많은 어려움을 호소하는 부문은 해당 제품을 판매할 수 있는 판로 개척과 홍보 등 마케팅 요소이다(김인선, 2010). 사회적 가치를 중시하는 윤리적 소비자와 트위터, 페이스북 등 소셜 네트워크 서비스가 등장하고 발전하면서 사회적기업들은 과거와 다른 새로운 시장환경을 맞이하게 되었다. 문제는 이러한 소셜미디어의 등장에도 불구하고 대부분의 사회적기업이 새로운 환경에 대처할 적절한 방안을 제시하지 못할 뿐만 아니라 이해조차 하지 못하고 있다는 점이다. 따라서 현시점에서 새로운 소셜미디어 시대에 영세 사회적기업의 소셜미디어 활용과 성과 향상에 대한 연구가 필요하다. 이 책의 배경과 목적을 구체적으로 살펴보면 다음과 같다.

1. 자본주의의 새로운 대안, 사회적기업의 대두

사회적기업(social enterprise)은 '빵을 팔기 위해 고용하는 것이 아니라 고용하기 위해 빵을 파는 기업'으로 좋은 일을 하면서도 수익을 내는 기업을 뜻한다. 이는 사회적기업이 영리기업의 목적인 이윤 창출을 '수단'으로 활용하여 취약계층의 일자리 창출 및 사회서비스를 제공하는 것을 '목표'로 비영리 조직과 영리기업의 중간 형태임을 뜻한다. 다시 말해 사회적기업은 '사회적 목적을 위하여 재화나 서비스를 생산 및 판매하는 사회적 임무 지향적(social mission driven) 조직'이다(김순양, 2010).

사회적기업은 최근 자본주의의 문제점을 해결할 수 있는 대안으로 주목받고 있다. 즉 사회적기업의 목표인 '취약계층의 고용과 자활'은 사회의 통합과 지속가능한 발전을 위해 중요하며 이는 곧 자본주의 문제점을 극복하는 데도 도움이 된다.

우리나라는 2000년 국민기초생활보장법 제정에 따른 공공근로사업의 사회적 일자리로의 개념 전환을 위해 자활후견기관을 도입했고, 2007년 전 세계에서 유래를 찾아볼 수 없는 '사회적기업 육성법' 제정과 고용노동부의 사회적기업 인증제도 도입으로 본격적으로 활성화되기 시작하였다(노대명, 2008). 사회적기업 육성법에서는 사회적기업으로 인증이 가능한 조직 형태를 민법상 법인·조합, 상법상 회사 또는 비영리민간단체 등으로 규정해 두고 있다. 사회적기업으로는 2013년 12월까지 30차에 걸쳐 총 1,080개가 인증되었으며, 2013년 예비 사회적기업의 수도 1,537개 등 불과 몇 년 새 폭발적인 성장을 보였다(한국사회적기업진흥원, 2013). 2017년 현재 한국사회적기업진흥원에 등록된 인증 사회적기업은 총 1,710개이다. 2007년 55개로 시작한 사회적기업은 2013년 12월까지 총 1,080개가 인증되었으나, 2008년 3개소로 시작된 인증 취소 기업은 2012년에는 19개소였다.(한국사회적기업진흥원, 2013).

전 세계적으로 고용 없는 성장 시대가 확산되면서, 각 국가들은 고용 및 일자리 창출 정책으로 사회적기업을 적극적으로 육성해 경제적 양극화를 해소하려고 노력하고 있다(최종태 외, 2008). 영국의 경우, 사회적기업의 수가 5만여 개 사를 상회하며 한 해 매출이 50조원, 국내총생산(GDP)의 약 1%을 차지할 정도로 국가 경제에서 기여하는 정도가 크다(김기현, 2011).

2. 사회적기업의 취약성

정부와 민간이 모두 나서서 사회적기업을 활성화하기 위해 노력하는데도 불구하고, 현재 사회적기업의 대다수는 영세한 규모로 어렵게 꾸려 나가는 실정이다. 우리나라 기업의 영세성은 최근 연구들을 통해 그 심각성이 대두되고 있다. 미국의 경우 전체 사업체 중 10인 미만 소기업이 전체의 60%를 넘지 않고, 영국과 독일이 70% 전후, 이탈리아와 일본이 80% 수준인데 반해 우리나라는 90%가 넘는 수준이다(김영미, 2009).

2014년 기준 사회적기업의 83.1%가 30인 이하이며, 이들 업체의 평균 노동자 수는 12.7명 정도로 대다수가 영세 업체인 것으로 집계되었다(참세상, 2014). 특히 대전의 경우 인증기업 28곳 중 대다수가

6~7인 규모이며 20인 이상 기업은 단 한 곳도 없었다(충청투데이, 2014). 더 중요한 문제는 9인 이하 영세 사업체의 비중과 고용이 1990년대 이후 지속적으로 증가하고 있다는 것이다. 특히 고용 규모를 인증 시기로 분류하면 초기에는 대규모 사업장이 많은 반면, 후반부로 갈수록 소규모 사업단의 진입이 증가하는 경향을 보이고 있다(채종헌, 최준규, 2010).

이러한 상황에서 기업의 영세성은 다시 낮은 품질과 근로 여건 악화라는 악순환을 그리면서 소외계층을 양산하고 있다. 사회적기업은 앞서 언급한 대로 취약계층을 위한 자활 모델이 될 수 있고, 새로운 고용 모델이 될 수 있다. 또한 젊은 창업자들의 창업 수단이 되기도 하며 지속가능경영의 모델이 될 수 있는 등 다양한 사회적 편익을 가져다 주지만 경제 원리 기반이 취약하다는 단점이 있다. 즉 사회적기업의 생존이 어려운 것이다. 경제활동인구에서 사회적기업이 차지하는 고용 비중은 OECD 평균 4.4%에 훨씬 못 미치는 0.03%에 불과하며, 매출액이 GDP에서 차지하는 비중은 0.01%에 그쳐 현재까지는 유럽과 미국 등 선진국에 한참 뒤져 있는 실정이다. 아직은 사회적기업이 국내 경제 · 사회 문제를 해소할 만큼은 기여하지 못하는 것으로 평가된다.

그렇다면 왜 이러한 문제점이 발생하는 것일까? 사회적기업은 탄생 조건에서도 알 수 있듯이 기업이 보유한 인적자본은 취약하고 생산성은 낮다(김인선, 2010). 더구나 사회적기업들은 진입장벽과 부가가치가 낮은 업종으로 접근한다. 따라서 수익이 나지 않는 취약 층의 사회서비스 부담, 시설과 장비, 인프라 구축에 필요한 자본의 취약성, 사회적기업에 대한 이해 부족 등 사회적기업이 처한 현실적 제약은 너무나 크다. 특히 자본이 많이 드는 마케팅을 하기에는 거의 불가능에 가깝다. 사회적기업은 대부분 인적, 물적 자원의 부족으로 마케팅 전략 미약, 홍보 미비, 판로 개척 어려움 등의 곤경에 빠져 있고 이것이 기업의 저조한 매출과 이익률로 이어지면서 생존에 곤란을 겪고 있다.

3. 마케팅의 혁신: 소셜미디어의 등장

전 세계는 '소셜(Social)'이 대세다. 현대 모바일기기와 통신 기술의 발전으로 사람과 사람을 이어주는 의사소통이 전 세계적으로 활발해지면서 이를 활용한 '소셜미디어(Social media)'가 기존의 미디어 매체를 위협하는 실정이다. 사회적기업의 문제점을 극복할 수 있는 새로운 대안으로 '소셜미디어'를 생각해 볼 수 있겠다. 소셜미디어 서비스를 제공하는 기업으로 인터넷 기반의 블로그와 페이스북, 동영상을 생산 및 공유하는 유튜브, 모바일에서의 활용이 돋보이는 트위터 등이 존재한다. 이 서비스들은 매스미디어 중심의 소통 전략에 혁신에 영향을 끼치고 있다. 2005년 12월 공식 오픈을 시작한 유튜브의 경우 매월 10억 명 이상의 순 사용자가 방문하며(유튜브 홈페이지), 페이스북은 2006년 9월 공식 오픈 이후 2013년까지 11억 명이 넘는 가입자 수를 기록하였다(한국경제매거진, 2013). 또한 2006년 6월 오픈한 마이크로블로그 서비스인 트위터의 경우 단순 가입자를 제외한 실사용자 수가 2013년 4분기 기준으로 2억 4,100만 명으로 알려졌다(중앙일보, 2014). 대다수의 기업들은 이러한 소셜미디어를 고객과의 커뮤니케이션 강화를 위한 기회로 활용한다. 소셜미디어를 활용한 기업의 성공 사례로, 자포스는 다양한 소셜미디어로 사내 문화를 적극적으로 홍보하고 기업에 대한 고객들의 접근성을 높여 커뮤니케이션 채널로 활용하였다. 이를 통해 구매 정보뿐 아니라 다양한 주제로 소통하며 이용자들에게 유용한 정보를 제공하였다. 위키피디아는 이러한 소셜미디어의 특징을 대중매체와 비교하여 4가지 특징으로 정리하였다.

첫째, 대중매체는 전형적으로 개인 또는 국가가 소유하는 형태를 취하지만, 소셜미디어는 일반적으로 적은 비용 혹은 무비용으로 누구나 이용이 가능하여 접근성(Accessibility)에 제한이 없다. 둘째, 대중매체 생산은 전문화된 기술과 훈련을 요구하지만 대부분의 소셜미디어는 그렇지 않다. 소셜미디어는 누구나 제작 수단을 쉽게 사용할 수 있도록 소프트웨어 기술이 재발명하여 유용성(Usability)을 극대화한다. 셋째, 대중매체가 생산하는 커뮤니케이션 발생 시차는 며칠, 몇 주에서부터 몇 달이 걸리기도 한다. 이에 비해 소셜미디어는 거의 즉각적으로 반응하며 참여자들만이 반응의 지체 여부를 결정하는 최신성(Recency)이 특징이다. 넷째, 대중매체는 한 번 제작되면 변경될 수 없다. 가령 잡지가 발간되어 배포된 이후에는 동일 기사를 수정할 수 없지만 소셜미디어는 코멘트나 편집으로 거의 즉각적인 변경이 가능하다는 영속성(Permanence)이 존재한다. 이렇듯 대중매체에 비해 다양한 장점을 띈 소셜미디어를 적극적으로 활용하면 기업 지명도 향상은 물론 정보 제공과 서비스 판매 확대로까지 이어진다. 또한 조직 전반에 대한 이해와 고객 참여를 통한 서비스 개선 및 개발에도 많은 도움을 준다.

누구나 쉽게, 거의 무료로 사용할 수 있는 소셜미디어는 그 강력한 파급효과로 다양한 사회 현상을 만들고 있으며 불과 3~4년 전만 해도 상상하지 못했던 일들이 이제는 너무도 자연스럽게 이루어지고 있다. 경영·경제 분야뿐만 아니라 다양한 분야에서 소셜미디어에 대한 연구가 활발하게 진행되고 있으며, 그 영향력과 중요성은 나날이 커지고 있다. 자동차 업계, 컴퓨터 회사, 일반 제품 회사에 이르기까지 기업의 이미지나 상품을 홍보하기 위해 각 매체를 활발히 활용하고 있으며, 고객들과의 정보 교류와 고객서비스 관리에도 소셜미디어를 활용하고 있다. 특히 포춘(Fortune) 100대 기업의 79%가 마케팅, 홍보뿐만 아니라 영업, 고객 관리, 지식 경영, 연구 개발, 임직원 관계와 외부 소통 전략의 강력한 도구로 소셜미디어를 활용할 정도로 인기가 높다. 따라서 사회적기업의 현실에 맞게 소셜미디어를 활용한다면 적은 자본 투자로 큰 효과를 얻을 수 있을 것이고 이는 현재 수많은 사회적기업이 처한 운영상의 한계를 극복할 수 있는 방안이 될 것이다.

제2절 연구의 목적

이 책의 목적을 정리하면 다음과 같다.

첫째, 문헌연구를 통해 사회적기업의 특징 및 문제점을 도출하고, 소셜미디어 마케팅 특성과 활용 방안을 살펴본다.

둘째, SNS를 활용한 마케팅 성공 사례를 광고 홍보, 고객 관리, 판매 관리 분야로 나누어 살펴보고, 영세기업들의 SNS마케팅 성공 사례를 분석해 본다.

셋째, 현재 사회적기업의 소셜미디어 활용 실태를 조사하여 그들이 제대로 소셜미디어를 알고 사용하고 있는지, 그 활용이 경영 성과와 연결되는지, 소셜미디어 활용을 활성화하기 위한 방안은 무엇인지 분석해 본다.

넷째, 소규모 사회적기업의 소셜미디어 활용 사례를 구체적으로 분석하고 살펴본다.

다섯째, 소규모 사회적기업의 소셜미디어를 활용한 마케팅 방안을 제시한다.

제 2 장
이론적 배경

제2장 이론적 배경

제1절 사회적기업의 특징 및 문제점

1. 사회적기업의 개념 및 유형

1) 사회적기업의 정의

전 세계적으로 주목받고 있는 사회적기업은 국내에서도 초미의 관심이다(선남이, 박능후, 2011). 사회적기업은 지속적인 일자리 창출과 효과적인 공공재 공급으로 주목받기 시작하였다(정태일, 2011). 하지만 지금까지 사회적기업은 사회 전반적으로 별다른 성과를 내지 못하고 있으며 자금과 인력 부족 등으로 어려운 상황에 놓여 있다.

'사회적기업'이라는 용어는 1994년 킹 보딘 재단(King Baudouin Foundation)이 낸 보고서에서 '실업에 처한 소외집단에게 노동 복귀를 위한 시장적, 비시장적 자원들을 구비시키는 기업적 동향과 관련된 모든 시도들'의 뜻으로 처음 사용되었다(정아윤, 2008).

국내 문헌의 경우 김경휘, 반정호(2006)는 사회적기업을 영리를 추구하는 기업적 방식으로 운영되면서 취약계층의 사회적 배제 및 실업 문제에 적극적으로 대응하는 조직 형태라고 말하였다. 박찬주(2010)는 취약계층에게 일자리나 사회서비스 제공 등 사회적 목적을 추구하고 이를 위해 수익 창출 등 영업활동을 하는 조직이며 경제단위로 정의하였다. 이와 비슷하게 이은애(2008)는 사회적 목적을 달성하기 위해 운영되는 기업으로 자체 수익구조를 갖추고 재화와 서비스를 제공하는 조직이라고 말하였다. 오단이(2013)는 기업적 활동을 통한 이윤 추구와 더불어 반드시 사회에 유용한 어떠한 활동을 하는 조직이라고 정의하였으며, 김금환, 강영숙(2014)은 사회적기업이란 사회적 취약계층에게 사회적 일자리와 사회적 서비스를 제공하는 사회적 목적을 추구하는 기업이라고 정의하였다. 외국 문헌의 경우 OECD(1999)는 사회적기업을 '기업적 방식으로 조직되는 일반 활동 및 공익활동을 아우르며, 주된 목적을 이윤 극대화에 두지 않고 특정한 경제 및 사회적 목적, 그리고 재화와 용역의 생산이나 사회적 배제 및 실업 문제에 혁신적인 해결책을 제시하는 데 두는 기업'이라고 정의하였다. Auteri (2003)는 사회적기업을 순수한 사업에서 시도되어 박애주의적 기업으로 변한 조직이라고 정의하였고, 박애주의와 특별한 목적을 달성하기 위해 시장을 혼합하여 선택한 특별한 형태라고 하였다. Campbell(1998)은 사회적 목적을 갖는 사업으로 지역사회에서 필요로한 재화 및 서비스를 생산하고 부족한 재원을 지원하는 활동을 통해 이윤을 사회적으로 보편화하려는 조직이라고 정의하였다. Alter (2006)는 사회적 목적을 가지고 사회적 가치 창출을 위해 시작된 기업으로, 민간기업의 재정 원칙 및 혁신 의지로 이행되는 모든 사업이라고 설명하였다. 사회적기업 정의는 국내와 국외 선행연구들을 〈표 2-1〉에서 나누어 정리하였다.

〈표 2-1〉 사회적기업의 정의

구분	저자(연도)	정의 내용
국내 문헌	김경휘, 반정호 (2006)	영리를 추구하는 기업적 방식으로 운영되면서 취약계층의 사회적 배제 및 실업 문제에 적극적으로 대응하는 조직 형태.
	이은애(2008)	사회적 목적을 달성하기 위해 운영되는 기업으로 자체 수익구조를 갖추고 재화와 서비스를 제공하는 조직.
	박찬주(2010)	취약계층에게 일자리나 사회서비스 제공 등 사회적 목적을 추구하고 이를 위해 수익 창출 등 영업활동을 수행하는 조직이며 경제단위.
	오단이(2013)	기업적 활동을 통한 이윤 추구와 더불어 반드시 사회에 유용한 어떠한 활동을 하는 조직.
	김금환, 강영숙 (2014)	사회적 취약계층에게 사회적 일자리와 사회적 서비스를 제공하는 사회적 목적을 추구하는 기업으로서, 일정한 조직 형태를 갖추고 민주적으로 운영될 뿐만 아니라 이익 역시 주로 사회적 목적을 위하여 사용하는, 생산 활동에 종사하는 기업.
국외 문헌	Campbell(1998)	사회적 목적을 갖는 사업으로 지역사회에서 필요한 재화 및 서비스를 생산하고 부족한 재원을 지원하는 활동을 통해 이윤을 사회적으로 보편화하려는 조직.
	OECD(1999)	기업적 방식으로 조직되는 일반 활동 및 공익활동을 아우르며, 주된 목적을 이윤 극대화에 두지 않고 특정한 경제 및 사회적 목적, 그리고 재화와 용역의 생산이나 사회적 배제 및 실업문제에 혁신적인 해결책을 제시하는 데 두는 기업.
	Auteri(2003)	순수한 사업에서 시도되어 박애주의적 기업으로 변한 조직이며 박애주의와 특별한 목적을 달성하기 위해 시장을 혼합하여 선택한 특별한 형태.
	Alter(2006)	사회적 목적을 가지고 사회적 가치 창출을 위해 시작된 기업으로 민간기업의 재정 원칙 및 혁신 의지를 가지고 이행되는 모든 사업.

하지만 사회적기업을 정의하기란 아직까지 쉽지 않다. 용어 자체만 보면 'Social Enterprise'로 통일되는 추세이기는 하나, 조직 형태는 국가별로 다르게 나타나고 있다(홍석빈, 2009). 특히 사회적기업의 태동 지역이라 할 수 있는 유럽의 경우 리서치 네트워크인 EMES가 15개국을 대상으로 진행된 결과에서 연구 참여자들은 사회적기업의 정의

〈표 2-2〉 사회적기업의 경제적 기준과 사회적 기준

경제적 기준	
① 재화와 서비스의 지속적인 생산 및 판매 활동	사회적기업은 전통적인 비영리기관과는 달리 자선사업이나 이익의 재분배만을 주된 목적으로 하지 않으며, 지속 가능한 제품의 생산과 서비스 제공에 주력함.
② 높은 수준의 자율성	사회적기업은 자율적 프로젝트하에 자발적으로 참여하는 사람들과 조직에 의해 생성됨.
③ 상당한 수준의 경제적 위험 감수	사회적기업을 설립하는 사람들은 완전히 혹은 부분적으로 사업 시작의 경제적 위험을 감수해야 함.
④ 최소한의 유급 노동자	대부분 전통적인 비영리기관처럼, 사회적기업은 재정/비재정적 자원봉사인력과 유급 인력을 모두 활용함.
사회적 기준	
① 지역사회 이익을 명시적으로 추구	사회적기업의 주된 목표 중 하나는 지역사회나 특정 그룹의 사람들에게 봉사하는 것.
② 시민들의 자발적 참여	사회적기업은 지역사회나 특정한 목표와 필요를 공유하는 그룹에 속하는 사람들의 자발적이고 역동적인 참여의 결과이며, 진정한 사회적기업은 이러한 자발성을 유지해야 함.
③ 자본 소유에 기반을 두지 않는 의사결정	일반적으로 '1회원 1표'의 원칙을 의미하거나 적어도 그룹 내 의사결정이 자본의 소유 구조에 따르지 않음.
④ 이해관계자의 의사결정 과정에 참여	고객의 대변과 참여, 지분 참여자의 참여, 민주적 경영 스타일은 사회적기업의 특성 중 하나임.
⑤ 제한적인 이윤 배분	사회적기업은 이윤 배분을 하지 않는 비영리 조직이나 제한적으로 이윤을 분배하는 협동조합 조직에서 보듯이 이윤을 극대화하는 행위를 피하여야 함.

출처: Borzaga and Defourny(2001).

를 내렸다(옥정환, 강승화, 2010).

〈표 2-2〉는 사회적기업을 경제적 기준 네 가지와 사회적 기준 다섯 가지로 구분해서 Borzaga와 Defourny(2001)가 제안하였다. 이에 따르면 경제적 기준에서 사회적기업은 ① 지속적으로 재화를 생산하거나 서비스를 판매하는 활동을 해야 하고, ② 자율성의 수준이 높고, ③ 상당한 수준의 경제적 위험을 감수하는 활동을 하며, ④ 최소한의 유급 노동자를 포함해야 한다고 말하였다. 사회적 차원에서는 ① 지

역사회 이익을 명시적으로 추구하고, ② 시민들의 자발적 참여에 의해 형성되며, ③ 의사결정권이 자본 소유에 기반을 두지 않고, ④ 사회적기업의 활동에 영향받은 사람들도 의사결정에 참여하며, ⑤ 이윤 배분은 제한적이어야 한다고 말하였다.

아직까지도 사회적기업은 다양한 개념으로 정의되고 있으며 각 나라의 특성에 맞게 분류하는 기준이나 역할이 다양하게 나타나고 있다. 하지만 사회적기업은 영리기업 같은 이윤의 목적을 가지면서 사회적 목적 달성, 즉 취약계층을 위한 활동을 추구하는 기업이라고 정의할 수 있다.

선행연구들을 중심으로 살펴본 사회적기업은 취약계층의 사회적 배제와 실업 문제 등 이에 적극 대응하는 사회적인 목적을 가진 형태이다. 또한 영리기업과 비슷하게 수익 창출의 영업활동을 수행하는 조직이라고 설명할 수 있다. 사회적기업이 가지는 사회적 가치는 공익과 기업의 이익을 모두 포함한다. 영리적인 목적을 통해서 기업의 발전을 도모하고 취약계층을 도우며 공익의 실천도 하려는 조직이 바로 사회적기업인 것이다. 정리하면 사회적기업은 첫째, 영리를 추구하는 목적과 동시에 사회적인 목적을 함께 갖고 있는 조직 형태이다. 이러한 목적을 달성하기 위해서 기업을 운영하며 자체적인 수익구조를 통해 재화와 서비스를 제공한다. 둘째, 자발적인 참여로 만들어진 조직이다. 지역사회나 특정한 목표와 필요에 맞는 구성원이 모여서 참여함으로써 조직이 형성된다. 여러 이해관계자로 구성된 사회적기업은 고객의 대변과 참여를 통해 기업을 발전해 나간다.

우리나라는 '사회적기업' 이름에 부합하는 운영 방식이 이루어지고 있지 않다. 우리나라 사회적기업의 초기 형태는 자활 공동체와 비슷하게 사회복지형의 특징을 가진 개념으로써 운영되었으며 유럽의 방식을 모방하여 발전시키려 하였다. 하지만 사회 흐름의 변화에 따라 사회적기업의 기본적인 틀을 바꾸려는 시도로 인해 지금까지 운영되어 왔던 자활 공동체 방식이 없어지고 경제적 관점의 형태로 변화하였다. 그래서 기존 사회적기업들은 정부에 의존적으로 살아왔기 때문에 독립하여 살아남을 수 있는 기술력이나 노하우가 부족하다. 그만큼 국가 인증을 받지 못한 소규모 사회적기업이 많다. 또한 유럽이나 미국에 비해서 사회적기업에 대한 기준이 명확하지 않지만 사회적기업은 비영리 조직의 사회적 사명의 동기와 이해관계자에 대한 책임, 순수익의 사회적 투자 및 환원이라는 목적과 이윤창출, 복리 혜택 등 영리 기업이 추구하는 목적이 합의를 이루어 창출된 개념이라 할 수 있다. 그래서 사회적기업을 사회적 가치와 경제적 가치의 특성을 모두 갖춘 형태라고 설명한다. 사회적기업 육성법에 따르면 사회적기업이란 취약계층에게는 일자리를 제공하고 지역 주민에게는 사회서비스를 제공하여 삶의 질을 높이는 등 사회적 목적과 함께 재화 및 서비스의 생산, 판매 등 영업 활동을 수행하는 조직으로 정의하고 있다. 그나마 2007년 사회적기업 육성법이 통과되면서 간단하게 정리가 되어 있지만 현재 추세를 정확하게 반영하지는 못하고 있다. 선행연구와 한국에서 정해 놓은 정의를 바탕으로 살펴보면 사회적기업이란 이윤 창출이라는 영리의 목적을 가지고 있지만 취약계층을 돕기 위한 일자리 창출 등의 사회적 목적을 지닌 기업이라고 정의할 수 있다.

2) 사회적기업의 특성

사회적기업은 영리기업이나 비영리단체와는 다르게 민간의 경제적 활동을 통해서 사회적 목적에 기여한다는 특징이 있으며 전 세계적으로

〈표 2-3〉 사회적기업과 영리기업 비교

구분	비영리 기관	사회적기업	영리기업
동기	이타성	양자 간 혼합된 동기	이윤 추구
핵심 가치	사회적 사명	공익성과 시장성의 균형	수익성, 효율성
목표	사회적 가치 추구	사회적+재무적 가치	경제적 가치 추구
자원 조달	자선적 자본 및 정부 보조금	다양한 자원 조달 혼란	투자적 자본
수익 용도	비영리 목적사업	기업 유지 및 확대를 위한 재투자+사회적 사명	투자자 배당 및 재투자
리스크 수준	낮은 리스크	비교적 높은 리스크	리스크 감수를 장려

출처: 사회적기업연구원(2009), 김재인, 정건섭(2010).

각국의 특성에 따라서 차이점을 보이기도 한다. 김재인, 정건섭(2010)은 사회적기업연구원(2009)의 자료를 바탕으로 비영리기관과 사회적기업 그리고 영리기업을 구분하였다(〈표 2-3〉).

사회적기업은 창출한 이득을 바탕으로 사회적 목적을 달성하는 데 사용하며 소유권과 관리 구조가 사회적인 기업이다(김명희, 2008). 영리기업과는 다르게 이윤 창출과 사회공익 추구라는 두 가지의 가치를 내포한다. 또한 사회적기업은 소비자들이나 지방단체들, 소유주 그리고 여러 투자자들로 이루어진 이해관계자 집단에 기초한 자발적인 조직이라고 할 수 있다. 대기업들을 대상으로 중소기업과의 상생이나 협력 사업을 증진시키고자 하는 이때 사회적기업의 사회적 가치 창출이라는 목표의식은 점차 중요시되고 있다.

우리나라 사회적기업만은 여러 가지의 형태로 운영되고 있지만 현실적으로 사회적기업들이 지속적으로 살아남기에는 자생력이 부족한 상황이다. 2012년 3월까지 등록된 사회적기업은 640여 개에 달한다(이윤경, 2012). 하지만 선진 국가들의 사회적기업을 따라 하기에 급급하였고 정부에만 의존하는 형태로 고착화되어 가는 상황이다. 반면에

〈표 2-4〉 각 나라별 사회적기업 운영 방식

<table>
<tr><td colspan="2">사회적기업과 관련된 법률을 법제화한 국가</td><td>이탈리아(1991년), 프랑스(2002년), 핀란드(2003년), 영국(2004년), 폴란드(2004년), 벨기에(2005년),</td></tr>
<tr><td rowspan="2">재정 지원 방식</td><td>직접적인 재정 지원 방식</td><td>벨기에, 핀란드, 이탈리아</td></tr>
<tr><td>간접적인 재정 지원 방식</td><td>프랑스, 스웨덴, 노르웨이</td></tr>
</table>

출처: 이근택(2010).

선진국들의 사례를 보면 사회적기업들의 정책이나 법률 등이 제도화되어 효과적으로 운영되는 것을 알 수 있다.

이근택(2010)은 선진국들의 사회적기업 특징을 법률적 부분과 재정 지원 방식 등으로 제시하였다. 사회적기업과 관련된 법률을 법제화한 국가는 이탈리아, 프랑스, 핀란드, 영국, 벨기에, 폴란드 등으로 사회적기업 지원을 위해 점차적으로 법제화를 추구하고 있다. 반면 재정 지원 방식은 직접적인 방식과 간접적인 방식, 나라별로 나뉘는 것으로 나타났다. 직접적인 재정 지원 방식은 벨기에, 핀란드, 이탈리아에서 사용하고 있으며 간접적인 재정 지원 방식은 프랑스, 스웨덴, 노르웨이 등에서 사용하고 있다. 이러한 선진국들은 인큐베이팅과 컨설팅, 교육훈련과 정보 제공 등 경영 지원을 아끼지 않고 있으며 정부와 사회적기업 연합체 간 또는 사회적기업 간 네트워크를 활성화하고 있다. 〈표 2-4〉는 이 내용을 정리하여 재구성한 것이다.

각 나라들은 문화 혹은 사회적기업의 출현 배경에 따라서 재정 지원 방식이나 법률 등 여러 방면에서 차이를 보인다. 각국의 정치나 경제 등의 차이에서 비롯된 사회적기업 정의와 범위 등의 특징은 아직까지 사회적기업을 연구하는 데 해결해야 할 여러 과제를 가져다준다. 사회적기업이 발달된 선진국들을 살펴보면 각 나라에 맞는 특

〈표 2-5〉 각 나라별 사회적기업 발달의 특성들

	특성
프랑스	·사회적기업 부문 내 통합을 장려 ·간소한 법적 프레임워크를 통해 통합 촉진 ·기업 내부에서 서비스 제공자와 사용자의 목소리를 통합하는 것의 긍정적 효과를 보여주는 실례가 있음 ·사회적기업을 위한 경제적 장치를 통해 사회적기업이 창출하는 사회적 효과를 인정
독일	·자립적 사회적기업 성장에 장벽이 되는 정책 프레임워크 ·조직의 혁신을 저해하는 법적·행정적 구조 ·사회적기업에 대한 합의된 장기적 비전의 부재로 인해 사회적기업의 성장부진
이탈리아	·사회적기업이 창출하는 혜택에 명시적 인식 존재 ·사회적기업의 발전에 도움이 되는 조직적 유연성 확보 ·사회적기업 부문 내 다수 이해관계자 구조를 보여주는 실례 다수 ·사회적기업 부문 관련 기관 형성과 서비스 제공을 위한 도구로서 컨소시엄 이용 ·사회적기업이 창출하는 사회적 혜택을 반영하기 위해 세제 혜택 이용 ·사회적기업 지원을 위한 통합 기업 지원시스템 존재
폴란드	·유럽 지역 네트워크를 활용한 사회적기업 성장 지원 ·사회적기업은 다원적 경제의 한 구성 요소로 인식됨 ·커뮤니티 이니셔티브를 활용한 사회적기업 성장 촉진 ·사회적기업 개발에 공공자금 지원
미국	·기업의 자선 행위가 사회적기업 발전의 도구로 작용 ·유럽 국가에 비해 비교적 규모가 큰 비영리 부문 ·사회적기업 활동의 증대는 사회적기업부문 개발의 동인 ·농촌 지역 협동조합이 다양하며 역사가 깊음 ·사회적기업의 한 모델로서의 종업원 소유 제도에 대한 정부 지원

출처: 사회적기업연구원(2009).

징이 있으며 이를 잘 활용하고 있다. 앞서 살펴본 사회적기업의 특징을 바탕으로 각 나라들의 사회적기업 특징을 살펴볼 필요가 있다. 〈표 2-5〉는 사회적기업연구원(2009)에서 선진국들의 사회적기업의 특징을 분석하여 만든 표를 발췌한 것이다.

선행연구들을 바탕으로 한 사회적기업은 현재 시장 환경에서 새롭게 나타난 기업의 형태로서 매출이 목적인 영리적기업의 형태와 공익이 목적인 비영리단체의 형태를 혼합한 형태라고 할 수 있다. 이러한 조직은 기업 자체보다는 활동을 중시하고 있으며 활동 추구의 목표가 가지는 경제적, 사회적 성격의 중요성을 동시에 강조하는 특징이 있다(OECD, 1999). 이러한 측면에서 사회적기업은 비영리조직과 구별되는 중요한 특징을 가지고 있다(이지영, 2011).

사회적기업은 사회적 양극화를 지양하고 지속 가능한 질 높은 일자리 창출에 기여할 뿐만 아니라 최근 이슈인 기업들의 사회적 책임이나 상생 활동과 연결되면서 중요성이 강조되고 있다. 사회적기업은 자본 양극화현상을 해결할 수 있는 대안으로 떠오르고 있다. 사회적기업의 기본적인 목표는 취약계층의 고용과 자활이며, 이는 사회의 통합과 지속 가능한 발전을 위해 중요하다. 이미 선진국들의 사회적기업은 각 나라의 특성에 맞는 형태로 발전하여 체계적으로 운영되고 있지만 우리나라는 아직 사회적기업 시스템이 정착되어 있지 않은 실정이다. 그리고 정부와 민간에서 사회적기업을 활성화하기 위해 노력하고 있음에도 불구하고 현재 사회적기업의 대다수는 소규모로 운영되고 있다. 또한 사회적기업의 특성상 기업이 보유한 인적자본과 자금력이 취약하고 생산성 또한 낮다(김인선, 2010). 이러한 기본 개념을 바탕으로 다음과 같이 사회적기업을 정리할 수 있다.

첫째, 사회적기업은 기본적으로 사회적 목적 추구와 이윤 창출의 목적을 동시에 가지고 있다. 그래서 낙후된 지역개발 전략의 일환으로 등장하기도 하였다(류만희, 2009). 또한 공생발전의 목적의식을 바탕으로 취약계층이나 빈곤자들이 살아갈 수 있는 여건을 마련해 준다. 1990년대 금융위기 이후 동남아시아 국가에서 실업과 빈곤문제가 더욱 심각해져 정부의 역할을 기대할 수 없는 상황에서 사회적기업은 빈곤문제와 지속 가능한 발전을 보증하는 제도로서 인식되었다(Kerlin, 2006;2010). 또한 사회적기업은 봉사단체와는 다르게 영리 목적을 가지고 있기 때문에 사업을 유지하기 위한 기술력이나 노하우가 반드시 필요하다. 하지만 우리나라의 사회적기업은 자활 형태에서 출발했기 때문에 기업이 사업을 해 나갈 수 있는 노동력이나 자금력 등에 어려움이 있다. 물론 다양한 사회적기업이 존재하지만 소규모 형태로 운영되는 사회적기업들은 정부로부터 인증받아 활동하는 사회적기업에 비해 기본적으로 갖춘 인프라가 매우 부족한 상황이다.

통신기술의 발전과 스마트폰의 보급 확산으로 소셜미디어를 통한 의사소통이 점차 늘고 있다. 이러한 소셜미디어는 기존의 전통적인 미디어 매체들을 위협하고 있으며 사회적기업의 문제점을 극복할 수 있는 새로운 대안으로 떠오르고 있다. 특히 사람들 사이에서 가장 많이 사용되는 SNS는 기업들이 마케팅 수단으로 가장 주목하는 서비스 수단이다. 기존의 대중매체는 전형적으로 개인 또는 국가가 소유한 형태인 반면 SNS는 적은 비용 혹은 일체 비용 없이 누구나 쉽게 이용이 가능하기 때문에 여러 기업이 이를 활용한 마케팅을 실시한다. 이러한 SNS는 사람과 사람 간의 관계 맺기를 통해서 네트워크 형성을 지원하며 개인에게 일상사나 관심사를 공유하고 소통시켜 주는 서비스이다. 그렇기 때문에 기업들은 커뮤니케이션 채널 및 광고 채널로써 기존의 온라인 마케팅 효과를 더욱 높일 수 있는 새로운 수익 모델로 각광받고 있다(이지원 외, 2011). 따라서 SNS가 부각되는 사회적 흐름에 발맞춰 사회적기업들 역시 SNS를 활용한 마케팅으로 비용을 줄이고 사업을 발전시켜야 한다. 저비용 고효율의 SNS 마케팅을 통한 사업 확장이 필요한 것이다. 따라서 사회적기업들의 문제점과 특징을 파악하고 SNS 마케팅과 결합하여 발전할 수 있는 방안을 제안할 필요가 있다.

둘째, 사회적기업은 시장 경제 안에서 사람들이 자발적으로 참여 및 공급하는 조직 형태를 띤다. 사회적기업은 지역사회에 필요한 서비스를 공급하는 자발적인 조직에서 발전하였다(한국노동연구원, 2004). 또한 위치한 지역에서의 문제를 해결하면서 성장해 왔다(Bengtsson and Hulgard, 2004). 사회적기업은 여러 이해관계자들로 이루어져 있기 때문에 그 안에서 창출된 이윤은 사회적 목적에 맞는 이익으로 쓰일 수 있다. 이러한 특징 역시 대기업의 사회적 책임에 기반을 둔 사회공헌활동과 연계를 통해 많은 성과를 보았다(옥정환, 강승화, 2010). 사회적기업의 특징은 기업의 마케팅 영역에서 높은 전략적 가치로 떠오른 SNS와 연계하여 사업을 발전시켜 나가야 한다(Kozinets et al., 2010). 또한 SNS 사용자들은 기본적으로 콘텐츠에 만족하면 인센티브 없이도 자발적으로 참여하고 이를 주위에 퍼트린다(Kwon and Wen, 2010). SNS는 사람들 간의 쌍방향 커뮤니케이션이 가능하기 때문에 소비자들이 기업의 판매 활동에 적극 참여할 수 있을 뿐만 아니라 기업의 홍보자 역할을 하며 많은 정보를 다른 사람들과 공유할 수 있다. 따라서 사회적기업이 사회적 목적 추구에 대한 내용을 SNS와 연결해 사람들이 스스로 참여할 수 있는 통로를 마련한다면 SNS를 통해서 더욱 손쉽고 빠르게 많은 사람을 확보할 수 있다. 특히 소규모로 활동하고 있는 사회적기업들에게는 자신들의 사업 목표와 공익 실천을 할 수 있는 기회를 열어줄 좋은 수단이 될 것이다.

사회적기업의 이윤창출과 사회 공익적 특성은 단순히 우리나라에만 적용된 것이 아니라 전 세계적으로 선진국들의 사례에서 특징을 살펴볼 수 있다. 사회적기업의 기본적인 특징은 공통적으로 적용될 수 있으나 각 나라별로 사회적기업이 운영되는 방식이나 개념이 상이하게 나타나기 때문에 이러한 점을 비교하여 한국의 사회적기업의 명확한 정의를 내릴 필요가 있다. 그래서 이은선(2009)에서 연구한 각

〈표 2-6〉 영국, 미국, 한국의 사회적기업

주요 특징	영국	미국	한국	비고
복지제도	·복지국가의 경험 있음 ·정부의 강력한 복지정책 → 사회보장정+노동시장정책	·미완성된 복지국가 경험 ·정부는 복지에 크게 관여하지 않음	·복지국가의 경험 없음 ·사회보장정책 존재	·공공의 이익을 추구하는 사회복지형의 형태는 유럽이 가장 강함
사회적 경제	·전통적으로 제3부문이 복지의 일부를 담당해옴 ·제3부문의 활동이 활발함	·기업이나 재단이 비영리기관을 지원할 경우 세금 감면 → 비영리기관이 복지의 일부를 담당해옴	·풀뿌리민주주의 운동의 연장선에서 협동조합 존재 ·대규모 협동조합 관제화되었음 (예: 농협)	·미국의 경우 기업적인 요소를 많이 담고 있음
역사적 사건 & 내부 균열 및 모순	·복지국가의 위기 ·제3의 길: 복지 축소, 민영화 ·제3부문의 역할이 중요하게 부상	·경기침체 ·비영리단체에 대한 재정 지원 축소 → 비영리단체의 이익추구 활동 증가	·IMF 경제위기 ·대규모 실업문제 대두	·한국은 초기의 유럽형 사회적기업 형태를 수용했으나 정권 교체와 함께 미국형의 사회적기업 형태로 변화함
사회적기업의 특성	·중앙정부 차원의 정책 존재 ·지방정부와 사회적기업 간 협력 강함 ·지역사회 친화형 사회적기업이 발달	·기업과 재단과 사회적기업의 협력이 매우 강함 ·시장친화형 사회기업이 발달	·사회적기업에 대한 중앙정부의 강력한 정책 지원 ·공공부조형 사회적기업이 발달	·각 나라별 사회적기업들은 공익을 추구한다는 점에는 목표가 일치함

출처: 이은선(2009).

나라별 사회적기업의 특성을 비교한 내용을 바탕으로 〈표 2-6〉을 제시하였다.

한국의 사회적기업은 영국이나 미국처럼 복지국가로서의 경험이 없기 때문에 선진국들이 구성해놓은 틀을 모방하여 겉모습만 사회적기업의 형태를 띠고 있다. 사회적기업의 체제가 잘 운영되고 있는 국가들은 초기에 지원금이나 교육 등의 인프라 구축을 담당하고 사회적기업이 자생력을 갖출 때까지 훈련을 시키는 인큐베이팅 시스템을 활용하고 있다. 하지만 우리나라의 실정은 아직까지 정부의 지원만 의존한 채 사회적기업이 독립할 수 없는 여건에 놓여 있다. 우리나라 초기의 사회적기업은 유럽의 복지형으로 도입하여 자활 형태의 개념이 강했지만 사회의 흐름에 따라 국내의 사회적기업 형태는 미국의 사회적기업 형태로 전환하였다. 그래서 현재 사회적기업들은 정체성을 찾지 못하고 자립하지 못하는 상황으로 이어지고 있다. 그렇기 때문에 우리나라의 사회적기업이 가지고 있는 문제점들을 파악하고 자생력을 갖추기 위한 해결 방안을 강구해야 한다.

3) 사회적기업의 유형

사회적기업은 일자리 창출과 취약계층을 위한 서비스 지원 등을 기본적인 목적이고 기업 활동으로 얻은 이윤을 목적에 맞게 재투자하는 형태이다. 이윤경(2012)은 사회적 목적에 따라서 우리나라의 사회적기업 유형을 다섯 가지로 나누었으며, 이를 〈표 2-7〉로 분류하여 재작성하였다.

〈표 2-7〉 우리나라의 사회적기업 유형

유형	내용
① 일자리 제공형	조직의 주된 목적: 취약계층에게 일자리 제공함
② 사회서비스 제공형	조직의 주된 목적: 취약계층에게 사회서비스를 제공함
③ 혼합형	일자리 제공형+사회서비스 제공형
④ 기타형	사회적 목적의 실현 여부를 고용 비율과 사회서비스 제공 비율 등으로 판단하기 곤란한 사회적기업
⑤ 지역사회 공헌형	지역사회 주민의 삶의 질 향상에 기여(2011년 신설)

출처: 이윤경(2012).

2014년 5월 기준, 사회적기업진흥원에 따르면 각각의 유형에는 여러 사회적기업이 현재 활발하게 활동하고 있으며 대표적인 사례와 내용은 다음과 같다. 첫째, 일자리 제공형에는 '함께 일하는 세상'과 '메자닌아이팩' 그리고 '한빛예술단' 등이 있다. 일자리 제공형 사회적기업은 주로 취약계층에게 일자리를 제공함으로서 사회적 발전을 이루려는 조직이다. 특히 '메자닌아이팩'은 근로자 대부분이 새터민(탈북자)으로 이루어졌으며 이들이 빈곤층으로 전락하지 않도록 돕기 위해 설립한 사회적기업이다.

두 번째, 사회서비스 제공형에는 '충남교육연구소'와 '휴먼케어'가 있다. 이들은 주로 취약계층에게 사회서비스를 제공한다. 사회서비스 제공형의 주요 사회적기업들은 근무 여건이나 교육의 질을 향상하기 위해서 다양한 교육 전문가 집단과 네트워크를 구축하고 근무 환경을 개선하기 위해 노력하는 조정자 역할을 한다.

세 번째로 혼합형은 '오가니제이션 요리'와 '행복 도시락' 그리고 '한국재가장기요양기관' 등이 있으며 일자리 제공형과 사회서비스 제공형의 사회적기업을 혼합한 형태의 특징이 있다. 이들은 직접 빈곤층을 돕는 활동을 하면서 취약계층에게 교육이나 일련의 활동에 참여시킴으로써 일자리를 제공하는 역할을 하고 있다.

네 번째, 기타형에는 '아름다운가게', '노리단' 그리고 '트래블러스맵'이 대표적이다. 사회적 목적의 실현 여부를 고용 비율과 사회서비스 제공 비율 등으로 판단하기 어려운 사회적기업이다. 이들은 창의적인 교육이나 물건의 재사용과 순환을 통해서 이웃들과 단체들의 공익활동을 지원하고 있다.

마지막으로 지역사회 공헌형은 2011년 신설되어 국내에는 아직 구체적으로 만들어진 기업이나 사례가 거의 존재하지 않지만 대표적인 기업으로는 '홍성풀무나누미영농조합법인'이 있으며, 이들은 친환경농산물의 품질을 높이고 소비자의 만족도를 증진하는 한편 농촌여성 인력의 가공생산활동 참여를 통한 일자리 창출과 가정경제 활성화를 도모하고 도농 간의 교류를 통한 생산소비자 공동체를 구현한다.

또한 사회적기업을 시장, 국제원조, 국가, 시민사회와 얼마나 밀접한 관련이 있는지에 따라 각 지역과 국가에 해당하는 여러 가지 사회적기업 모델을 파악할 수 있다.

〈표 2-8〉은 조영복(2011)이 대표적인 지역 및 국가 일곱 곳을 바탕으로 시장, 국가, 시민사회, 국제원조 관련 특성을 고려한 사회적기업의 유형을 분류한 것을 표로 구성한 것이다.

김경휘, 반정호(2006)는 사회적기업의 유형을 공공부조형, 지역사회친화형, 시장친화형으로 나누어 분류하였다. 세 가지의 유형에는 각 국가별로 존재하는 사회적기업의 형태를 특징별로 분석하여 새로운 형태로 유형을 분류한 것이다. 각 유형은 빈곤 탈피, 세계화와 자본

〈표 2-8〉 한국과 세계 7개 지역 및 국가의 사회적기업 모델과 네 가지 사회·경제적 요소 비교

구분	사회적기업모델	시장기능	국제원조	국가능력	시민사회
미국	시민사회/시장	강함	없음	강함	강함
서유럽	시민사회/국가	강함	없음	강함	강함
일본	시민사회/시장/국가	강함	없음	대체로 강함	보통
중동부 유럽	시민사회/국제원조	약함	강함	대체로 강함	보통
아르헨티나	시민사회	약함	약함	약함	보통
짐바브웨/잠비아	시장/국제원조	약함	대체로 강함	약함	약함
동남아시아	시장/시민사회/국제원조	약함	약함	약함	약함
한국	시민사회/시장/국가	강함	없음	대체로 강함	보통

출처: 조영복(2011).

주의로부터의 독립적인 삶을 유지하기 위한 목적과 노동시장 진입을 위한 목적으로 나누어 세부 설명을 하였다. 〈표 2-9〉는 김경휘, 반정호(2006)의 내용을 재구성한 것이다.

〈표 2-9〉 사회적기업의 개념과 유형

	공공부조형 사회적기업(PAT)	지역사회친화형 사회적기업(LET)	시장친화형 사회적기업(MET)
목적	빈곤 탈피	세계화, 자본주의로부터의 독립적인 삶 유지	노동시장 진입
성격	시혜적 · 의존적	자활, 자립적	독립적
주체	국가	민간+국가(제한적)	민간
주요 영역	공적 영역	지역사회 기반 사적영역	포괄적 사적 영역
주요 대상	빈곤자	욕구가 있는 빈곤층 및 저소득층	빈곤선 이상의 소득이 있는 사람
재원	공적 이전	제한된 공적 이전+ 지역사회 자원	제한된 공적 이전+ 노동시장 자원
주요 전달 체계	공적 전달 체계	지역사회 네트워크	노동시장 내 모든 조직
이익재분배	매우 제한된 재분배	제한된 재분배	무한한 재분배
의사결정 구조	경직됨	자율적	자율적
소유권	일정기간 후 소유권 전환(국가→구성원)	구성원의 공동 소유	창업주 개인 소유
지역사회 관계	친밀하지 못함	매우 친밀함	친밀하지 못함
시장과의 관계	보호된 시장으로 일반 노동시장과 거리감이 큼	자본주의와 세계화에 대항하기 위한 수단으로서 적절한 거리감을 유지함	시장 내 경제활동으로 시장과 매우 친밀함
투자 중심성	낮음	높음(단 지역 사회 내)	매우 높음
충족 조건	보호된 시장으로서 정부 및 지방정부로부터 확실한 제도적 지원이 수반되어야만 제대로 된 역할을 수행할 수 있음	필요한 자원을 지역사회에서 조달하고 생산된 이윤을 다시 지역사회로 환원하여 지역사회와 유기적인 네트워크가 형성되어야 하며 이익 재분배, 의사결정구조가 매우 유연하면서도 투명해야함.	시장 내 경제활동을 하기 위해서는 아이템, 판로개척, 자금조달 등의 조건에 확실한 지원이 필요함

출처: 김경휘, 반정호(2006).

2. 사회적기업의 현황 및 문제점

1) 사회적기업의 현황

최근 아시아에서 사회적기업에 관심이 커지고 있지만 사회적기업이라는 명칭으로 법률적 기초를 마련하고 이를 발전시키고자 한 시도는 한국에서 최초로 이루어졌다(장원봉, 2009). 그만큼 우리나라는 사회적기업에 대한 관심이 높아지고 있다. 선진국들에 비하면 아직 제도적으로 미약한 부분이 많지만 1990년대에서 2000년대로 넘어오면서 시민단체들의 여러 노력으로 발전해왔다.

국내 사회적기업은 2007년 55개 업체를 시작으로 2013년 12월까지 6년 만에 1,000개소를 돌파하여 2014년 1,012개의 사회적기업이 활동하였으며 정부는 2017년까지 사회적기업을 3,000개로 늘려 10만 명을 고용하는 등 각종 지원책을 시행할 계획을 밝혔다(문화일보, 2013).

〈그림 2-1〉을 살펴보면 2007년에 55개의 업체를 시작으로 2009년에서 2010년 사이에 인증된 업체가 130개 이상으로 가장 큰 폭으로 증가한 것을 알 수 있으며 2013년에는 269개의 업체들이 사회적기업으로 인증되었다.

〈그림 2-2〉의 권역별 분포를 보면 서울이 199개로 전체의 20.9%를 차지하며, 경기도는 151개로 15% 이상의 비율을 보였으며 세종시는 총 3개의 업체로 비율이 가장 적었다. 인증 유형별 분포에서는 일자리 제공형 사회적기업이 65%(659개)로 가장 많은 비율을 차지했으며 지역사회 공헌형은 11개로 1%에 불과했다.

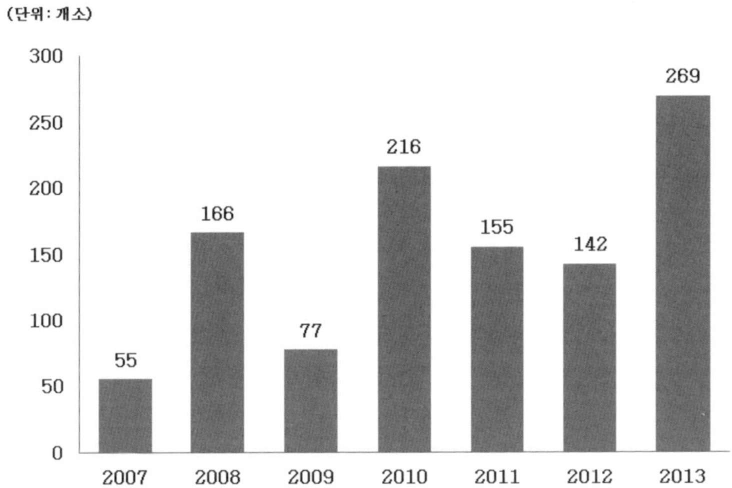

출처: 고용노동부(인증 취소 제외).

〈그림 2-1〉 인증 연도별 사회적기업의 수

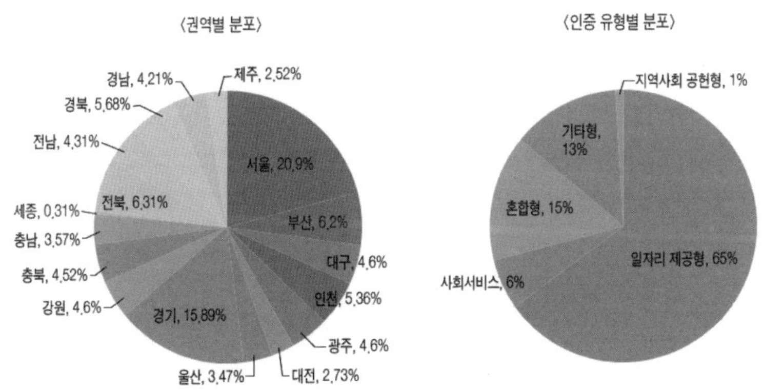

2013년 기준, 출처: 한국사회적기업진흥원(2013), 손을춘(2014).

〈그림 2-2〉 지역별 사회적기업 분포

〈표 2-10〉을 보면 2007년부터 2013년 말까지 총 1,080개의 사회적기업이 인증되었으며 2013년 12월을 기준으로 1,000개 업체를 돌파하여 1,012개의 업체가 활동 중임을 알 수 있다. 2007년에 인증된 업체는 2013년 12월 기준 43개 업소가 살아남았으며 취소 업체가 가장 많았던 해인 2008년은 166개 업체가 인증되었으나 138개 업체만이 생존한 것을 알 수 있으며 전체 사회적기업 인증업체 중 폐업하거나 인증을 취소한 업체가 전체의 약 6.3%로 드러났다.

〈표 2-10〉 연도별 인증 및 취소 현황 (단위: 개소)

	2007	2008	2009	2010	2011	2012	2013	Total
인증 업체	55	166	77	216	155	142	269	1,080
취소/반납	12	28	3	18	7	0	0	68
활동 업체	43	138	74	198	148	142	269	1,012
누적 수	43	181	255	453	601	743	1,012	

출처: 손을춘(2014).

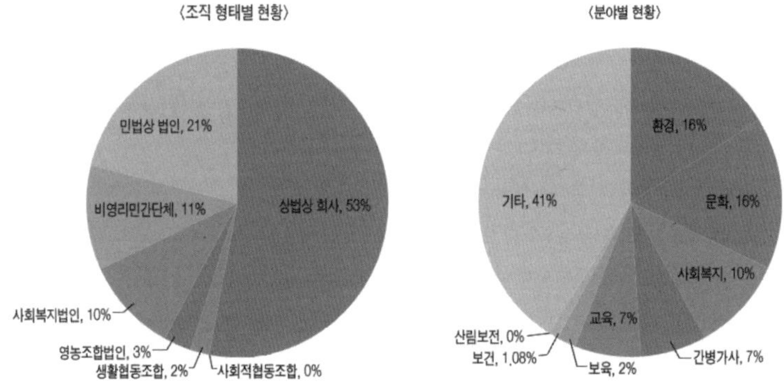

출처: 손을춘(2014).

〈그림 2-3〉 사회적기업의 조직 형태별, 분야별 현황

국내 사회적기업은 조직 형태별로 상법상 회사, 민법상 법인, 비영리민간단체 등 일곱 가지로 나눌 수 있으며 사회적기업 육성법에 따라서는 교육, 보건, 사회복지, 환경, 보육, 예술/관광/운동서비스, 산림보전 및 관리 서비스, 간병 및 가사지원서비스 등의 사회서비스를 제공한다. 〈그림 2-3〉은 2013년을 기준으로 총 1,012개 사회적기업의 조직 형태별, 분야별 현황을 보여 준다. 사회적기업의 조직 형태로는 전체 사회적기업 업체들 중 53%(532개)를 차지해 가장 큰 비중을 차지하였으며 분야별로는 기타가 가장 큰 비중을 차지했으며 환경과 문화가 그 다음으로 많았다.

살펴본 자료를 종합해 보면 우리나라 사회적기업은 주로 서울과 경기도 등 수도권에 편중된 것을 알 수 있다. 또한 대부분의 사회적기업은 취약계층의 일자리 창출을 위한 목적으로 활동하고 있는 일자리 제공형이 대부분이었다. 사회적기업이 활동하는 유형의 다양성이 너무 제한적이기 때문에 취약계층을 위한 사회적 목적 추구로만 역할이 맞춰져 있다. 사회적기업이 초기 정부의 사회적기업의 목적인 유럽형의 공공복지형 구조가 우리나라에 도입된 이후 꾸준히 인증 추이가 늘어났지만 2009년부터 사회적기업의 특성이 미국의 사회적기업 구조를 따라가면서 인증 신청이 줄어들었다. 이는 새로운 사회적기업의 방식이 기업적 요소를 담고 있고, 3년 이내에 독립해야 하는 시스템 체제를 갖추고 있어서 기존 사회적기업들이 지속적으로 성장하는 데 어려움을 겪고 있다.

전 세계적으로 사회적 가치의 공생발전을 목표로 하는 기업들이 점차 늘고 있으며 영리 기업들 역시 사회공헌이나 사회적 책임 등의 실천을 위해 사회적기업들과 협업 경영을 하고 있다. 그러나 시민사회의 주도성이 무엇보다도 중요하게 요구되는 사회적기업의 전략이

지나치게 정부 주도로 이루어지고 있다는 일각의 지적 또한 존재한다(장원봉, 2009). 이러한 부분에서는 사회적기업들이 정부로 인해 정체성을 찾지 못하고 기업 경영에서 리더십을 발휘하지 못하는 문제가 생길 수도 있기 때문이다.

2) 사회적기업의 문제점

우리나라의 사회적기업은 초기에 유럽의 형태를 적용하여 자활사업 위주로 운영되어 왔다. 하지만 사회 흐름의 변화에 따라 사회적기업의 성격이 바뀌면서 기존 기업들은 정체성을 찾지 못하고 있다. 또한 사회적기업에 대한 정부의 과도한 운영방식은 기업들이 자생 발전해 나갈 수 있는 능력을 저해하기도 한다. 기존 사회적기업들은 정부의 보조금에 의존하여 수동적인 자세로 기업을 운영하고 일반 영리의 목적을 추구하는 기업들과 경쟁하기에는 노하우나 인적자본 등이 거의 갖추어져 있지 않다. 따라서 사회적기업들은 새롭게 떠오른 SNS를 활용하여 기업들이 생존해 나갈 발판을 마련할 필요가 있다. SNS는 기본적으로 비용이 거의 들지 않고 누구나 쉽게 접근할 수 있는 특징이 있기 때문에 부담 없이 마케팅의 수단으로 사용할 수 있다. 그리고 이러한 마케팅은 사회 흐름이 변하면서 대기업부터 중소기업들까지 새롭게 시도하려는 방식이다. SNS 마케팅을 사회적기업에게 적용하기 위해서는 한국 사회적기업의 환경을 알아야 할 필요가 있다. 노대명(2008)은 한국 사회적기업의 환경을 크게 세 측면에서 살펴보았다. 〈표 2-11〉은 한국 사회적 경제의 환경을 복지체제의 변화, 비영리 민간단체의 성장, 전통적 사회경제 부문의 실태로 나눈 것이다.

한국은 현재 사회적기업을 계속육성해나가는 것은 쉽지 않은 일이

〈표 2-11〉 한국 사회적 경제의 여건

	주요 항목	한국의 상황
공공복지의 수준	·복지체제의 유형 ·공적 사회지출의 수준	·자유주의체제에 가까운 혼합형 ·OECD 평균의 1/3 수준
비영리 부문 발달	·비영리 부문의 성격	·'90년대 이후 비영리민간단체 성장 ·지역기반형 조직의 저발전
협동조합의 전통	·사회적 경제의 성격 ·협동조합의 규모	·협동조합 모법(母法)의 부재 ·협동조합의 영리화가 지배적 ·노동자협동조합의 저발전(10여 개) ·사회적기업 육성법 제정

출처: 노대명(2008).

다. 현재 활동하는 사회적기업들조차 초기의 사회적 가치의 목적을 잊은 채 현실에 급급하여 정체성을 찾지 못할 수도 있다. 사회적기업의 특성을 살리고 발전하기 위해서는 사람들에게 특화시킬 만한 확고한 기준과 목표가 있어야 한다. 지금처럼 사회적기업들이 영리화로 휩쓸리면 애매모호한 위치에 처할 것이다.

사회적기업들은 여러 가지 문제로 자생적인 발전에 어려움을 겪고 있다. 특히 정부의 인증을 받지 못하거나 소규모로 활동하고 있는 사회적기업들의 상황은 더욱 심각하다. 김태영(2008)은 첫째, 정부의 지나친 관여와 책무를 사회적기업에 전가하여 새로운 기업의 등장을 저해한다고 하였다. 둘째, 정부가 인증한 사회적기업만을 대상으로 하여 그에 맞추지 못한 기업들은 제도적 사각지대에 놓이게 된다고 하였다. 그래서 소규모 사회적기업들은 대부분 기본적인 인프라 부족에 정부의 지원까지 받지 못하고 있다. 다른 부분에서는 사회적 일자리 수행 조직 및 사회적기업들이 활동 과정에서 지역 내 연대를 소홀히 하는 경향이 있다(김정원, 2009).

사회적기업이 발전할 수 있는 많은 기회가 있음에도, 소규모로 운영되는 사회적기업들은 정부에게 인증받은 사회적기업들에게조차 경쟁에서 밀리고 있다. 그래서 이러한 기업들은 정부의 의존성을 버리고 자생적으로 발전할 방법을 찾아야 한다. 사회적기업이 활성화되면 사회적 양극화를 지양하고 지속 가능한 일자리를 많이 창출할 수 있다. 또한 이러한 사회공헌활동은 여러 대기업의 사회적 책임과도 연결되어 기업 생태계의 선순환을 일으킬 수도 있다. 그래서 사회적기업들이 발전하기 위해서는 각각의 문제점을 살피고 이를 해결할 수 있는 방법을 모색해야 한다. 특히 소규모로 운영되고 있는 사회적기업들 중심으로 각 부분에서의 문제점을 살펴보면 다음과 같다.

(1) 시장 경쟁력 부족

현재 많은 사회적기업은 노동력이나 자본력 등에서 어려움을 겪고 있으며 이는 시장 경쟁력의 부족으로 이어지고 있다. 사회적기업들이 이러한 문제점을 극복하고 자생적인 발전을 이루기 위해서는 돌파구를 마련할 필요가 있다.

① 노동력

비록 좋은 취지에서 사업을 시작한다고 할지라도 충분한 수익을 보장받지 못하기 때문에 유능한 인재들이 모이지 않을 것이다. 특히 소규모로 활동하는 사회적기업들은 소수로 구성되어 있어 기업을 지속적으로 운영해 나가는 데 큰 어려움을 겪고 있다. 또한 상대적으로 공공 사회서비스 일자리 사업에 집중된 사회적기업의 경우 불안정한 저임금 일자리가 대부분이다. 앞으로 사회적기업은 보다 큰 시장에서 영리기업들과 경쟁하게 될 것이다. 이 과정에서 자신들만의 노하우를 바탕으로 기업의 강점을 제시한다면 일부는 시장에서 비교우위를 점할 수 있을 것이다(노대명, 2008). 사회적기업은 영리기업과는 다르게 뚜렷한 목표가 있어서 일부 사업에서는 비교우위를 점할 수 있다. 하지만 사회적기업 발전에 중요한 영향을 줄 수 있는 주체 세력의 역량이 취약하다(김재인, 정건섭, 2010). 따라서 사회적기업은 기존 구성원의 역량을 강화하기 위해 여러 교육이나 육성 프로그램에 참여하여야 할 것이다. 또한 대학생이나 대학원생들의 재능기부를 통해서 사회적기업 구성원이 발전할 수 있는 방향을 모색하여야 할 것이다.

② 자본력

소규모 사회적기업들은 아무리 제품이 좋고 노하우가 충분해도 기본 자본력이 부족하기 때문에 마케팅을 시작하는 데 어려움이 있다. 소비자들에게 홍보를 하기까지는 자본적으로 많이 부족하다. 현재 운영 중인 사회적기업의 경우 정부의 지원금에 의존도가 높고 시장경쟁력 확보에도 어려움을 겪고 있다. 인증을 받고 있는 사회적기업들도 대부분 정부에 의존해 있는 상황이기 때문에 소규모로 활동하고 있는 사회적기업들은 더욱 힘든 실정이다. 이들의 현실은 자립의 어려움을 겪고 있으며, 독립하여 생존할 수 있는 역량을 갖추는 데 미흡하다. 사회적기업은 국가의 지원비 및 사회적기업이라는 공익성을 기업의 무기라고 생각하고 자신의 일에서 노하우나 기술의 발전하려고 하지 않는다. 단지 불쌍한 기업, 도움을 받아야 하는 기업으로 생각하기 때문에 현재 시장에서는 특별한 성과나 매출의 향상을 얻지 못하고 있다. 사회적기업의 이러한 모습이 기업 내부의 활동에 악순환의 연결로 이어져 상황은 점차 심각해지고 있다.

③ 판로 개척

사회적기업의 취지는 좋으나 그것을 알릴 만한 통로가 마련되어 있지 않아서 판로 개척에 어려움이 있다. 하지만 사회적기업은 시민들의 자발적 참여로 만들어지는 기업이라고 보았을 때 적극적인 시민 참여는 사회적기업의 운영과 활성화에 많은 기여를 할 수 있다(이지영, 2011). 실제로도 오늘날 사회적기업은 신규 사업 영역을 적극적으로 확대하여 사회적 가치를 효율적으로 생산하고 마케팅을 통하여 균형적인 경제와 사회 발전에 적극 이바지하고 있다(조영복 외, 2008). 따라서 우리나라는 인증을 받지 않고 사회적기업이라는 이름을 사용하면 불법이지만(김재인, 정건섭, 2010), 비인증 상태에서 사업을 운영하는 소규모 사회적기업들은 정부의 별도 지원 없이도 사업을 발전시킬 수 있다. 소규모로 운영되는 사회적기업에서 큰 기업까지 다양하다. 사회적기업의 가장 큰 문제점 중 하나는 재정 상황일 것이다. 정부의 지원이 끝난 기업들은 구조조정을 하였다. 또한 대부분의 사회적기업은 스스로 유통망을 뚫고 판로를 개척하기란 쉽지 않은 일이다. 사람들이 사회적기업을 인식하기에는 아직 정보가 많이 부족하다. 그래서 마케팅이나 홍보가 쉽지 않고 노동력이 부족하여 사업하는 여건이 힘든 상황이다.

(2) 기업 경영상의 어려움

① 사회적기업가 부재

사회적기업의 성공은 사회에 공헌하려는 의지와 함께 경영 능력을 갖춘 사회적기업가에 의해 달성된다고 할 수 있다(조영복 외, 2008). 앞서 말했듯이 사회적기업은 영리 기업과는 다르게 노동력을 갖추기가 제한적이다. 사회적기업을 운영하는 경영자들은 특정한 경영 능력이 부족하고 회사의 구성원조차 영리 기업에 비해 기술력이 부족하다. 선진국들은 이미 사회적기업가를 양성하기 위해 프로그램을 운영하는 전문 교육기관이나 대학교를 중심으로 강의를 들을 수 있는 시스템이 많이 갖추어져 있다. 반면 우리나라는 사회적기업가를 키울만한 제도가 마련되어 있지 않다. 현재 사회적기업가를 육성하기 위해서 몇몇 민간의 노력으로 프로그램이 이루어지고 있지만 정부가 중심이 되어 사회적기업가를 육성하지 않으면 재정을 비롯하여 기타 많은 부분에서 한계가 있을 것이다.

② 정부 의존

우리나라는 정부의 주도 아래 선진국의 사회적기업 형태를 가져와 빠르게 전파하였다. 사회적기업의 정책 유용성이 언급되기 시작한 지 3년 만에 '사회적기업 육성법'이 제정되었고 2010년까지 인증된 사회적기업은 501개소에 달하였다(류만희, 2009). 자생적으로 활동하던 사회 복지 종사자들은 정부가 사회적기업이라는 시스템을 구축하여 휘말리듯 참여하게 되었다. 이렇게 급격한 발전은 한국의 사회적기업의 내실을 다지지 못하고 규모만 커지는 결과를 낳게 만들었다. 그만큼 사회적기업은 사회 서비스의 공급과 노동력 등의 문제가 심각한 수준이다. 정부는 사회적기업을 인증 체계를 통해 전반적으로 관리하고 있다. 이는 정부와 사회적기업이 불가분의 관계이고, 즉 사회적기업의 생존 역시 정부 정책에 달려 있다는 것이다(류만희, 2009). 정부가 관리하는 범위와 정도가 너무나도 광범위하기 때문에 사회적기업들이 자생하고 독립적으로 살아남을 수 있는 여건을 만들어 주기 위해서는 어느 정도의 제도적 합의를 두어야 함이 마땅하다.

사회적기업들은 현재 인적자본이나 판로 개척 등의 많은 어려움을 겪고 있다. 특히 소규모로 운영되고 있는 사회적기업들은 더욱 설 곳을 찾지 못하고 있는 실정이다. 하지만 웹 2.0의 시대로 사회적 흐름이 변하면서 서로 참여하며 공유하여 개방하는 소셜미디어가 유행처럼 활성화되고 있다. 그중에서도 사람들의 실생활에 가장 널리 사용되는 SNS는 개인적인 관계 형성뿐만 아니라 정보의 교류 및 마케팅 수단으로까지 확장되고 있다. 자본이 별로 없는 사회적기업들은 흐름에 발맞춰 SNS라는 뉴미디어를 활용하여 마케팅을 해나갈 필요가 있다. 이는 대기업이나 중소기업들이 시장을 잠식해가는 환경 속에서 생존할 수 있는 돌파구를 만들 기회를 제공할 것이며, 소규모로 활동하는 사회적기업들에게는 인프라가 부족해도 다른 기업들과 경쟁할 수 있는 좋은 방안이 될 것이다. 다음 절에서는 SNS 마케팅을 사회적기업에 적용해보기 위하여 SNS의 전반적인 개념과 특성을 살펴보고 사회적기업들이 SNS 마케팅을 활성화할 수 있는 방안을 살펴보도록 하겠다.

제2절 소셜미디어의 마케팅 특성과 활용 방안

1. SNS의 정의 및 특징

1) SNS 정의

사람들의 새로운 실생활 도구로 자리 잡은 대표적인 소셜미디어인 SNS는 트위터나 페이스북을 통해서 급격하게 증가하고 있다. 지난 2-3년 사이 우리는 제2의 인터넷 열풍이라고 할 수 있는 SNS(Social Networking Service)의 폭발적인 증가를 경험하고 있다(서윤교 외, 2011).

SNS 열풍의 이유는 스마트폰이 대중들에게 빠르게 다가왔고 이를 잘 활용하고 있기 때문이다. 2010년도 국내에서는 만 6세 이상 인터넷 이용자의 65.7%가 최근 1년 이내 SNS를 이용한 'SNS 이용자'로 분류되었으며 '2010 정보문화 실태조사'에서는 국내 네티즌 10명 중 7명가량이 트위터, 페이스북, 블로그, 미니홈피 등 소셜미디어를 주요 소통 수단으로 이용하는 것으로 나타나 소셜미디어가 의사소통의 도구로서 보편화됨을 시사했다(홍기원, 한나래, 2011). SNS를 이용하면 기존의 미디어보다 훨씬 저렴한 비용으로 훨씬 빠르게 많은 사람들에게 정보를 전달할 수 있다(이의훈, 2010). 사람들과 친숙해진 SNS는 기업들의 관심을 끌기에 충분했으며 유명한 여러 대기업부터 중소기업들까지 SNS를 활용한 마케팅을 펼치고 있다.

SNS는 사회적 관계 개념을 인터넷 공간으로 가져온 것으로, 사람과 사람 간의 관계 맺기를 지원하는 서비스라고 정의한다(황현수, 2009). 즉 개인의 일상사나 관심사를 공유하고 소통할 수 있는 서비스라고 말할 수 있다. 또한 개인이 공개적인 정보를 만들거나 자신과 인맥을 맺은 다른 이용자들의 리스트를 분류하고 다른 사람들의 계정에 만들어진 인맥 리스트를 볼 수 있게 된 웹 기반의 서비스라고 규정할 수 있다(Boyd와 Ellison, 2007). 김승열(2009)은 SNS를 기존 정보 위주의 인터넷 산업과 다르게 사람과 사람의 관계에 중점을 둔 서비스라고 정의하였다. 또한 SNS는 사람들이 소통관계를 형성하고 콘텐츠를 공유할 수 있도록 하는 온라인 소통 인프라를 의미한다(함유근, 박성민, 2011). SNS는 소셜 네트워킹을 기반으로 두어 여러 사람과 정보를 교환하며 상호 공감대를 형성하기 위한 온라인 도구로 사용되고 있다. SNS 즉 소셜미디어를 통한 커뮤니케이션의 핵심은 '대화'이다. 일방적인 정보 제공보다는 소비자의 이해와 공감대를 얻을 수 있도록 해야 한다(구자룡, 2012).

우리는 인터넷을 통해 새로운 사람을 만나고 대화를 할 뿐만 아니라 정보를 공유하기도 한다. 그렇기 때문에 인터넷은 단순한 정보 습득을 위한 공간을 넘어서 사람들이 모여 교류하는 '소통의 장'으로서의 역할이 중요해지고 있다. 인터넷을 통해 개인의 정보를 바탕으로 타인과 끊임없이 소통하고 대화를 나눌 수 있게 만들어 주는 서비스가 바로 SNS이다(김헌, 백미정 2010). SNS(Social Network Service)를 풀어 보면 'Social'은 사회를 뜻하는 말로 '공동체'를 의미하고 'Network'는 일련의 과정을 통해 연결된 '관계망'을 나타내며, 'Service'는 이러한 것들이 가능하게끔 '기반을 만들어 주는 것'을 의미한다(SHEN, 2011). 따라서 넓은 의미로는 관계를 형성할 수 있는 온라인 커뮤니티와 유사하다고도 볼 수 있지만, SNS는 온라인 커뮤니티 안에서 공통의 관심사를 가진 사람들끼리 그룹을 형성하고 정보를 공유하면서 개인 간 관계를 누적하여 더 큰 네트워크를 형성할 수 있다(성가희, 2011). 정유진, 배국진(2007)은 SNS를 인터넷상에서 공통의 관심사를 지닌 사용자의 관계 형성을 지원하고 이렇게 형성된 지인 관계를 바탕으로 인맥 관리, 정보 및 콘텐츠 공유 등 다양한 활동을 할 수 있도록 지원하는 서비스로 정의하였다. 그리고 SNS는 웹상에서 친구, 선후배, 동료 등 지인과의 인맥 관계를 강화시키고 또 새로운 인맥을 쌓으며 폭넓은 인적 네트워크를 형성할 수 있도록 해 주는 서비스이다(유혜림, 송인국 2010). 김태우(2012)는 개인의 생각을 다른 사람과 공유할 수 있고 한 개인이 온라인상의 불특정 다수와 관계 맺을 수 있는 온라인 틀이라고 설명하였으며, SNS는 웹상에서 각종 SNS 도구를 활용하여 다양한 커뮤니케이션과 정보를 공유하고 인맥을 형성해 유익한 정보를 제공하며(오성수, 2013), 이용자 계정끼리의 연결 관계가 서비스의 기본이 되어서 해당 연결 관계가 서비스 제공에 기본 목적이 된다고 할 수 있다(조성은, 한은영, 2013).

SNS는 명확한 정의는 없지만 많은 연구자들이 다양하게 정의하고 있다. 그만큼 SNS는 빠르게 변화하고 있고 다양한 측면에서 기업들과 사람들에게 활용되고 있는 것이다.

〈표 2-12〉는 SNS의 정의를 연구한 선행연구들의 개념을 정리한

〈표 2-12〉 SNS(Social Networking Service)의 정의

연구자	정의
정유진, 배국진(2007)	인터넷상에서 공통의 관심사를 지닌 사용자들 간의 관계 형성을 지원하고, 이렇게 형성된 지인 관계를 바탕으로 인맥 관리, 정보 및 콘텐츠 공유 등 다양한 활동을 할 수 있도록 지원하는 서비스.
Boyd and Ellison(2007)	개인이 공개적인 정보를 만들거나 자신과 인맥을 맺은 다른 이용자들의 리스트를 분류하고 다른 사람들의 계정에 만들어진 인맥 리스트를 볼 수 있게 된 웹 기반의 서비스.
황현수(2009)	사회적 관계 개념을 인터넷 공간으로 가져온 것으로, 사람과 사람 간의 관계 맺기를 지원하는 서비스.
김승열(2009)	기존 정보 위주의 인터넷 산업과 다르게 사람과 사람의 관계에 중점을 둔 서비스.
유혜림, 송인국(2010)	웹상에서 친구, 선후배, 동료 등 지인과의 인맥 관계를 강화하고 또 새로운 인맥을 쌓으며 폭넓은 인적 네트워크를 형성할 수 있도록 해주는 서비스.
김헌, 백미정(2010)	인터넷을 통해 개인의 정보를 바탕으로 타인과 끊임없이 소통하고 대화를 나눌 수 있게 만들어 주는 서비스.
성가희(2011)	온라인 커뮤니티 안에서 공통의 관심사를 가진 사람들끼리 그룹을 형성하고 정보를 공유하면서 개인 간 누적된 관계로 인해 더 큰 네트워크를 형성하는 서비스
함유근, 박성민(2011)	사람들이 소통관계를 형성하고 콘텐츠를 공유할 수 있도록 하는 온라인 소통 인프라.
김태우(2012)	개인의 생각을 다른 사람과 공유할 수 있고, 한 개인이 온라인상의 불특정 다수와 관계 맺을 수 있는 온라인 틀.
오성수(2013)	웹상에서 각종 SNS 도구를 활용하여 다양한 커뮤니케이션과 정보를 공유하고 인맥을 형성해 유익한 정보를 제공하는 서비스.
조성은, 한은영(2013)	이용자 계정끼리의 연결 관계가 서비스의 기본이 되어서 해당 연결 관계가 서비스 제공에 기본 목적이 되는 서비스.

것이다. 현재까지 SNS는 다양하게 정의되었지만, 사람들 간의 소통을 통한 정보교류와 관계 형성을 하는 서비스라고 공통된 개념을 말할 수 있다. 따라서 SNS란 소셜 웹상에서 관계를 구축하고 실시간으로 공통의 관심사나 정보를 교환하고 소통하는 서비스라고 할 수 있다.

선행 연구들을 바탕으로 본 SNS는 빠르게 정보를 전달할 수 있는 기능을 가지며, 이를 통해 사람들은 지인들과의 정보와 유대 관계를 구축해 나간다고 할 수 있다. 또한 SNS는 사람들과의 인맥을 형성하기 위해서 다양한 콘텐츠를 제공하고 있다. 그래서 온라인상의 관계는 프로필이나 각자의 특성에 관련한 콘텐츠를 통해서 지속적으로 소통한다고 할 수 있다. SNS는 점차 지인들 간의 관계 구축과 정보 공유라는 기본적인 서비스 제공을 넘어서 기업들의 마케팅 수단으로 떠오르고 있다. SNS를 통해 새로운 시장 환경이 생겨나고 있으며, 기업들은 SNS로 고객들과의 새로운 관계를 구축하고 지속적인 소통을 통한 마케팅을 펼치고 있다. 또한 기업의 입장에서 보면 SNS란 새로운 마케팅 수단으로써 고객들과의 신뢰 구축을 하거나 기업의 성장을 위한 돌파구라고 할 수 있다.

2) SNS 특징

뉴미디어로써 SNS가 발달하기 시작하면서 사람들은 자신들의 일상 속에 SNS를 점차 흡수시켜 왔다. SNS를 통해서 사람들은 정보를 교환하고 실시간으로 사람들과의 관계를 맺으며 하나의 인맥 도구로 사용하였다. 결국 SNS는 1인 미디어, 1인 커뮤니티, 정보 공유 등을 포괄하는 개념으로 참가자가 서로에게 친구를 소개하고 친구 관계를 넓힐 것을 목적으로 개설된 커뮤니티형 웹사이트로 정의할 수 있다

〈표 2-13〉 SNS의 기본 기능

기능	내용
프로필 및 콘텐츠 생성	신상 정보, 취미, 관심사와 같은 자신의 아이덴티티를 표현하거나 사진이나 동영상 등 시스템 안에서 콘텐츠를 사용자 스스로 생산할 수 있는 기능.
관계 맺기	1촌 친구 맺기 등 개인 간의 관계를 맺어, 관계를 맺은 지인들의 목록을 만들어 시스템에 축적할 수 있는 기능.
커뮤니케이션	개인이 만든 콘텐츠를 공유함은 물론 이메일, 쪽지, 채팅, 메신저 등 사용자 간의 커뮤니케이션을 지원하는 기능.

출처: Boyd와 Ellison(2007).

(박현길, 2010). 또한 Boyd와 Ellison(2007)은 〈표 2-13〉과 같이 SNS는 기본적으로 세 가지 기능을 갖추고 있다고 하였다.

구동수(2011)는 Boyd와 Ellison(2007)의 선행연구를 통해서 SNS의 기본적인 기능들에 대해 설명하였다. 첫째, 공개적(Public)이거나 반공개적(Semi-Public)인 개인 프로필을 생성할 수 있어야 하고, 둘째, 다른 사용자들과 특정 관계를 맺어 네트워크를 만들 수 있어야 한다. 마지막으로 이렇게 구축된 네트워크를 활용해서 다른 사용자들과 텍스트나 이미지 등 정보 교류뿐만 아니라 공유하고 커뮤니케이션할 수 있는 기능을 지원해야 한다. 따라서 사람들은 SNS를 통해서 공개적으로 그들의 관심사를 서로 공유할 수 있으며 소셜 웹상에서 지속적인 관계를 통한 인맥을 맺을 수 있다. 이러한 활동은 특정 네트워크를 구축하여 온라인상의 그룹을 형성하기도 한다.

SNS 열풍 초기에는 단순히 지인들과의 친목 도모 용도로 사용되었고 기업들이 고객들과 소통하기 위한 채널로 사용하는 것은 거의 드물었다. 하지만 SNS의 중요성이 점차 커지면서 기업들은 SNS의 특성과 파급력에 눈을 돌렸고 효과적인 마케팅 수단으로써 주목받고 있다.

〈표 2-14〉 SNS(Social Network Service)의 특징

분류	특징
공유(Sharing)	누구나 쉽게 콘텐츠 제작이 가능하며 자신이 만든 콘텐츠를 자신이 속한 소셜그룹에 공유 가능.
상호작용(Interactive)	양방향성을 활용하여 정보나 의견 교환, 이를 통해 발전적 활동 가능.
실시간성(Real Time)	사람들 간의 실시간 연결이 가능하며 정보의 빠른 확산이 가능.
집단지성 (Collective Intelligence)	관계나 정보 공유를 위해 그룹이 조직되고 이는 집단 지성으로 발전함.

출처: 안종배(2011).

SNS의 기본 기능을 바탕으로 하여 특징을 살펴볼 수 있다. SNS는 지인들과의 관계를 맺고 자신의 의견이나 생각을 공유하는 서비스이기 때문에 외부의 영향보다는 참여자들이 자발적으로 활동하면서 서로에게 영향을 받는 특징을 가지고 있다. 이렇게 SNS는 여러 형태로 특징을 가지고 있는데, 안종배(2011)는 소셜미디어가 가지는 특징으로써 네 가지를 제시하였다(〈표 2-14〉).

이러한 특징을 바탕으로 사람들은 지속적인 관계를 형성할 수 있고 자신이 관심 있는 분야에 속해 그룹을 형성한다. 또한 스마트폰으로 SNS의 실시간성은 더욱 효과적으로 사용 가능하다. 사람들은 점차 SNS상에서 다양한 콘텐츠에 노출되고 있으며 기업들은 SNS의 특징을 활용한 마케팅으로 많은 소비자를 확보할 필요성이 있다. 이렇게 새로운 시장 환경을 주도하고 있는 SNS는 기본적인 기능을 바탕으로 다양한 특징을 가지고 있다.

(1) 실시간성

SNS가 새로운 시장 환경의 중심에 서 있는 것은 바로 '실시간성'이라는 대표적인 기능 때문일 것이다. 실시간성이란 사람들 간의 실

시간으로 연결되고 정보의 빠른 확산이 가능한 것을 의미한다(안종배, 2011). 이는 SNS의 정보 전달력과 관계가 깊은 특징이라고 할 수 있으며 사람들은 언제 어디서나 원하는 시간에 SNS를 통해서 지인들과의 정보를 공유하며 관계를 구축해 나간다. SNS의 신속성과 지속성은 쉽고 빠르게 콘텐츠 전파가 가능하며 SNS상에서 생산된 콘텐츠의 영향력은 정보의 확산을 통해 시간에 구애받지 않고 지속적으로 발휘된다(이윤경, 2012). SNS를 통한 콘텐츠는 신속하게 인지, 생산, 등록하고 알릴 수 있으며 상대의 반응에 즉각적으로 응답할 수 있는 강점이 있다. 또한 언제, 어디서나 원하는 시간에 콘텐츠 발신이 가능하다는 점 역시 중요하다. 따라서 SNS의 실시간성은 사람들의 생활에서 시간의 단축을 통해서 유용함을 주고 있다. 뿐만 아니라 사람들은 SNS를 통해서 장소의 구애받지 않고 바로 그들의 정보 교환이나 업무 등에 활용하고 있다.

(2) 정보 전달력

SNS가 빠른 정보 전달력을 가질 수 있게 된 가장 큰 이유는 스마트폰의 발달로 인한 파급력일 것이다. SNS라는 서비스와 스마트폰을 연동해 사람들은 더욱 편리하게 SNS를 활용할 수 있게 되었다. 이 때문에 SNS는 정보를 실시간으로 전달하고 빠르게 범위를 확대할 수 있다. 트위터(Twitter) 같은 마이크로블로그 형태는 간단한 내용의 글을 실시간으로 확산하는 높은 정보 전달력을 보인다(김서영, 2012). 대표적인 SNS인 페이스북(Facebook)도 마찬가지로 사람들이 원하는 정보를 바로바로 올리고 받을 수 있으며, 정보를 통해 온라인상에서 관계를 형성한다. 트위터 같은 SNS가 정보를 빠르게 전달할 수 있는 이유는 바로 '해시태그(#)'와 '리트윗(RT)' 기능이 있기 때문이다. 해

시태그는 사용자가 특정한 화제를 트윗을 할 때 '#'과 함께 화제와 관련된 키워드를 트윗문 속에 넣어 두는 것으로, 종합적으로 해시태그를 사용한 트윗들만 검색할 수 있게 하는 것이다. 리트윗(RT)은 다른 사용자가 작성한 특정한 정보나 글에 대한 트윗을 인용하여 재게시하는 것을 말한다(이강호, 2011). 대표적인 예로 미국의 대선 당시, 오바마 대통령이 트위터를 이용해 정보를 제공하며 유권자들의 지지를 얻어 당선에 큰 도움이 되었다.

(3) 신뢰성

SNS는 온라인상에서 다양한 사람이 정보를 교환하고 여러 콘텐츠를 전달하는 역할을 하고 있다. SNS는 이용자와 이용자 간의 마음을 담은 인간적인 소통이 가능하다(이윤경, 2012). SNS의 특성상 그 대상이 기존의 친구가 될 수도 있고 온라인상에서 새롭게 만난 지인이 될 수도 있다. 또한 기업들 역시 고객들과 상호작용해 쌍방향 커뮤니케이션을 하기도 한다. 따라서 기업들은 고객과의 지속적인 관계를 통해 신뢰를 쌓을 수 있고 이는 기업에 대한 소비자들의 높은 충성도로 이어지게 된다. 이를 통해서 기업들은 이미지 제고와 브랜드 이미지의 상승 등의 효과를 볼 수 있다.

SNS는 자신이 관심 있는 특정한 그룹에 들어갈 수 있고 그 안에서 네트워크를 형성한다. SNS의 사회적 관계는 각각의 이용자들이 그 안에서 관심과 유대관계를 형성하면서 더욱 강해진다(Lee와 Chiou, 2011). 때문에 SNS 공간에서의 모임은 오랜 시간을 투자하여 생기는 신뢰 혹은 친근함을 바탕으로 만들어진다. 그만큼 SNS는 신뢰를 기반으로 한 서비스이다. 이를 잘 활용하기 위해서는 신뢰성을 바탕으로 네트워크를 구축할 필요가 있다. 또한 이러한 가치를 효과적으로 사용하기 위해서는 SNS가 가진 기능적인 면을 과신하지 말고 진정어린 소통의 도구로써 특성을 최대한 살려야 한다.

(4) 콘텐츠 연결성

SNS를 이용할 때 나타나는 주요한 특징 중 하나는 사용자가 SNS에 지속적/반복적으로 접속하여 SNS상의 콘텐츠를 계속적으로 노출시킨다는 점이다(김서영, 2012). 사람들은 SNS를 통해서 자신이 원하는 것을 찾고 관심사에 대한 정보를 올리기도 한다. 그러면서 점차 사람들이 SNS를 이용하는 시간이 길어지고 소셜 웹상에서의 활동이 많아진다.

〈그림 2-4〉에서 알 수 있듯이 전 세계적으로 사람들의 SNS 이용시간이 많은 것을 알 수 있다. SNS 사업자가 사람들이 계속 이용하게끔 게임 등의 재미 요소를 추가하고 있으며, 스마트폰 앱으로 간편

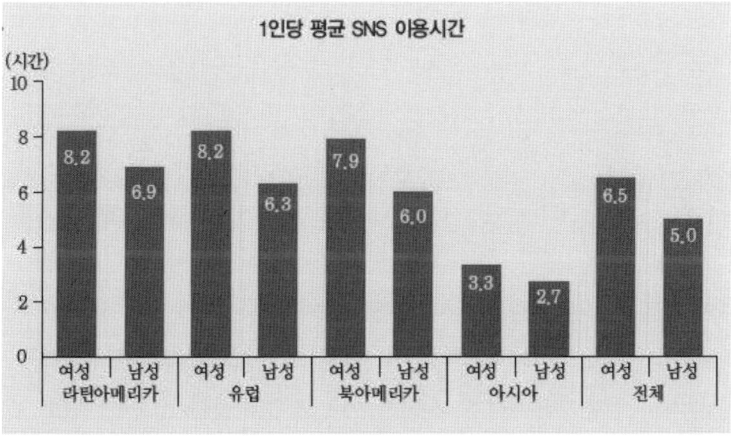

출처: Comsoore, Top 10 Need-to-Knows About Social Networking and Where It's Heade(2011).

〈그림 2-4〉 1인당 평균 SNS 이용 시간

하게 SNS에 접속할 수 있고 실시간 알림 서비스가 자기 표현에 대한 타인의 반응을 확인하고자 하는 사용자의 심리와 결합되어 습관적 SNS 접속을 유도하고 있다(김서영, 2012).

(5) 공개성

SNS는 기본적으로 사람들 간의 관계를 형성하고 소셜 웹상에서 서로의 관심사나 정보를 공유하는 서비스임을 알 수 있다. SNS를 사용하는 사람들은 기본적으로 공개적인 상태에서 그들의 정보를 올리고 많은 활동을 한다. 그렇기 때문에 사람들은 기존 대중매체의 폐쇄적인 특징에서 벗어나 좀 더 신뢰감을 가지고 온라인상에서 사람들과 정보를 쉽게 공유할 수 있으며, 이들의 네트워크 형성 또한 빠르게 이루어질 수 있다. 그리고 특정한 관심 정보나 사람들이 직접 올린 후기 등은 공개적으로 이루어지기 때문에 SNS를 통해서 빠르게 퍼져 나간다. 누구나 볼 수 있고 들을 수 있는 SNS의 특징은 기업들에게 있어 SNS를 이용하여 마케팅을 하는 데 좋은 기회를 갖게 된다. SNS를 이용하면 고객들의 관심사나 정보 등을 파악할 수 있기 때문에 맞춤형 고객 서비스가 가능하게 되고 지속적인 관계 구축을 통하여 충성도 높은 고객으로 만들 수 있기 때문이다. 기존의 마케팅 방식에 지쳐 있던 고객들은 기업들의 새로운 마케팅 방식으로 SNS를 접하고 신선함을 느낄 수 있다. 또한 일상생활 전반에 SNS가 필수 아이템으로 자리매김하고 있어서 SNS 마케팅은 기업들에게 있어서 없어서는 안 될 전략인 것이다. 최근에는 기업의 SNS 페이지 운영이 간편해져서 금융기관까지 SNS에 참여하여 고객들과 소통을 하고 있다(김서영, 2012). 그래서 국/내외 금융기관들은 점차 SNS를 활용하여 다양한 방식으로 고객들에게 다가가고 있다.

2. SNS의 유형 및 현황

1) SNS의 유형

SNS를 특정한 범주에 맞춰 유형을 분류하기 위해서는 소셜미디어의 종류를 체계적인 범주화한 선행연구들을 살펴보아야 한다. Kaplan과 Haenlein(2010)은 소셜미디어의 두 가지 핵심 요소를 사회적 실재감(Social Presence)과 자기 연출(Self-Presentation)로 설명하면서 소셜미디어에 대한 개념을 범주화할 것을 주장하였다.

이 분류 기준에서 사회적 실재감은 Short et al.(1976)의 사회적 실재감 이론에서 주장한 것과 같이 미디어는 두 명의 커뮤니케이션 당사자들 간에 나타날 수 있는 "사회적 실재감"의 정도에서 차이가 있다고 하였다.

두 번째 분류 기준인 자기 연출이라는 개념에 의하면, 사람들은 어떤 종류의 사회적 상호작용에서든지 다른 사람들이 자신에 갖게 되는 인상을 통제하려는 욕구를 갖는다(Goffman, 1959)고 하였다. 〈표 2-15〉는 Kaplan과 Haenlein(2010)의 분류 기준에 따라 소셜미디어의 유형

〈표 2-15〉 소셜미디어의 분류 체계

		사회적 실재감/매체 풍부성		
		낮음	중간	높음
자기 연출/ 자기 공개	낮음	협업 프로젝트 (Collaborative Projects)	콘텐츠 커뮤니티 (Content Communities) (예: 유튜브)	가상 게임 (Virtual Game Worlds) (예: 월드 오브 워크래프트)
	높음	블로그(Blog)	소셜 네트워킹 사이트 (Social Networking Sites) (예: 페이스북)	가상 사회 (Virtual Social Worlds) (예: 세컨드 라이프)

출처 : Kaplan과 Haenlein(2010).

을 나타낸 것이다.

Kaplan과 Haenlein(2010)의 연구에 따르면 소셜 웹상에서 직접 참여하여 모든 것을 다루고 실제 생활과 비슷한 느낌을 받는 것은 가상게임이나 가상사회 같은 루트를 통해서 가장 높게 나타난다고 하였다. 하지만 소셜미디어를 마케팅 측면에서 범주화하기 위한 기준으로 보면 게임을 제외한 분류 중 소셜 네트워킹 사이트(Social Networking Sites)가 가장 높은 것을 알 수 있다. 이는 현재 실생활에서 가장 많이 사용되고 있는 SNS는 사회적 실재감과 자기 연출의 특징이 강하기 때문에 사람들의 이목을 집중시키고 그만큼 여러 방면에서 사용되고 있는 것이다. 따라서 기업들도 소셜미디어를 통한 마케팅을 성공적으로 이끌어내기 위해서는 SNS 위주의 마케팅을 시도하여 효과를 거두어야 한다.

이처럼 다양한 형태와 기준을 가지고 소셜미디어를 분류할 수 있으며, 사람들이 가장 많이 사용하는 SNS의 유형을 중점적으로 살펴볼 필요가 있다. SNS는 기본적으로 정보의 교환이나 사람들과의 관계를 중심으로 한 서비스이지만 용도에 따라 다양하게 쓰이고 있다. 다음 〈표 2-16〉과 같이 김서영(2012)은 SNS의 유형 및 서비스를 친

〈표 2-16〉 SNS 유형 및 주요 서비스

유형	주요 기능	주요 서비스
친목형	지인 간 일상·관심사 공유를 통한 친목 도모	Facebook, Twitter, Myspace, Google+, me2day
비즈니스형	비즈니스 인맥 관리 및 사내 의사소통	Linkedin, Linknow, Yammer
취미·기호형	각종 취미·기호 카테고리별 정보 공유	Pinterest
위치 기반형	위치 정보를 이용해 관심 장소에 대한 정보 공유	Foursquare, 아임IN

출처: 김서영(2012).

목형, 비즈니스형, 취미·기호형 그리고 위치 기반형으로 구분하여 설명하였다.

친목형 SNS는 가장 기본적인 형태로, 사람들끼리 일상적인 내용을 자유롭게 주고받는 서비스이다. 가장 대표적인 SNS로 페이스북이 있으며, 이는 사용자의 나이나 성별 등의 기본적인 프로필을 바탕으로 여러 사람들과의 친목을 맺고 정보를 공유하는 서비스이다. 페이스북과 비슷한 SNS로 트위터가 있다. 트위터는 사용자들 간의 친목을 도모하고 자신들의 관심사나 정보를 공유한다는 점은 동일하나, 마이크로 블로그(Micro-Blogs)형태의 SNS로써 140자 내외의 단문으로 자신의 생각이나 의견을 쓸 수 있는 특징이 있다. 비즈니스형 SNS는 친목형의 단계를 넘어 비즈니스에 관련하여 인맥을 맺고 관계를 유지하는 특징을 가지고 있다. 비즈니스형 SNS는 링크드인(Linked-in)이 대표적이며 외부 비즈니스 인맥을 관리하여 구인구직 등 비즈니스 정보 공유를 위한 도구로 사용되고 있다. 그래서 비즈니스형 SNS는 일반 사람들을 위한 목적으로는 잘 쓰이지 않고 있다. 취미·기호형 SNS인 핀터레스트(Pinterest)는 이미지 중심의 사용자 인터페이스로 보다 직관적인 서비스를 제공한다. 사용자는 자신의 취미와 기호에 따라서 카테고리별 게시물을 조회하고 공유할 수 있다. 마지막으로 위치 기반형 SNS는 스마트폰의 위치 정보 기능을 활용하여 사용자가 특정 장소에 방문한 내용을 공유하는 서비스이다. 대표적으로 포스퀘어(Foursquare)가 있으며 이는 사용자가 현재 위치에 체크인함으로써 해당 장소에 방문한 내역은 물론 관련된 유용한 정보나 사진 등을 남길 수 있다.

2) SNS 현황

지난 2~3년간 우리는 SNS의 폭발적인 증가를 경험하였고, 스마트폰의 대중화와 많은 어플리케이션의 등장으로 SNS의 성장세는 가속화되고 있다(서윤교 외, 2011).

SNS는 웹뿐만 아니라 무선인터넷을 기반으로 스마트폰과 태블릿 PC 전용 앱을 통해 전 세계에 확산되고 있다(문달주, 2011). 또한 SNS가 널리 사용되면서 소비자들의 구매 형태에 변화가 일어나고 있다(이강호, 2011). 기존에 소비자들이 직접 원하는 것을 찾아야 하는 방식에서 SNS에서 네트워크 형성을 통해 정보를 교환하고 지인들의 추천을 받는 방식으로 변화하고 있다.

기업의 SNS 활용이 날로 증가하는 가운데 대부분의 기업은 SNS를 대내외 소통 채널과 마케팅 도구로 활용하고 있다(박성민, 2011). 이렇듯 대기업에서 중소기업들까지 SNS를 활용하여 마케팅을 하려는 시도가 많이 이루어지고 있지만 그만큼 SNS를 마케팅 도구로써 효과적으로 활용하려는 노력이 필요한 것이다.

〈그림 2-5〉는 박성민(2011)이 Johnson, N.(2011)의 표를 재구성하여 기업이 SNS를 어떠한 목적으로 활용하고 있는지 나타낸 것이다.

〈그림 2-6〉에서 볼 수 있듯이 이용자의 수는 점차 늘어나고 있으며, 많은 기업이 SNS를 고객들과의 소통 도구, 기업들의 새로운 마케팅 수단으로써 활용하고 있다. SNS의 전체 국내 이용자수는 2012년 23.5%에서 2013년 7.8%가 증가해 31.3%가 사용하는 것으로 나타났다(김윤화 외, 2013).

또한 〈표 2-17〉에서는 SNS 서비스 업체 중 국내 이용자가 가장 많은 업체는 카카오스토리로 전년 대비 23.9%나 증가한 것으로 나

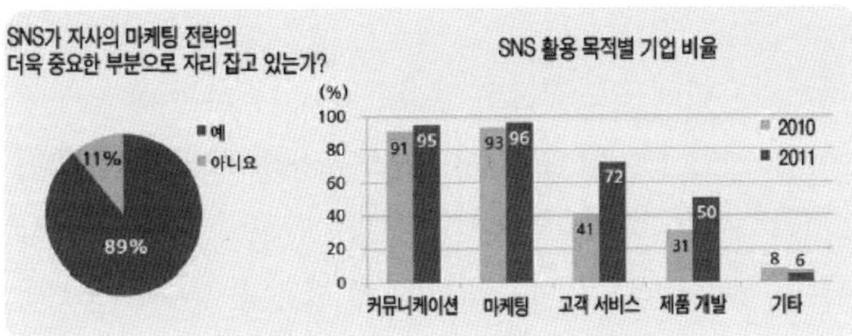

출처: 박성민(2011); Johnson. N.(2011)을 재구성.

〈그림 2-5〉 기업의 SNS 활용 목적

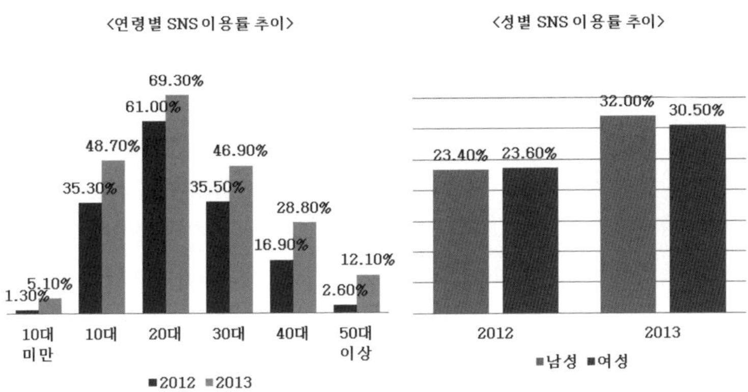

출처: 김윤화 외(2013).

〈그림 2-6〉 국내 SNS 이용률 추이

〈표 2-17〉 서비스사별 국내 SNS 이용률 추이

순위	서비스 사	2012년(n=2,057)	2013년(n=3,270)
1	카카오스토리	31.5%	55.4%
2	페이스북	28.0%	23.4%
3	트위터	19.4%	13.1%
4	싸이월드	17.0%	5.5%
5	기타	1.3%	4.0%

출처: 김윤화 외(2013).

타났다.

불과 4~5년 만에 폭발적으로 성장한 SNS는 더 이상 단순한 소통 수단이 아닌 기업들의 마케팅 수단으로 사용되고 있는 것이다. 선진 기업들은 이미 SNS를 마케팅이나 홍보는 물론 기타 분야에서 활용하고 있으며, 포춘 100대 기업의 79%가 활용할 정도로 본격적인 성장 단계를 보이고 있다(이동훈 외, 2010). 이러한 기업들은 오피니언리더들을 통해서 SNS를 활용한 입소문 마케팅을 실시하여 많은 성과를 올리기도 하였다(권오철, 2011). 또한 소통과 마케팅 영역에서 사용되고 있는 SNS는 소셜 펀딩(Social Funding)이나 SCM(Supply Chain Management), 그리고 소셜 인덱싱(Social Indexing)등 신규 영역으로 확대되고 있다(박성민, 2011). 뉴미디어로써 부각되고 있는 SNS가 기업들의 마케팅 수단 혹은 새로운 영역으로 확장되어 지속적인 성장을 보이기 위해서는 SNS의 기본적인 가치나 실시간성 혹은 정보 전달력 등의 특징을 잘 살려야 한다. 기존의 마케팅 방식과 다르게 SNS 마케팅은 누구나 쉽게 시작할 수 있으며 비용의 부담이 적기 때문에 대기업이 아니더라도 마케팅으로써 SNS를 사용할 수 있다. 하지만 빠르게 변화하고 있는 소셜 웹 시대에 명확한 기준과 정체성을 가지고 SNS 마케팅을 시작하지 않는다면 단순히 유행처럼 지나가고 마는 불필요한 수단이 될 수 있다. 그래서 기업들은 SNS가 가지고 있는 특징을 토대로 마케팅에 잘 접목시킬 수 있는 구체적인 방안을 찾아야 한다.

3. SNS 마케팅 정의 및 특징

1) SNS 마케팅의 정의

SNS는 초기에는 주로 친목도모, 엔터테인먼트 용도로 활용되었으나 최근 비즈니스의 활용을 통한 생산적 용도로 활용하는 경향이 생겼다(최용록, 2011). 또한 SNS를 활용한 마케팅은 포털이나 커뮤니티 사이트를 통해 쉽게 발견할 수 있다(이홍일, 박철, 2011). 그리고 마케팅 도구로써 모든 형태와 범위에서 기업들의 성공적인 마케팅 전략에 사용될 수 있다(Schmidt and Ralph, 2011). 기업들이 마케팅 수단으로써 SNS를 주목하는 이유는 마케팅의 목적이 일대일 직접 상호작용 마케팅이기 때문이다(황현수, 2009).

이러한 이러한 직접 상호작용 때문에 기업들은 SNS에 주목하게 되었다. 소비자들이 별도의 비용 없이도 원하는 것을 바로바로 주고받을 수 있기 때문이다. 또한 실시간 피드백을 통해서 기업을 홍보하거나 각각의 소비자들에게 맞는 제품을 생산 가능하기 때문이다. 마케터들이 소셜미디어에 주목하는 이유는 목표 타겟을 대상으로 온라인 커뮤니티의 친근감을 주면서 정보성과 오락성을 이용한 가치를 제공하여 제품 관련 메시지 혹은 브랜드에 소비자를 자연스럽게 몰입시킬 수 있기 때문이다(한지숙, 2012). 소셜네트워크의 중요성이 부각되면서 SNS가 기업의 브랜드나 인지도에 미치는 영향이 크다는 것을 알 수 있다(홍문기, 2011).

다시 말해서, SNS를 통한 마케팅은 소규모 네트워크를 통한 신뢰적이고 충성도가 높은 가치인 것이다. 구체적으로 기업의 활성화를 위해 온라인 툴과 미디어 플랫폼(소셜미디어)을 활용하여 마케팅 활동을 하는 것을 소셜미디어 마케팅이라 한다. 다르게는 소셜 네트워크 서비스(SNS) 마케팅이라고도 한다(정기한 외, 2010). 최근 유튜브를 이용한 광고의 성공 사례가 증가하는 것처럼 누구나 쉽게 정보를 올리고 퍼트려서 별도의 비용 없이 그들의 목표를 달성할 수 있는 수단으로 떠오르고 있다(한국무역협회, 2011).

SNS를 활용한 마케팅은 저비용 고효율의 마케팅 특성을 가지고 있으면서도 사람들과 자유롭게 소통할 수 있는 관계적 특징을 가지고 있는 수단이다. SNS를 사용하고 있는 사용자들을 참여시킴으로써 기업의 브랜딩으로 적극 활용할 수 있다(황현수, 2009). 즉 기업의 제품이나 브랜드를 사용하는 소비자들이 바로 마케터가 되는 것이다. 소셜 웹 안에서 지인들에게 정보를 공유하고 자발적 홍보를 하게 된다.

2) SNS 마케팅의 특징

SNS 마케팅은 기업의 분야와 형태에 맞게 빠르게 부상하고 있다. 또한 학계에서도 SNS를 이용한 기업의 마케팅 영역의 전략적인 가치가 매우 높다고 주장하고 있다(Kozinets et al., 2010). 기존 마케팅 방식에 지쳐 있던 소비자들에게 기업들은 새롭게 다가갈 필요가 있다. 그래서 새롭게 떠오르고 있는 SNS를 활용하여 여러 기업이 마케팅을 펼치고 있으며, 계속 정보를 주고 받을 수 있는 실시간성과 누구나 볼 수 있는 공개성이라는 SNS의 본질적인 특징과 마케팅이 소비자들에게 신선하게 작용하고 있다.

청바지로 유명한 의류 브랜드 디젤(DIESEL)은 SNS 마케팅으로 많은 고객을 확보하였다. 디젤은 사람들이 누구나 제품을 구매할 때 다른 사람의 의견을 들어보고 싶은 욕구를 가지고 있다는 판단하에 페이스북으로 이러한 욕구를 충족시켰다. 디젤은 디젤 캠을 피팅룸에 설치하여 소비자들이 페이스북에 자신이 고른 옷을 입은 모습을 사진으로 찍어 올릴 수 있게 하였다. 이를 통해 주변 사람들의 의견을 듣고 반응을 실시간으로 확인할 수 있어서 마치 함께 쇼핑하는 것 같은 느낌을 주게 되었다.[1)]

디젤 캠으로 기업과 소비자 간 생태계의 선순환을 불러일으킨 이번 사례는 소비자들에게도 이득이 되는 동시에 기업 입장에서도 브랜드를 자연스럽게 노출하는 효과를 거두게 되었다. 선 세계적으로 확산되고 있는 SNS는 이제 대기업부터 중소기업까지 소비자들에게 자신들의 제품이나 기업 이미지 등을 어필할 수 있는 새로운 마케팅 수단으로 다가왔다. 그렇기 때문에 이러한 SNS 마케팅은 본질적인 SNS의 기능을 기반으로 하여 특징을 살펴볼 필요가 있다.

(1) SNS(Social Networking Service) 구전효과의 신뢰성

SNS 마케팅은 소셜 웹 안에서 이루어지는 사람들 간의 정보 교환을 통한 구전 효과를 잘 활용함으로써 기업의 목적을 달성할 수 있다. 본래 입소문(Word of Mouth)이란 William Whyte에 의해서 창안된 마케팅 개념으로 '한 사람의 입에서 다른 사람의 입으로 전달되는 정보의 흐름'이라고 정의할 수 있으며, 일반적으로 소비자들 사이에서 일어나는 소비 경험의 교환으로 정의할 수 있다(최윤영, 2011). 다시 말해 입소문은 특정 기업의 브랜드나 제품에 대해서 직접적이나 간접적인 경험을 한 정보를 비공식적인 통로를 통해서 자발적으로 교환하는 의사소통 과정 또는 행위를 의미한다고 할 수 있다(권태웅, 2005).

---

1) http://blog.naver.com/ssamoo3103?Redirect=Log&logNo=60148264098.

그래서 입소문을 통한 마케팅은 인적 네트워크를 통한 전달 방식을 가지고 있고 사람들의 체험을 통한 정보가 많아서 신뢰감이 높다. 따라서 SNS를 통한 입소문 마케팅은 별도의 비용 없이 빠르게 소비자들의 정보 교환이 이루어지기 때문에 정보의 위험성도 낮은 편이다. 이는 소셜 웹 안에서 이루어지고 있는 사람들의 SNS 이용 방식과 특징을 통해서 온라인상에서의 구전 효과는 더욱 파급력을 갖게 된다. SNS 마케팅 방식이 기본적으로 저렴하게 혹은 무비용으로 사용 가능하지만, 서로 아는 사람들 간의 정보를 교류하기 때문에 정보의 내용에 기존 대중매체에 비해 신뢰감이 높은 편이다. 이를 바탕으로 SNS는 구전 효과를 발휘하게 되고 사람들은 그러한 정보를 잘 믿고 이용하게 된다.

(2) 모바일과 연계를 통한 채널 확장의 용이성

SNS의 폭발적인 사용 증가는 스마트폰과 함께 사람들의 생활에 중요한 수단으로 사용되고 있다. SNS가 스마트폰과의 연동이 되면서 실시간성이라는 SNS의 대표적인 특징이 더욱 활성화되고 있다. 사람들은 언제 어디서나 스마트폰을 이용하여 SNS에 접속한다. 그리고 스마트폰을 이용하여 바로바로 자신의 관심사를 SNS 서비스에 정보를 게시하고 공유한다. 스마트폰 사용자가 증가하고 있는 시점에서 많은 사람이 스마트폰을 이용한 실시간 접속이 가능하게 되었으며, 스마트폰 애플리케이션의 사용 인기 순위 중 소셜네트워크 프로그램이 상위권을 차지한다(한국무역협회, 2011).

전통적인 미디어 방식으로 마케팅을 펼치던 기업들은 일방적인 푸시(Push) 방식의 정보 전달이 대부분이었지만, SNS가 스마트폰의 발달과 함께 새롭게 떠오르면서 기업의 제품을 홍보할 수 있는 광고 혹은 판매 채널이 생겨나고 있다. 그렇기 때문에 소비자들은 기존의 대중매체 광고보다 더욱 자주 광고에 노출되고 이를 접하게 된다.

SNS와 스마트폰이 결합되면서 지금은 소비자들 각자가 모두 채널 경로가 될 수 있다. 과거에는 한정된 시간이나 장소에 한정된 사람만이 정보나 기업이 홍보하려는 내용을 볼 수 있었지만, 이제는 SNS를 통해 언제 어디서나 자신들의 관심사를 볼 수 있다. 또한 기업들 역시 적절한 시기에 그들이 원하는 타겟팅 한 소비자들을 중심으로 제품이나 기업을 알릴 수 있는 기회가 열렸다.

이를 이용한 대표적인 서비스가 소셜 커머스이며, 많은 사람이 소셜 커머스를 이용하여 제품을 사고 자신의 스마트폰에 쿠폰을 다운받는 것을 쉽게 볼 수 있다. 소셜 커머스는 SNS와 결합함으로써 실시간성과 확산성을 띤다(최윤영, 2011). 이러한 온라인 상거래는 스마트폰의 발달과 위치기반 서비스로 인해 더욱 활성화되고 있다.

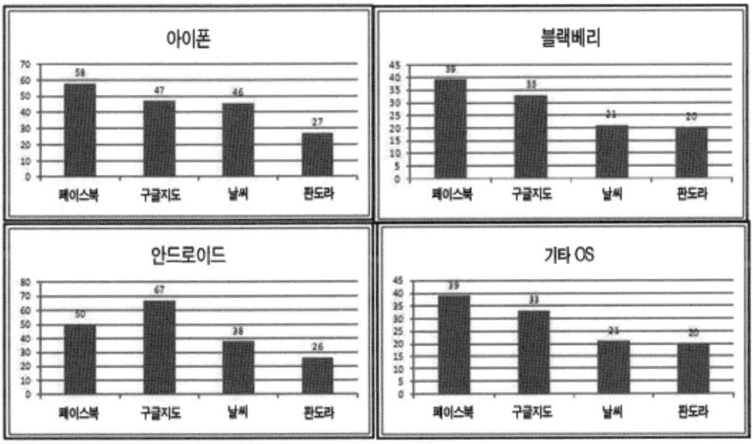

출처: 한국무역협회(2011), Nielsenwire(2010).

〈그림 2-7〉 스마트폰 애플리케이션의 사용 비중

(3) 저비용 고효율의 홍보 수단

최근 SNS를 활용하여 홍보에 성공한 사례가 늘고 있다. 한 예로 트위터를 이용한 리바이스(LEVI'S)의 리바이스 아이스파이 이벤트가 대표적이다. 호주에서 6주 동안 진행된 이벤트로 최소 비용으로 홍보 효과를 최대한 이끌어낸 대표적인 성공 사례라고 할 수 있다. 이벤트의 내용은 리바이스 청바지를 입은 모델들이 길거리를 돌아다니며 트위터를 통해 소비자들에게 그들의 위치를 알려준다. 공유된 위치 정보를 이용하여 모델을 찾은 트위터리안들에게는 모델이 입고 있는 청바지를 벗어 주는 재미있는 이벤트가 진행되었다. 어떻게 보면 단순한 이벤트이기도 하지만 많은 사람에게 큰 재미를 선사하며 기업 홍보에 성공적인 결과를 보여 주었다. 이벤트 기간 동안 리바이스의 팔로워 수는 1,450이 늘었고, 이벤트에 참여한 사람만 30만 명이었다고 한다.[2)]

결과적으로 리바이스의 이벤트는 당시 이슈였던 스마트폰 보급과 SNS의 기능을 잘 활용한 마케팅이라고 할 수 있다. 이처럼 SNS 마케팅은 복잡한 전략이나 마케팅을 위한 많은 돈을 투자할 필요도 없다. SNS 마케팅을 활용함으로써 효율을 높이고 비용을 줄이기 위해서는 기본적으로 소비자들과의 지속적인 소통을 통한 관계 형성이 필수적이다. 소비자들과의 지속적인 소통은 기업의 이미지를 개선할 뿐만 아니라 앞에서 언급한 입소문을 통해서 기업의 자체 홍보효과를 볼 수 있다. 또한 기존에는 기업의 홈페이지를 만들려면 도메인 비용이 들고 복잡하였지만, SNS의 등장으로 별도의 비용 없이 간단하게 홈페이지 구축이 가능해졌다.

---

2) http://blog.naver.com/elegancekim?Redirect=Log&logNo=60164476344.

또한 SNS 사용자들은 의사결정에 수동적이지 않고 정보를 적극적으로 추구하고 확산하기 때문에 기업들은 자신의 제품을 개별 소비자가 아닌 소비자의 네트워크를 고려하여 마케팅 전략을 추진할 수 있다(이지원 외, 2011). 그래서 SNS를 통한 마케팅은 별도의 비용 없이 시작하여 각각의 소비자가 전하는 구전이 마케팅에 들어가는 추가비용을 줄여줌으로써 그만큼의 효율을 높일 수 있다.

결국 기업의 입장에서는 초기의 마케팅 비용을 줄일 수 있으며 소비자들이 네트워크 활동을 하면서 자연스럽게 기업의 정보를 제공해 매출 상승이나 브랜드 인지도를 높일 수 있다. 즉 기업들은 낮은 비용만으로도 일관된 메시지가 있으면 SNS를 통한 효과를 보고 있다.

SNS 마케팅은 기존 대중매체와는 달리 천천히 효과를 보이지만 SNS가 지닌 기본적인 본질을 흐리지 않고 지속적으로 마케팅하면 많은 투자비용을 들인 마케팅보다 더 큰 효과를 보게 될 것이다. 최근 드라마와 영화를 활용한 PPL 광고도 보편화되고 소셜 웹상에서 연예인 및 유명 인사를 활용한 스타 마케팅도 활성화되었다. 국내외에서 유명 정치인이나 연예인이 트위터를 통해 자신의 일상에 대한 정보를 공개하면서 이용자가 급격하게 늘어나고 있다(한선호 외, 2011). 하지만 연예인이나 정치인들이 의도적으로 기업이나 특정 제품을 홍보하지 않더라도, 공공의 가치나 공공의 선이 있다면 자발적인 메시지 전달을 통해 홍보가 가능하다.

사회적 가치가 동일하다면 유명 인사들은 기업들의 특정 정보를 자발적으로 홍보해줄 것이다. 다시 말해 SNS를 통해서 기업들은 저렴한 스타 마케팅이 가능한 것이다. 기업의 스토리텔링 마케팅은 공감대를 형성할 뿐만 아니라 서로 의견을 주고 받을 수 있는 특징이 있다. 취약계층이나 정의에 관한 내용들은 더욱 빠르게 확산되기도 한다. 그렇게 때문에 일반 기업뿐만 아니라 사회적기업들이 소비자들로부터의 공감을 위해서 SNS 마케팅을 활용할 때 어떤 데이터와 내용을 올려야 하는지 구체적으로 제시하겠다.

4. SNS 마케팅 유형 및 사례

1) SNS 마케팅 유형

SNS는 새로운 소통 도구로써 사람들의 생활에 빠르게 확산되었다. 또한 SNS는 하나의 트렌드를 넘어 기업들에게 없어서는 안 될 마케팅 채널로 빠르게 부상하였다(최영균, 2010) 또한 기존의 기업 내 외부 소통과 마케팅 영역을 넘어 새로이 SNS상의 데이터를 적극 수집하여 활용하려는 노력하고 있다(박성민, 2011). 그래서 기업들은 SNS의 다양성을 토대로 새로운 마케팅을 실시하고 있다.

그만큼 SNS는 실생활에서의 활용뿐만 아니라 사람들과의 관계를 통한 마케팅으로 기업들의 이익을 보려는 시도가 이루어지고 있다. SNS를 기업의 수익 창출을 위한 수단으로 사용하는 기업들도 많이 늘고 있다. 이러한 관계지향형 마케팅과 판매지향형 마케팅은 조준희 외(2012)에서 연구한 자료를 보면 더욱 쉽게 이해할 수 있는데, 〈표 2-18〉과 같이 관계 지향과 판매 지향을 기준으로 SNS의 마케팅 유형을 분류하였다.

SNS를 통해서 기업과 소비자 간의 쌍방향 커뮤니케이션을 많이 할수록 관계지향성이 높다고 판단하였고 일방적인 정보 전달만을 하는 기업들은 관계 지향성이 낮다고 하였다. 두 번째 기준인 판매 지향성은 기업의 이익이 되는 성과를 추구하기 위해 SNS를 활용할수

〈표 2-18〉 SNS 마케팅 유형 분류 기준

	관계 지향(Relationship Orientation)	판매 지향(Sales Orientation)
고	SNS를 통한 고객과의 지속적인 쌍방향 커뮤니케이션(communication) 원활	기업의 이익이 되는 성과를 추구하기 위한 SNS 채널 활용
	이왁, Huffingtonpost	KOGI BBQ
중	SNS를 통한 지속적인 정보 전달을 통한 관계	SNS 채널만의 이벤트, 홍보, 단방향 마케팅(One-way Marketing) 시행
	DELL	도토리속참나무
저	SNS를 통한 일방적인 정보 전달을 통한 관계	기업의 성과와는 상관없이 고객에게 지식 전달 혹은 안내를 위한 채널로의 활용
	세포라 화장품	CDC

출처 : 조준희 외(2012).

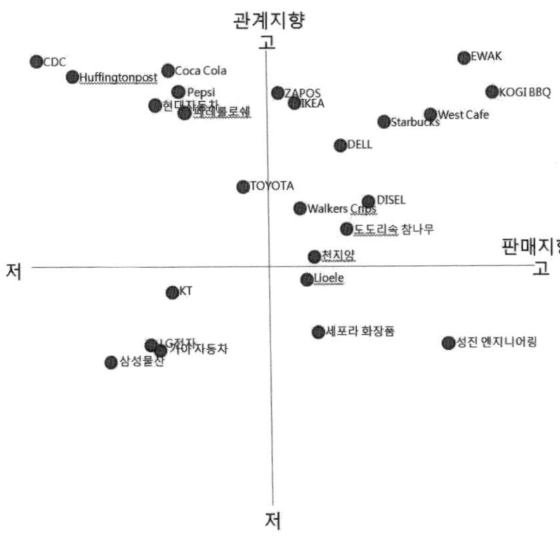

출처: 조준희 외(2012).

〈그림 2-8〉 SNS 마케팅 유형 분류

록 판매 지향성이 높다고 하였고, 반면에 기업의 성과와는 상관없이 소비자들에게 지식전달이나 안내를 위한 채널로 사용하였다면 판매 지향성이 낮다고 판단하였다.

이를 토대로 한 SNS 마케팅 유형 분류 결과는 〈그림 2-8〉에서 볼 수 있듯이 전체적으로 소규모로 사업을 시작한 기업들이 SNS 마케팅을 하는 데 관계 지향과 판매 지향을 적절히 유지함으로써 높은 군에 위치하는 것을 알 수 있었다.

이러한 선행연구를 바탕으로 SNS 마케팅에 가장 많이 사용되고 있는 관계 지향형 마케팅과 판매 지향형 마케팅을 살펴보면 다음과 같다.

(1) 상호 관계 마케팅

관계 마케팅이란 용어를 처음 제시한 Berry(1983)는 관계 마케팅을 '기업이 소비자와의 관계를 형성, 유지, 강화하는 마케팅 활동'이라고 정의하였다. 관계의 경우는 친근성과 신뢰성의 가치를 의미한다. 그리고 소셜미디어는 사용자 간의 인간적 소통이 가능하다(이홍일, 박철, 2011). 또한 정보 제공자와 소비자를 실시간으로 연결이 가능하며 전통적인 매스미디어보다 빠르게 확산이 가능한 소통의 도구로써 사람들과 상호작용이 가능하다(안종배, 2011). 따라서 기업들은 소비자들과의 관계를 바탕으로 SNS의 특징을 살려 마케팅하고 있다.

소비자들에게 기본 정보를 바탕으로 친밀한 관계를 지속적으로 유지해 나간다. 관계 지향적이라는 것은 개인 간, 집단 간 구성원이 상호 교류 즉 '사교'에 관심을 가지고 있는 것이다(노기영, 이미영, 2005). SNS가 발달하기 전 관계 지향성은 거래할 때 상대방과의 관계를 중요하게 생각하는 것을 의미하였다(Boyle et al., 1992). 즉 관계가 단순히 거래에서 끝나지 않고 상호의존적인 형태로 장기적 효율성을 창출할 수 있는 것을 말한다(Jackson, 1985; Webster, 1984). 그래서 많은 기업은 기존의 회사 이미지나 제품의 신뢰성을 확보하기 위해 SNS 상에서 고객들을 만나고 소통하려고 한다. 기존에 소비자들에게 해왔던 일방적인 정보 전달이나 단순한 응답 형태가 아니라 지속적인 관계 구축을 통해서 소비자들이 무엇을 원하는지 귀 기울일 수 있는 방향으로 마케팅을 하고 있다.

SNS를 이용한 관계 마케팅을 잘 활용한 대표적인 기업 사례로는 스타벅스를 들 수 있다. 스타벅스는 1971년 시애틀에서 작은 커피숍으로 시작하였다. 전 세계 약 50여 개국에 1만 7천 개의 체인점을 열며 승승장구하였다. 하지만 2000년 경기 침체로 인한 불안 심리로 소비자들은 지갑을 굳게 닫고 경쟁업체들의 등장 또한 스타벅스를 어려움에 놓이게 하였다. 그래서 스타벅스는 직원 6명으로 구성된 소셜미디어 팀을 구성하였고 11개 채널에 걸쳐 SNS 마케팅에 접근하였다. 2009년 말 비즈니스위크 선정 상위 100위 글로벌 기업 중 SNS 상 고객과의 연관도가 가장 높았고, 다른 기업들은 스타벅스의 성공에 주목하기 시작했다. 매출액은 상승하고 주가는 다시 뛰어올랐으며 사람들은 다시 스타벅스를 이야기하기 시작하였다.

스타벅스의 성공 요인은 채널별 특징을 파악하여 페이스북은 팬들과 소통하는 장으로 사용하고 트위터는 시시각각 의견을 교류하는 장으로 만들었다. 또한 직원들과 고객은 특정 분야에서 소통하고 전체적 관리는 중앙에서 하는 등의 마케팅 일관성을 보였으며 항상 새로운 시도를 해 고객과 교감하려고 노력하였다(이은애, 김병곤, 2011).

결국 스타벅스의 SNS마케팅은 어려운 환경 속에서 직접 소비자들의 의견을 듣고 불만을 바로바로 개선하여 충성도 높은 소비자들을 확보하게 되었다. 이러한 노력은 스타벅스의 매출 상승으로 이어졌고 사람들이 스타벅스에 다시 관심을 갖기 시작하였다. 결국 스타벅스는 SNS의 본질을 잘 파악하여 단순히 매출만을 위한 마케팅이 아닌 소비자들과의 관계를 통해서 진정 어린 소통의 도구로써 SNS를 활용하였다.

(2) 판매 지향형 마케팅

판매는 기업들이 매출이나 또 다른 성과로 보이는 수익의 한 부분이다. 또한 기업이 제품을 판매하여 성과를 올리는 것은 기본으로 달성해야 하는 목표이다. 즉 고객만족경영을 통해 기업이 추구하는 궁극적인 목적은 단순히 고객만족을 높이는 데 있는 것이 아니라, 이를 통해 기업의 이윤을 증진시키는 데 있다(이유재, 이청림, 2006). 광고 측면에서 판매 효과는 광고가 판매량 변화에 미치는 영향을 말한다(김익태, 1993). 광고뿐만 아니라 모든 부분에서 기업은 판매 효과를 중요하게 생각한다. 즉 판매는 기업의 마케팅에 가장 중요한 부분이다. SNS가 발달하기 이전에 기업들은 전통적인 매체를 통해 제품을 홍보하였다.

뉴미디어와 스마트폰의 발달로 많은 기업은 요즘 SNS 마케팅을 통한 성과를 추구한다. 현재 많은 기업이 SNS를 이용하여 새로운 판매 채널로 활용하고 있다. 앞서 살펴본 선행연구에서 보면 알 수 있듯이, 대기업부터 중소기업들까지 각각 추구하는 목적에 따라 SNS를 활용하고 있으며, 특히 규모가 작은 기업들은 SNS 마케팅을 관계나 판매 둘 중의 한쪽에만 치우쳐서 활용하고 있지 않았다. 고객들과의 관계 구축과 기업의 이윤 창출의 목적이 적절하게 조화를 이루면서 SNS 마케팅을 실시하였다. 이는 대기업 위주의 시장 환경에서 소규모 사회적기업 같은 작은 기업들이 발전해나갈 수 있는 새로운 마케팅 수단으로 사용될 수 있음을 보여준다.

(3) 위치기반서비스 결합형 마케팅

위치기반SNS를 활용한 사례로 유명 패션 브랜드인 지미 추(Jimmy Choo)를 들 수 있다(한지숙, 2012). 2010년 8월 지미 추와 포스퀘어가 런던에서 실시간 보물찾기 Catch-A-Choo 캠페인을 몇 주간 진행하였다. 이 게임에서 여성들은 네트워크를 통해 브랜드를 광고하는 다양한 장소를 찾아서 지미 추의 새로운 스니커즈 라인을 잡기 위해 런던을 돌아다녔다. 뉴욕의 패션 거리에 지미 추 한 켤레의 신발이 체크인되고, 이것이 어디쯤 있는지 실시간으로 포스퀘어, 트위터, 페이스북 등을 통해 알려 주었다. 이 신발은 각각의 장소에 몇 분간만 놓이는데, 제시간에 도착해 신발을 찾은 사람은 자신의 사이즈에 맞는 신발을 얻었다. 이러한 참여형 이벤트는 참여와 재미를 이끌어 냈다. 지미추의 캠페인은 소비자들의 이목을 집중시킬 수 있는 재미 요소인 위치기반 기능을 활용하여 기업을 홍보하고 제품을 알리는 데 SNS를 활용하였다. 단순히 소비자들에게 제품을 판매하려는 것보다 소비자들과 가까워지기 위한 노력의 일환으로 행사를 개최하였으며, 이를 통해 소비자들이 기업에 대한 이미지가 긍정적으로 변화하는 계기가 되었다.

(4) 소비자 주도형 마케팅

보통 마케팅은 기업이 소비자들을 대상으로 하기 마련이다. 하지만 SNS가 활용되면서 소비자가 단순히 고객이 아닌 참여자로서 마케팅에 참여하기도 한다. 이는 특정 회사에 대한 충성도를 기반으로 나타났다고 할 수 있다. 이러한 소비자들은 직접 회사를 위해 SNS를 활용하여 페이스북에 계정을 만들어 그 기업을 홍보하기도 한다. 소비자 주도형 마케팅은 대표적으로 페레로 로쉐(Ferrero-Rocher)의 사례로 살펴볼 수 있다. 페레로 로쉐 페이스북 페이지는 페레로 로쉐를 좋아하는 팬들이 만들었다. 기업 홍보나 브랜드 노출보다는 고객이 주로 올리는 사진이나 댓글로 구성되어 있다. 이 기업의 팬들은 페레로 로쉐 제품을 먹고 있는 사진을 페이스북 팬 페이지에 공유하면서 자발적인 페레로 로쉐 홍보를 하고 있다.

이 같은 SNS의 폭발적인 성장에 발맞추어 정치인이나 연예인 등 유명 인사들까지 SNS상에서 목소리를 높이고 있다(최영균, 2010). 온라인상에서 소비자들의 입소문이나 정보의 파급력은 날로 성장하기 때문에 기업들은 SNS 마케팅에서 고객들과의 신뢰적 관계 구축은 기본적으로 필요하다.

2) SNS 마케팅 사례

(1) 관계 마케팅 사례

SNS가 기존의 마케팅 방식과 다른 이유는 일방적인 정보 전달 즉 One-Way 마케팅 방식에서 소비자들과의 소통을 통한 정보 전달과 함께 소비자를 직접 마케팅에 참여시킨다는 점이다.

대표적인 예로 일본의 패션 브랜드인 유니클로를 들 수 있다. 유니클로는 SNS의 본질적인 기능인 소통과 정보전달의 기능을 잘 활용하여 소비자들에게 다가갔다. 또한 이벤트로 소비자들의 흥미를 유발하여 성공을 거두는 등 SNS의 특징을 이용하여 브랜드 광고 효과까지 높일 수 있었다. 유니클로는 자사 브랜드의 옷을 입고 포즈를 취한 사람들의 사진을 모아 놓은 '유니클룩스'라는 공간을 운영하고 있는데 이곳에서는 트위터나 페이스북 계정이 있으면 누구나 사진을 올리고 베스트를 뽑는 투표에 참가할 수 있다. 특히 일주일마다 베스트 드레서를 선정해 SNS 사용자들의 참여율을 높여 브랜드 홍보 효과를 톡톡히 누렸다(이지원 외, 2011).

(2) 소비자 주도형 마케팅 사례

앞서 살펴본 페레로 로쉐의 사례 이외에 살펴볼 수 있는 소비자 주도형 마케팅의 또 다른 예로 코카콜라의 SNS 활동을 볼 수 있다. 코카콜라는 미국 대통령 오바마보다 더 많은 페이스북 팬을 보유하고 있을 만큼 팬들에게 사랑받는 기업 중 하나이다. 코카콜라 페이스북은 단순 제품 홍보가 아닌, 코카콜라를 좋아하고 사랑하는 팬들의 공간으로서 충성도가 높은 소비자들이 직접 팬 페이지를 만들어 활동하기 시작하였다. 페이스북 사진을 보면 홍보 사진이 아닌, 사람들이 코카콜라를 즐기는 일반적인 모습을 볼 수 있으며, 이를 통해 친근함을 느낄 수 있다. 또한 팬들이 공유하고 즐기는 팬 페이지 활동으로 코카콜라는 소비자들로부터 더욱 좋은 이미지를 구축할 수 있었다. 결과적으로 소비자와의 쌍방향 커뮤니케이션이 가능한 페이스북으로 SNS 마케팅 활동을 한 코카콜라는 큰 성공을 거둘 수 있었다.

(3) 소셜펀딩 마케팅 사례

마지막으로 현대자동차의 기프트카 캠페인 사례는 소셜펀딩과 성격이 유사한 형태로 진행된 SNS 마케팅 활동이다. 현대자동차는 CSR활동과 SNS를 절묘하게 결합하여 성공적인 기업 PR캠페인을 이끌어 냈다. 차가 필요한 이웃에게 소비자의 다양한 인터넷 댓글을 모아 차를 선물한다는 내용의 CSR활동으로 감성 광고와 SNS를 활용한 대표적 소비자 참여형 캠페인으로 주목받았다. 이는 누군가의 꿈을 이루게 해 준다는 것이 소비자의 많은 참여와 공감을 유발하고 기업과 소비자의 끈끈한 유대관계를 이끌어 냈다(김상훈, 안대천, 2011). 현대 기프트카 캠페인의 성공 요인은 크게 세 가지로 살펴볼 수 있다. 첫째, 소비자의 참여가 쉬웠다는 점이고 둘째, 채널의 경계를 넘어서 여러 가지 참여의 방법을 제공함으로써 다양성을 이루어 냈다. 즉 소비자의 참여 채널을 다각화한 것이라고 볼 수 있다. 마지막으로 테마가 있는 스토리텔링으로 소비자의 공감을 이끌어 내 소통의 확산이 가능하였다. 이렇듯 현대 자동차의 캠페인은 SNS의 장점을 최대한 활용하여 소비자와의 공감, 소통, 참여를 이끌어 낸 성공적인 사례라고 평가받고 있으며, 쌍방향적 소통과 참여를 지향한 것이 캠페인의 핵심적인 성공 요인이었다고 할 수 있다.

5. 소규모 사회적기업의 SNS 마케팅 활용 방안

사회적기업은 발전을 저해하는 많은 요소로 인해 어려움을 겪고 있다. 대표적으로 제도와 자금 문제 등이 있다. 특히 소규모로 활동하고 있는 사회적기업들은 국가에서 인증받은 기업들보다 더욱 힘든 환경에 놓여 있다. 이러한 상황에서 누구나 쉽게 접근 가능하며 저비용으로 활동할 수 있는 수단으로써 SNS가 등장하였다. 그래서 소규모 사회적기업들은 SNS를 통한 마케팅 활용을 할 필요성이 있다. 앞에서 SNS와 SNS 마케팅의 기본적인 개념과 사례 등을 살펴보았다. 결국 소규모의 자금이나 규모로 시작하는 기업들은 초기에 갖추어진 자본력이나 노동력이 부족하고 소비자를 충분히 확보하지 못했기 때문에 SNS를 활용한 마케팅은 소규모 사회적기업들에게 새로운 기회를 제공한다. 소규모 사회적기업들은 SNS의 특징을 토대로 소비자들과의 지속적인 관계를 유지하면서 매출의 향상까지 이룰 수 있다. 그래서 초기의 비용을 줄이고 단시간에 많은 소비자를 확보하기 위해서 SNS 마케팅을 통한 사업 확장을 해야 한다.

1) 기업의 내부적 역량 강화

소규모 사회적기업들은 정부로부터 인증받는 등의 어려움이 있기 때문에 자금 지원에 한계가 있다. 그래서 소규모 사회적기업들은 SNS를 활용한 마케팅이 필요한데, 기본적으로 SNS를 이해하고 마케팅의 수단으로 사용해야 한다. 트위터 등의 SNS를 전반적으로 활용하기 위해서 SNS 활용과 참여에 대한 교육과 훈련을 통하여 직원들의 역량을 개발하고 업무 활용도를 높여야 한다(이강호, 2011). 아무리 좋은 기업이라도 SNS의 본질을 이해하지 못하고 소비자들에게 일방적인 마케팅을 한다면 쉽게 질려 할 것이고 파급력 또한 미미할 것이다.

사회적기업은 영리 기업과는 다르게 목적이 명확하고 뚜렷한 명분을 가지고 있기 때문에 니즈에 부합하는 소비자와의 네트워크 형성이 유리하다. 그래서 저비용 고효율의 특징을 가진 SNS를 이용하여 마케팅을 시도할 필요가 있다. 하지만 소규모 사회적기업들의 구성원은 현재 SNS의 기본적인 지식과 활용 방법을 거의 알지 못하고 있으며, 정부에만 의존하기 때문에 SNS 마케팅 활성화에 제한이 있다.

따라서 소규모 사회적기업들은 정부에서 지원하는 여러 프로그램을 통해 내부적인 역량을 갖추고, SNS를 활용할 수 있는 교육을 받아 업무의 효율성을 높이고 새로운 시장에서의 생존을 보장받아야 한다. 즉 정부에만 의존한 사회적기업이 아닌 뚜렷한 목표와 역량을 갖춘 사회적기업가를 육성하여 소규모 사회적기업이 발전할 수 있는 발판을 마련해야 할 것이다.

2) 파워블로거 고객 활용

소규모 사회적기업들은 기본적으로 영리의 목적을 가지고 있기 때문에 관계 형성뿐만 아니라 소비자들을 통한 판매 효과를 이루어야 한다. 일반 소비자 중에는 특정 제품에 대한 정보나 지식이 많은 사람들이 있으며, 이들은 온라인상에서 많은 영향력을 보이기도 한다. 이러한 입소문 영향력자들은 대중 매체, 인터넷, 입소문에 이르기까지 모든 매체에 대한 관심도와 정보 활용 능력이 일반 소비자들보다 수준이 높다(최윤영, 2011).

Keller(1994)는 입소문 영향력자들은 본인의 관심사에 준거하는 전문 잡지에 대한 구독률이 여타의 일반인들과 비교하여 차별적으로 높다는 연구 결과를 보인 바 있다. 그래서 소규모 사회적기업들은 소비자들의 입소문을 통한 마케팅이 필요하다. 이는 전통적인 마케팅에서의 파급력보다 SNS를 이용하여 파워블로거들의 활동을 기회로 삼아야 한다. 즉 고객의 직접 참여를 통한 마케팅을 펼쳐야 한다.

특히 SNS는 공개적이고 실시간으로 정보를 빠르게 퍼트릴 수 있는 특징이 있기 때문에 파워블로거의 활동은 그만큼 중요하다. 정치인이나 연예인이 페이스북이나 트위터에서 한 발언이 큰 파장을 일으키는 것같이 소규모 사회적기업들도 SNS를 활용하여 소비자들과 지속적으로 관계를 구축하며 좋은 이미지를 만들어야 한다. 충성도가 높은 고객들이 생기면 지인들이나 자신이 속한 그룹에 기업의 정보나 제품을 빠르게 퍼트려 나갈 것이다.

일반 기업이나 소규모 사회적기업들은 소규모 자본과 노하우가 부족한 상태에서 사업을 시작하기 때문에 SNS 마케팅의 활용은 필수적이다. 하지만 SNS가 무엇인지 어떠한 마케팅 방식으로 활용해야 하는지 모르고 시작한다면 소비자들과의 지속적인 소통과 매출의 상승은 기대할 수 없다. 막대한 자본과 노하우를 바탕으로 시장의 많은 부분을 차지하는 대기업 역시 마구잡이식의 마케팅 활동으로 인해 SNS의 특징을 잘 활용하지 못하고 있다.

3) 지속적인 관계 구축을 통한 마케팅

소규모 사회적기업들은 고객과의 소통 극대화를 통한 이미지 제고가 필요하다. 앞으로 소규모 사회적기업들은 초기에 얼마나 많은 정보를 공개하고 소비자들과 소통할 수 있는 방법, 지속적인 관계 유지에 대해 계획을 잘 세워야 한다. 아무리 큰 기업이라도 SNS의 근본적인 특성과 활용법을 잘못 사용한다면 계속 마케팅의 수단으로 SNS를 활용할 수 없을 것이다. 현재 대기업을 비롯한 많은 기업이 고객들과 협업을 통해 효과적이고 실질적인 수익을 창출하고 있다.

오프라인 시장에서는 고객과의 협업 활동이 제한적이었지만, SNS가 발달하고 새로운 시장이 형성되면서, 기업들은 고객을 활용한 새로운 수익화 채널을 모색하고 있다. SNS는 영향력이 있는 어떤 사람이 다른 사람들에게 영향을 끼칠 수 있다(이의훈, 2010). 그리고 고객 데이터베이스(DB)를 수집하기에 SNS가 효율적인 채널로 각광받고 있기 때문에 이를 통한 마케팅 활동이 커지고 있으며 더욱 발전시킬 필요가 있다. 소규모 사회적기업은 치열한 시장경쟁체제에서 살아남을 수 있도록 방향을 잘 잡고 소셜 웹 시대에서 SNS 마케팅을 활용한 사업을 해 나가야 할 것이다.

제 3 장

SNS 마케팅 성공 사례

제3장 SNS 마케팅 성공 사례

이 장에서는 SNS를 이용한 마케팅 성공 사례를 제시한다. SNS를 이용한 마케팅 성공 사례를 크게 광고 홍보 분야, 고객관리 분야, 판매관리 분야 등으로 나누어 살펴보고, 영세기업의 SNS 마케팅 성공 사례 또한 분석해 보고자 한다.

제1절 광고홍보 분야에서 SNS 마케팅 성공 사례

뉴미디어로써 각광받는 SNS(Social Networking Service; 이하 SNS)는 사람들의 실생활에서 없어서는 안 될 생활 수단으로 자리 잡았다. 전통적인 미디어 마케팅 활동을 펼치던 대기업들은 점차 SNS를 통한 마케팅으로 눈을 돌리고 있다. 2010년 우리나라 전통적 미디어 총 광고비는 8조 원을 상회하는 데 반해(한상필, 2011) SNS를 통한 마케팅은 비용이 거의 들지 않고 소비자들과 쉽고 빠르게 만날 수 있다는 강점을 가지고 있다.

이미 전 세계적으로 많은 선진 기업이 SNS서비스를 광고홍보 분야에서 사용하고 있다. 포춘 글로벌 100 기업 중 65%가 트위터를 적극 사용하고 있고 54%는 페이스북을, 50%는 유튜브를, 33%는 기업 자체 블로그를 마케팅이나 커뮤니케이션 도구로 사용하고 있으며, 20%는 이 네가지 소셜미디어를 모두 사용하고 있는 것으로 나타났다. 이처럼 이미 많은 기업이 SNS를 광고 홍보 분야에서 사용하고 있다. 대기업의 경우 기존 전통적인 광고 홍보 채널에서 새로운 채널의 확장을 위한 전략 또는 직원 및 고객과의 소통을 위하여, 중소기업의 경우 마케팅 비용의 절감을 위한 전략 및 고객에게 브랜드 인지도를 높이고 브랜드의 친밀도를 높이는 수단으로 SNS 서비스를 사용하고 있다. SNS를 통한 광고 홍보는 실시간 서비스, 정보 파급력 등 SNS 서비스 특성 자체로 기존의 온라인 마케팅 광고보다 높은 효과를 보이고 있다(이은애, 김병곤, 2011). 소셜미디어의 주목받는 이유 중의 하나가 바로 빠른 전파 속도와 상상을 불허하는 정보의 유통량이며 낮은 커뮤니케이션 비용으로 정보가 수집, 가공, 확산된다는 점이기 때문이다.

한국미디어 패널조사에서 실시한 국내 SNS 이용률 분석 결과, 2013년 전체 응답자의 10,464명 중 3,270명이 SNS를 이용하고 있다고 답하였으며 전년 대비 7.8%가 증가한 것으로 나타났는데 이는 이메일과 클라우드 서비스 이용률이 2%대의 증가폭을 기록한 것과 비교할 때 SNS 이용률의 증가폭은 매우 크다고 할 수 있다(김윤화 외, 2013). SNS 이용자 중 66%가 기업의 트위터 서비스를 활용한 경험이 있으며, 이용자 중 62.2%가 긍정적으로 생각한다고 응답하여 마케팅 수단으로써의 SNS 서비스에 대한 소비자의 반응이 긍정적이라 볼 수 있다(이은선, 김미경, 2012).

〈표 3-1〉 광고 홍보 분야 사용 업체별 SNS 활용 실태 현황

업체명	활용 채널	SNS 활용 이유	SNS 활용 효과
현대자동차 '기프트카' 이벤트	페이스북, 트위터 유튜브	자동차 기업 특유의 정형화된 이미지 개선	약 3만 명의 소비자가 '기프트카' 웹사이트에 응원 댓글 약 56만 명의 소비자 사이트 방문
펩시(Pepsi)	페이스북	SNS가 확대되는 시기 고객 참여 강조	사이트 트래픽 800% 상승
인삼제조업체 천지양	페이스북, 트위터, 블로그	기존 시장의 장벽이 두꺼워, 틈새 시장 공략을 위해 SNS 활용	·CPM 174원 ·CPC 46원 ·2010년 5월부터 블로그 방문자 522,382명
이왁(EWAK)	트위터, 블로그	저렴한 비용으로 마케팅 하기 위하여 SNS 활용	고객에 의한 콘텐츠 재생산으로 광고 홍보 비용 절감 고객 충성도 향상 강한 유대감 형성
리오엘르 (Lioele)	페이스북, 유튜브	미국 시장 진입 시, 기존 한국의 온라인 쇼핑몰 방식에 어려움이 있어, SNS 마케팅 활용	·2011년 4-9월 사이 페이스북 960명 고정 고객 확보 (매달 100명씩 증가 추세) ·유튜브 185,255명
도토리속참나무	트위터, 블로그	브랜드 벨류의 부족함을 채우기 위하여, 홍보 수단으로 SNS 마케팅 활용	블로그를 통해 브랜드에 대해 신뢰를 주고 브랜드 홍보 트위터를 통해 고객의 직접적인 구매동기 유발
왕라오지	웨이보	건강 음료 특유의 컨셉에 맞는 각종 정보 제공	SNS이용자의 많은 참여를 유도하여 중국 음료수계의 정상 자리 유지
삼성 버블샷	페이스북, 트위터	새로운 제품 홍보를 위해 Twitter 이용	한 달 만에 응모자 12만 명 참여
리바이스	트위터	흥미로운 이벤트 공지로 고객 참여 유도	이벤트에 참여한 사람 30만 명 늘어난 팔로워 수 1,450명
괴서 나트루 래드럴 (Gosser Natur Radler)	트위터	참여자들에게 참여와 공감의 폭 확대	·3주 만에 페이스북 팬 13,000명 생성 ·5,000명의 주소 정보 데이터 확보
디젤	트위터	오프라인과 온라인의 경계를 허물기 위해 활용	고객에게 재미 유발 및 기업 이미지 개선

〈표 3-1〉에서는 광고 홍보 분야에서 소셜미디어를 활용하여 성공한 11가지의 사례를 간단하게 확인해 보았다. 11개의 사례에는 한국의 대기업 2곳을 포함한 총 5개의 대기업 사례가 포함되었으며, 6개의 중소기업 사례가 포함되었다. 중국 업체인 왕라오지를 제외한 10개 업체가 페이스북, 트위터를 SNS 광고 홍보 채널로 적극 사용하는 것을 확인할 수 있었으며, 기업의 이미지를 개선하거나, 저렴한 비용으로 마케팅을 실시하기 위하여 SNS를 활용 한 것을 확인 할 수 있었다. 광고 홍보 분야에서의 SNS 사례를 고객주도형과 기업주도형으로 나누어 볼 수 있다.

1. 고객 주도형

광고홍보 분야에서 고객주도형 사례는 고객이 주체가 되어 광고 및 홍보가 진행된 사례이다. 고객 스스로 브랜드 자체에 대한 애정으로 페이스북 페이지를 개설하거나, 기업은 고객들이 소통할 수 있는 장만 마련해 주고, 고객들 스스로 서로 소통을 하며 브랜드 가치가 높아진 사례이다. 디지털 환경 도입 이후에 달라진 소비자 행동 특징 중 가장 두드러지는 점은 '고객 참여'라고 할 수 있다. 고객은 더 이상 수동적인 소비자가 아니라, 적극적으로 자신의 의견이나 애정을 표현하고, 다른 고객들에게 상품의 구입이나 정보를 나눠 주어 구매 활동에 영향을 미치고 있다(임종원, 양석준, 2006).

〈표 3-2〉에서는 광고 홍보 분야에서 고객주도형으로 SNS 마케팅을 실시 중인 기업들의 페이스북 및 트위터의 현재 사용 상황을 확인해보았다. 헝가리의 중소기업 업체인 괴서 나투르 래드럴(Gosser Natur Radler)를 제외한 5개 업체가 페이스북과 트위터를 동시에 적극

〈표 3-2〉 고객주도형 기업들의 페이스북 및 트위터 사용 현황 (2014. 5. 20)

	Facebook			Twitter		
	좋아요	이야기하고 있는 사람	실제 현장 방문자	트윗	팔로잉	팔로워
현대자동차 '기프트카' 이벤트	59,641	1,575	-	1,598	3,996	3,999
펩시 리프레시 프로젝트	31,977,608	244,059	-	20,873	15,631	138,467
삼성버블샷	536,945	6,768	-	9,909	131,417	132,265
리바이스	21,455,860	86,087	-	1,607	7,981	9,665
괴서 나투르 래드럴 (Gosser Natur Radler)	29,190	319	-	-	-	-
디젤	3,875,702	38,144	-	3,852	668	51,342

적으로 활용하는 것으로 확인되었다. 또한 리바이스와 디젤 두 의류 업체는 브랜드 인지도에 비하여 '좋아요'를 많이 받은 것을 확인할 수 있다. 이것은 의류 업체 특성상 의류 제품 사진이나 고객이 의류 제품을 입고 올린 사진이 대부분인 특성이 반영된 결과로 보인다. 또한 한국 대기업들은 '좋아요' 획득 숫자 대비, '이야기하고 있는 사람'의 수치가 외국 기업 대비 높은 것을 확인할 수 있다. 이는 한국의 SNS 활용 정도가 외국보다 높은 데서 비롯되었을 것이라 예상된다. 다음은 각 사례에 대해서 자세히 설명해 보도록 하겠다.

1) 현대 자동차 '기프트카 이벤트'

현대자동차 그룹은 소비자 FGD(Focus Group Discusion) 결과 참가자들이 현대자동차 하면 딱딱한 느낌의 제조업이라는 산업군을 연상하기 때문에 다른 대기업에 비하여 상대적으로 강한 보수적인 이미지를 감소시키기 위하여 SNS 마케팅을 실시하였다.

이에 사전 조사결과를 바탕으로 현대자동차그룹이 소비자와 정서적 친밀감을 높이기 위한 캠페인의 핵심 과제로 보다 젊고 부드러운 이미지로 기업 이미지를 개선하고 현대자동차그룹만의 차별화된 사회공헌의 영역을 발굴하여 소비자와 소통함으로써 사회적기업으로서의 이미지를 강화한 것으로 확인되었다.

현대자동차 그룹은 개방성, 확산성, 즉시성이 특징인 트위터, 페이스북, 블로그와 같은 SNS를 미국의 포드 자동차와 같이 동종 산업군에서 기업 광고 및 PR활동에 적극적으로 활용하고 있다는 점에 착안하여 SNS 마케팅을 실시하기로 계획하고, '기프트카' 캠페인을 SNS을 통하여 실시하였다(www.gift-car.kr).

캠페인은 2010년 7-8월 1차와 9-10월 2차 등 총 두 번에 걸쳐 펼쳐졌고, 각 캠페인마다 3명의 주인공이 기프트카를 선물받기 위해 광고에 등장하였다. 총 6그룹의 주인공들은 저마다 자동차가 필요한 사연을 광고에 담아 소비자의 참여를 유도하는 핵심적인 역할을 하였다. 특히 960번의 응시 끝에 운전면허시험에 합격한 '차사순 할머니의 도전 스토리'는 국내뿐만 아니라 뉴욕 타임즈, 시카고 트리뷴 등 해외 언론에서도 관심을 가질 정도로 파급력이 큰 소재였고, 레인보우합창단의 경우 역시 사회적으로 대두된 다문화가정에 대한 관심이 광고에 더욱 힘을 실어 주었던 사례였다.

'기프트카' PR캠페인은 SNS 열풍에 힘입어 소비자들의 주목을 받아 약 3만 명의 소비자가 '기프트카' 웹사이트(www.gift-car.kr)에 응원 댓글을 남겼고, 약 56만 명의 소비자가 사이트를 방문하였다. 이런 공감과 확산은 사이트 방문자와 응원 댓글을 남긴 소비자들의 블로그, 트위터 같은 다양한 SNS를 통하여 '기프트카' 캠페인의 취지를 알리고 동참을 권유하는 글을 작성하였다. 팔로워와 참여자들은 이를

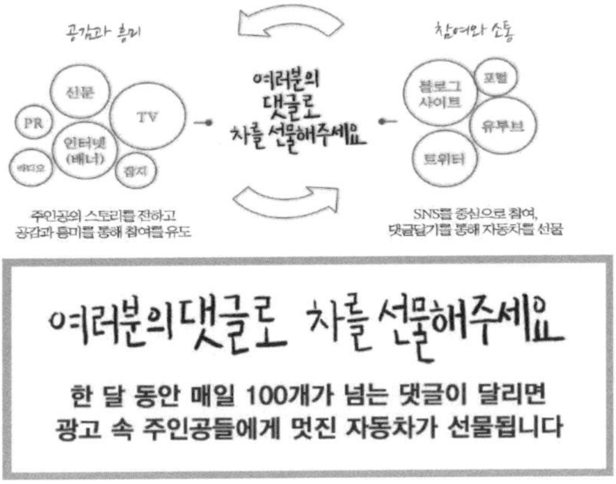

출처: 김상훈, 안대천(2011).

〈그림 3-1〉 '기프트카' 캠페인 개요

〈그림 3-2〉 현대자동차 페이스북 페이지

다시 자신의 팔로워들에 전파하여 2차 확산에 기여하였다. '기프트카'의 자체 트위터 계정은 약 2천 명의 소비자가 팔로우하였고, 많은 사람이 유튜브를 통해 캠페인 영상을 시청한 것으로 나타났다.

현대자동차그룹의 '기프트카' PR캠페인 역시 기업이 SNS를 운영하는 형식이었음에도 불구하고 소비자들에게 사랑받을 수 있었던 이유는 SNS를 단순히 제품과 서비스를 알리는 차원에 접근하지 않고 SNS의 본질을 정확히 이해하고 활용했기 때문으로 파악할 수 있다. 즉 일방적인 메시지 전달이 아닌 양방향적 소통과 참여를 지향한 것이 캠페인의 핵심적인 성공 요인이었다.

2) 펩시 리프레쉬 프로젝트(Pepsi Refresh Project)

펩시가 코카콜라의 라이벌이라는 사실을 부정하는 사람은 없다. SNS 마케팅의 선두주자인 코카콜라는 고객들을 보다 정밀하게 선정하여 공략할 수 있는 SNS를 사용하여 저렴한 비용에 큰 효과를 거두고 있었다. 종전에 사용하던 전통적 마케팅채널을 보수해 SNS와 함께 사용하여 큰 효과를 보았다. 코카콜라에 대항하기 위하여 펩시는 지난 23여 년 동안 매년 100억 가까운 금액을 투자해 오던 슈퍼볼 광고를 2010년 2월 중단하고 SNS마케팅에 집중한다는 선언을 하였다. 그 SNS 마케팅 중심에 있는 것이 바로 '리프레시 프로젝트(Refresh Project)'였다.

리프레시 프로젝트는 'Could a soda really make the world a better place?(콜라는 정말 더 나은 세상을 만들 수 있을까?)'라는 물음에서 시작해 예술, 문화, 교육, 식품, 건강, 이웃, 지구에 관련된 개선 아이디어를 올리고 이것을 본 다른 유저들의 투표해 채택되면 본래 아이디어를 올린 사람이 원하는 만큼의 금전적인 보상이 돌아가는 프로그램이었다.

소비자가 어떻게 하면 더 좋은 세상을 만들 수 있을지 분야를 선택해 인터넷을 통해 아이디어를 내고, 그 아이디어는 다른 소비자의

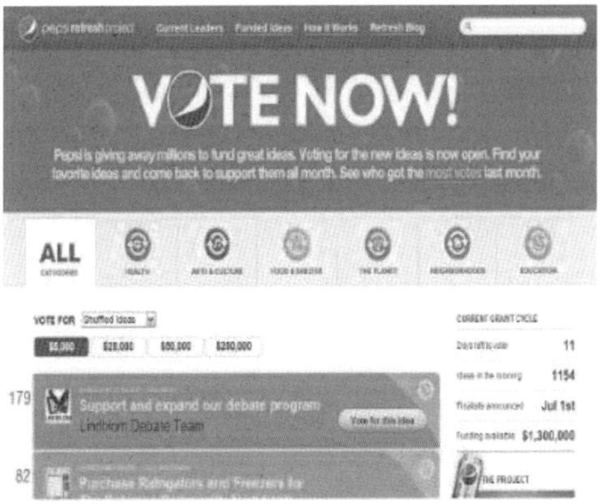

〈그림 3-3〉 Pepsi Refresh Project 투표 화면

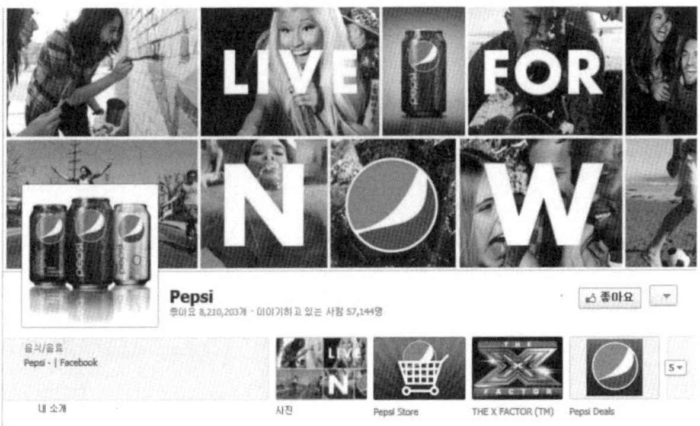

〈그림 3-4〉 펩시 페이스북 페이지

투표로 선발이 되는 형식이었다. 아이디어를 낸 사람은 더 많은 투표를 받기 위해 페이스북이나 트위터 등의 SNS를 통해 더 많은 사람에게 알리게 되고, 그 파급력은 커지게 되는 원리인데 자신이 아이디어를 내면, 그 아이디어에 대한 투표가 이루어지고 투표 기간이 종료가 된 후에 우수 아이디어에 대한 기부가 이루어졌다.

투표가 성공적으로 진행되어 아이디어가 채택이 된다면 그 사람은 자신이 꿈꾸던 아이디어를 현실로 이룰 수 있고, 펩시는 많은 사람에게 긍정적인 이미지를 남길 수 있다. 기업의 사회적 책임(CSR, corporate social responsibility)에 기반을 둔 프로젝트였기 때문에 사람들의 반응은 뜨거웠다.

'선행'이라는 이유 때문에 많은 연예인이 자발적으로 이 프로젝트를 홍보해 주었고, '슈퍼볼' 광고를 안 한다는 특이한 마케팅이라는 점 때문에도 언론의 주목을 받았다. SNS가 부각된 시점에서 펩시가 큰 상징성을 지닌 슈퍼볼 광고 대신 소셜미디어 프로젝트를 진행했다는 사실 자체가 큰 이슈였다. 또한 펩시의 커뮤니케이션 방식의 변화를 알리는 데 매우 효과적이었다. 이 결과 슈퍼볼 이후 펩시 사이트의 트래픽 상승률은 800%를 넘었다.

펩시의 리프레시 프로젝트는 SNS를 마케팅 도구로 적극 활용하고, TV, 잡지 등 기존 미디어 광고와 PR진행 및 셀러브리티 섭외 등을 통한 홍보 활동, 블로그 바이럴, 영상 활용 등 온·오프라인을 아우르는 통합 마케팅을 통하여 큰 효과를 보았다.

3) 삼성 버블샷

삼성전자는 '버블샷'이라는 새로운 세탁기를 발표하면서 바이럴 효과를 누리기 위하여 SNS 마케팅을 실시하였다. SNS 마케팅에서 가장 중요한 요소는 콘셉트와 기획이다. 삼성전자는 자칫 잘못하면 다른 이벤트들과 같이 묻힐 수 있었던 이벤트를 '즉석 당첨'이라는 콘셉트로 성공할 수 있었다.

삼성 버블샷은 동영상을 보고 감상 댓글을 달면 바로 경품을 확인

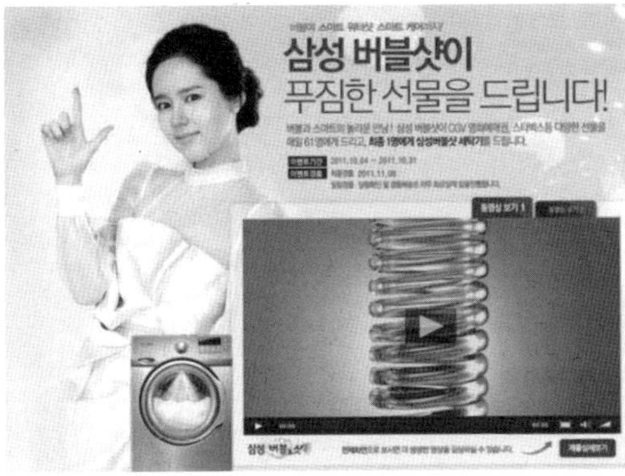

〈그림 3-5〉 삼성 버블샷 이벤트 페이지

할 수 있는 즉석 당첨 이벤트를 실시하였다. 경품인 기프티콘을 증정을 위하여 개인정보는 이름과 연락처만을 적도록 하여 복잡하지 않은 이벤트 참여 방법을 이용하였다. 이벤트에 참여하기 위해 감상 댓글을 달면 그 댓글이 응모자의 SNS로 전송되어 친구들과 팔로워들은 다시 URL을 통해 응모하는 방식으로 응모자의 수는 점점 더 증가하였다.

삼성 버블샷은 한 달 만에 12만 명이 응모하며 대성공을 이루었다. 삼성 버블샷 이벤트가 성공한 것은 즉석 당첨이라는 이벤트 방식도 있었지만, 페이스북이라는 SNS 소셜미디어 도구를 선택해 그 특징과 효과를 적극 활용하여 사람들의 참여를 높였기 때문이다.

4) 리바이스(Levi's)

리바이스는 삼성 버블샷 이벤트와 같이 SNS의 바이럴 마케팅 효과를 달성하기 위해 트위터를 통한 SNS마케팅을 실시하였다. 가장

〈그림 3-6〉 리바이스 트위터 페이지

〈그림 3-7〉 리바이스 이벤트 실제 사진

먼저 호주에서 시작된 '리바이스 아이스파이(Levi's iSPY)' 이벤트는 한 리바이스 모델이 휴대폰을 가지고 온 동네를 다니며 실시간으로 자신의 위치를 알려 주었다. 그러면 그 주변에 리바이스 트위터에 팔로우한 트위터리안들과 실시간으로 위치를 공유하여 모델을 찾게 되었다. 모델을 찾은 트위터리안에게는 모델이 입고 있는 리바이스 청바지를 벗어 주는 방식이었다. 리바이스는 트위터를 통해 팔로워와 술래잡기

놀이를 한 것이었다.

단순해 보이지만 리바이스 트위터에 팔로우한 트위터리안들에게 재미를 주었고 리바이스 측에서는 이 마케팅을 위해 많은 청바지를 사용했지만, 그 결과는 적은 비용으로 최대의 홍보 효과를 끌어낼 수 있었다. 호주에서 이 이벤트에 참여한 사람들만 30만 명, 늘어난 팔로워 수는 무려 1,450명에 이르렀다. 호주에서 성황리에 이벤트를 마친 리바이스는 국내에서도 신세계백화점 강남점과 영등포점에서트위터와 페이스북을 통해 술래잡기 캠페인을 실시하였다.

리바이스 사례는 SNS 자체 내에서 프로모션이 아니라, 실시간이라는 점을 살려 소비자들과 쌍방향 커뮤니케이션을 통해 오프라인으로까지 끌어낸 아이디어가 이색적이고 독특하여 SNS 사용자들의 큰 호응을 이끌어내는 결과를 거두었다.

5) 괴서 나투르 래드럴(Gosser Natur Radler)

괴서 나투르 래드럴은 일방적으로 던지는 방식의 마케팅이 아닌 참여자들의 관심과 흥미를 자극하고 참여와 공감을 확대할 수 있는 이벤트를 실시하기 위하여 SNS를 이용하였다.

괴서 나투르 래드럴은 알코올 도수가 거의 없는 100% 천연 레몬 주스 브랜드이다. 헝가리 부다페스트에 거주하는 고객들을 대상으로 한 이 온라인 프로모션은 브랜드 페이스북 페이지에서 맥주를 신청하면 바로 무료 맥주를 직접 배달해 주는 '주문 서비스'를 진행하였다. 페이스북 페이지에서 'Like'를 누르고 어플리케이션을 설치한 후, 주문 정보를 입력하고 주문을 완료하면 페이스북 페이지에서 참여한 캠페인의 내용이 참여자의 담벼락 및 뉴스피드에 노출이 되며 참여자가

〈그림 3-8〉 괴서 나투르 래드럴 페이스북 이벤트

입력한 관련 정보를 토대로 '공짜 맥주'를 직접 배달하는 방식이었다.

배달 시 운송서비스를 이용하지 않고 자전거를 이용해 주문한 고객들에게 빠른 시간 내에 '직접 배달'하는 것이 고객들의 참여와 공감의 폭을 확대하며 성공적인 프로모션으로 마치게 되었다. 총 3,000명 이상이 이 온라인 프로모션에 참가하려 모두가 공짜 맥주를 제공받을 수 있었으며, 캠페인 진행 시점 후 3주 만에 13,000명의 페이스북 팬이 생성되었고 5,000명의 주소 정보 데이터베이스를 확보할 수 있게 되었다. 또한 프로모션 참여자들이 프로모션에 참여한 사진을 페이스북에 업로드하였는데 이를 통해 괴서 나투르 래드럴과 프로모션이 노출 및 확산이 되는 바이럴 효과를 얻게 되는 등 일석이조 이상의 성과를 거두게 되었다.

6) 디젤(Diesel)

디젤은 옷을 구매할 때 직접 입어 보고, 옆 사람에게 '내가 어떤지' 물어보아야 비로소 안심하고 기분 좋게 사게 되는 심리를 적극 이용하여 SNS 마케팅을 실시하였다. 디젤은 2010년 3월, 스페인 바르셀

〈그림 3-9〉 디젤 페이스북 웹캠 이벤트

로나 매장에서 페이스북을 이용한 '디젤 캠' 프로젝트를 진행하였다. 이 '디젤 캠' 프로젝트의 방식은 간단하였다.

우선 고객은 오프라인 매장에서 마음에 드는 옷을 직접 입고 곧바로 피팅룸 옆에 설치된 웹캠으로 멋진 사진을 찍어 자신의 페이스북에 올리면 디젤의 페이스북 페이지에는 방금 찍은 사진이 업로드가 되고, 고객이 직접 입어본 코디 샷은 페이스북을 통해 스마트폰 혹은 친구의 PC로 전송되는 방식이었다.

이 프로젝트의 핵심은, 업로드된 고객의 사진에 대해 실시간으로, 그것도 아주 솔직하게 올라오는 많은 이의 평가와 제안이었다. 리플 형식으로 올라오는 이 메시지들을 통해 고객은 자신이 입은 옷이 객관적으로 어울리는지 혹은 옷 구매가 충동적이지는 않은지 신중히 결정할 수 있게 되었다. 흥미로운 것은 해당 프로젝트의 근간이 '멀리 있는 다수와의 솔직한 소통'에 있었다는 것이며, 이는 오프라인과 온라인의 경계를 아주 자연스럽게 허물었다는 점이다.

2. 기업 주도형

브랜드 인지도가 낮은 기업의 경우 의도적으로 기업 주도형 SNS 마케팅을 사용하고 있다. 기업주도형 SNS 사용은 브랜드 인지도가 낮은 기업에게 새로운 경쟁 우위와 기회 창출의 효과를 만들어 낼 수 있다. 기업들은 적은 비용으로 SNS 마케팅을 통해 기존 전통적인 마케팅 채널에 비교하여 고객과 높은 친밀성과 관계를 유지하며 마케팅이 가능해졌다.

〈표 3-3〉을 통하여 기업주도형 기업들의 페이스북 및 트위터 사용 현황을 확인해 보았다. 고객주도형으로 페이스북과 트위터가 운영되던 대기업들과 달리 비교적 규모가 작은 기업들이 기업주도형으로 사용하고 있는 것이 확인되었다. 또한 고객주도형 기업들이 페이스북과 트위터 등 다양한 채널을 활용하고 있는 반면에, 기업의 규모가 작을수록 페이스북보다는 트위터를 사용하는 것을 확인할 수 있었다. 규모가 작은 기업 주도형 기업들이 트위터를 주 채널로 사용하는 이유로는 페이스북은 쌍방향 연결 구조임에 비하여 트위터는 쉽게 팔로우 및 언팔로우가 가능하고 일방적 관계 형성이 영향을 미친 결과로 보

〈표 3-3〉 기업주도형 기업들의 페이스북 및 트위터 사용 현황 (2014. 5. 20)

	페이스북			트위터		
	좋아요	이야기하고 있는 사람	실 방문자	트윗	팔로잉	팔로워
천지양	1,232	-	-	128	444	214
리오엘리(Lioele)	526	10	-	1,263	2,129	2,282
도토리속참나무	-	-	-	1,683	1,360	1,923
왕라오지(웨이보)	-	-	-	2,195	96	1,726,288
이왁	-	-	-	1,216	728	617

인다. 또한 정보전달이 단방향 구조인 트위터가 마케팅 담당 부서 또는 직원을 따로 둘 수 없는 구조의 소규모 기업에 적합했을 것으로 사료된다. 또한 기업주도형 기업들은 다양한 SNS 마케팅 채널을 활용하기보다는 단일 채널을 기업이 주도하여 사용하고 있는 것을 확인할 수 있었다.

1) 천지양

천지양은 2007년 3월에 창업한 홍삼식품 제조 및 판매 브랜드 중 후발업체로 시작하였다. 한국 홍삼 시장은 한국인삼공사의 브랜드 '정관장'이 오랫동안 부동의 1위(78%)를 차지하는 상태였다.

천지양은 2013년 까지 브랜드 인지도 상승을 통한 시장 점유율 15% 확대라는 브랜드 마케팅을 목적으로, 기존의 전통적인 미디어를 통한 마케팅뿐만 아니라 2010년부터는 블로그, 트위터 등 소셜미디어를 적극 활용하여 공감대 형성과 관계 맺기에 주력하였다.

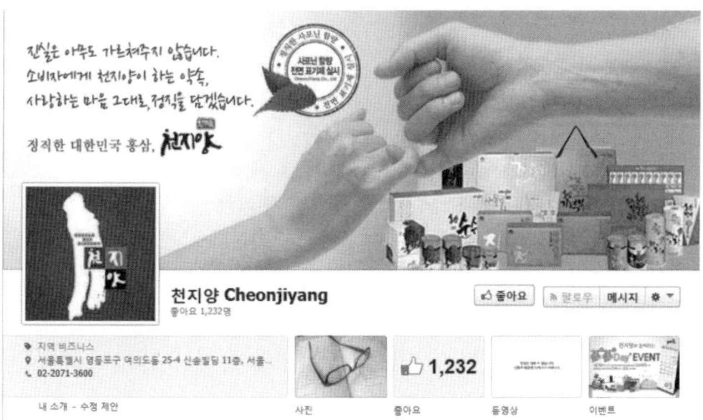

〈그림 3-10〉 천지양 페이스북 페이지

천지양의 SNS 마케팅 시작은 세이클럽의 '브랜드 프로필'을 활용한 캠페인이다. '브랜드 프로필'은 브랜드 마케팅을 기초로 SNS 서비스를 결합한 형태로, 천지양이 고객에게 전달하고자 하는 메시지를 '관계 맺기'를 통해 자연스럽게 전할 수 있으며, 상대의 이야기와 소리를 귀 기울여 들을 수 있다는 장점이 있다.

'브랜드 프로필' 활용 효과로 천지양은 광고효과 CPM 174원, CPC 36원에 도달하였고, 브랜드 프로필 총 방문자 190,320(일평균 방문자: 6,797명), 친구 추가 1,580명, 게시물 755건의 효과를 거두었다.

또한 천지양은 블로그를 활용하여 2011년 12월 8일 기준 1383명을 기록하였으며, 2010년 5월에 시작하여 현재까지 50만 명 이상이 방문하였다. 천지양은 페이스북을 활용하여 블로그와는 다르게 SNS 고객들에게만 적용되는 이벤트를 실시하였다. 페이스북을 통해 비슷한 정보를 제공하고 SNS의 특성을 살려 빠른 의사소통을 하였다.

천지양은 SNS 마케팅을 통하여 고객과 빠르고 즉각적인 소통을 통한 고객의 욕구를 적극 반영 하여 친근한 기업 이미지 구축에 성공하였다.

2) 리오엘리(Lioele)

리오엘리(Lioele)는 한국에서 온라인과 쇼핑몰을 구축하여 판매를 하는 화장품 중소기업체이다. 리오엘리는 한국과 달리 온라인 쇼핑몰을 구축하여 체계적으로 판매를 진행하는 데 어려움이 있어 판매시장 개척을 위하여서 미국의 현지판매 대리점을 개설하였고, 미국 판매에서는 유튜브와 페이스북을 통한 화장품 홍보 자료를 만들어서 마케팅 수단으로 활용하였다.

〈그림 3-11〉 리오엘리 페이스북 페이지

유튜브의 경우 20~30대 연령층을 대상으로 밝고 신선한 콘셉트로 채널을 개설하여 주로 제품 사용 방법, 사용 후기, 브랜드 콘셉트 후기 동영상 등을 게재하였고, 페이스북의 경우 단순히 제품 홍보뿐만 아니라 기초 화장품 활용법 및 한국 화장품의 각종 정보를 제공한다는 콘셉트로 접근하였다.

유튜브와 페이스북을 활용한 마케팅으로 리오엘리의 페이스북은 2011년 4월부터 11월까지 960명의 고정된 고객을 확보하였고, 통계 정보를 살펴보면 매달 100명씩 꾸준하게 추가된 것을 확인할 수 있었다. 유튜브의 경우 미국의 'Make-Up Artist'를 발굴하게 되어 리오엘리 제품에 대한 사용 후기를 만들어서 자신의 채널에 홍보하도록 진행하였다. 그 결과 구독자만 185,255명 인 인기 사이트로, 리오엘리가 스스로 마케팅하는 것보다 10배 높은 파급력을 얻게 되었다.

3) 도토리속참나무

도토리속참나무는 개업할 당시 브랜드파워가 약한 중소 식품 유통업체였다. 소고기보다 민감하게 반응하는 돼지고기라는 먹거리임에도 불구하고 브랜드 밸류가 전무하였다. 그래서 도토리속참나무는 다른 농수산 유통브랜드와는 차별화되도록 '지역'이 아닌 '콘셉트'을 강조하기 위하여 SNS 마케팅을 활용하였다.

도토리속참나무의 콘셉트는 '에코', '웰빙', '로하스' 중에 최고의 가치로 로하스(LOHAS · Lifestyle Of Health And Sustainability)를 삼았다. 도토리속참나무는 2009년 한국 블로그협회 서밋에서 발표한 자료에 따르면 지속가능한 자연주의를 추구하였다. 커뮤니케이션 툴로 블로그를 사용하여 블로그에서 쇼핑몰, 블로그, 카툰, 레시피 등을 제공하

〈그림 3-12〉 도도리속참나무 트위터 페이지

여 쇼핑몰이 확장되어 블로그를 붙였다는 느낌보다는 소통의 창구에 쇼핑몰을 개설한 듯한 느낌을 주었다. 2010년부터는 트위터를 사용하여 아침에 이벤트를 열면 가장 빨리 RT를 하여 응모하는 사람에게 신선한 돼지고기를 배달하는 이벤트를 실시하였다. 이 이벤트를 통해 매일 선착순 10명에게 고기 샘플을 증정하였고, 도토리속참나무의 매출은 증가하였다.

도토리속참나무는 블로그를 통한 마케팅으로 고객들에게 도토리속참나무라는 브랜드에 신뢰를 주었고, 트위터에서 매일 진행되는 퀴즈를 통해 매출의 증가와 브랜드의 개념을 더욱 확고히 하고 고객들과 끈끈한 관계를 맺는 효과를 거두었다. 즉 SNS 마케팅을 통해 도토리속참나무의 고기를 사고자 하는 직접적 구매동기를 유발하고 살아 있는 브랜드를 완성하였다.

현재 도토리속참나무는 도토리속 참닭고기, 도토리속 참시금치 등으로 브랜드를 확장하고 있다.

4) 왕라오지

코카콜라도 두려워하는 중국인의 국민 음료수 왕라오지는 1828년에 발명되어 이미 180년이 넘는 역사를 지니고 있는 음료 브랜드이다. 중국 양차의 왕 '왕라오지'는 이제는 SNS속에서도 그 위상을 드러내며 이미 15만 명이 넘는 팔로워를 보유하고 있다.

또한 2012년 5월에는 친구 5명에게 왕라오지 브랜드를 태그하여 트위터에 올리면 위안화 50위안(약 만 원 상당)의 핸드폰 선불 요금을 충전해 주는 이벤트를 진행하기도 하였다. 또한 원소절 등 중국 명절 맞이 행사를 포함해 각종 행사를 웨이보에 공유하여 SNS 이용자들

〈그림 3-13〉 왕라오지 웨이보 페이지

의 많은 참여를 유도하여 음료수계의 정상 자리를 유지하고 있다.

5) 이왁(EWAK)

이왁은 'Kogi BBQ'에서 아이디어를 착안하여 SNS 마케팅을 실시하였다. 이왁 개업자가 하루 방문자 수 1,000명에 이르는 인기 블로거라는 점이었고, 소셜미디어를 활용하여 저비용으로 창업하였다.

이왁은 트위터를 중심으로 SNS마케팅을 적극 활용하였다. 고객과의 소통을 트위터를 통해서 진행하므로 1대1, 1대N의 메시지를 지역과 시간에 구애받지 않고 전달하는 것이 가능하였다. 이왁은 트위터 검색을 통해 타겟팅을 하고, 트위터의 맨션 기능을 통해 고객을 유인했다.

이왁은 창업 준비 시점부터 블로그와 트위터를 통해 모든 과정을 공개하고 많은 사람의 피드백을 받아 반영하였다. 그리하여 고객과의 강한 유대감을 형성할 수 있었다. 또한 소셜미디어를 통하여 방문한 고객들 대부분은 본인의 블로그 혹은 SNS에 적극적으로 본인의 행

〈그림 3-14〉 이왁 트위터 페이지

적을 기록하는 경향이 있어 고객에 의한 콘텐츠 생산으로 추가적인 비용 없이 광고 및 홍보에 활용할 수 있다. 이왁은 블로그 등 SNS에서 활발한 활동을 하는 고객들과 의사소통을 함으로써 고객의 충성도를 향상시켰다.

제2절 고객 관리 분야에서 SNS 마케팅 성공 사례

상품 제조기술의 발달로 상품의 물리적 속성을 통한 경쟁 제품과의 차별화가 점차 어려워지면서 많은 기업이 호의적인 기업 이미지 구축을 통한 고객 관리 활동에 주력하고 있다(김상훈, 안대천, 2011). 고객 관리의 정의는 관점에 따라 각기 상이하지만, 결국 기업이 고객의 정보를 바탕으로 고객의 욕구를 파악하고 그들과의 관계를 개발하고 유지하여 제품과 서비스를 통해 고객에게 가치를 제공하면서 지속적으로 고객에 대한 지식을 습득해 가는 일련의 과정으로 볼 수 있다. 따라서 고객 관리는 기업의 무형 자산인 고객 정보를 수집하고 저장하고 사용하는 능력을 의미하며, 더 나아가 고객정보를 확산 및 발전시켜 고객을 학습하고 고객에 대한 지식을 창출하는 능력을 포함한다고 할 수 있다(이상곤, 윤여중, 2007). 신규 고객을 유치하는 데 소요되는 비용은 기존 고객을 유치하는 것의 5배 이상 많은 금액을 소모한다는 사실은 앞서 연구된 많은 연구를 통하여 확인되었다.

앞서 연구된 결과에 따르면 현대사회 기업들은 고객 관리에 한층 더 신경을 쓰고 있다. 이러한 고객을 확보하기 위하여 기업은 양적 사고가 아닌 질적 사고로, 매스 마케팅이 아닌 원투원(one to one) 마케팅으로 1회성 고객이 아닌 평생 고객으로, 생산자가 중심이 아닌 소비자가 중심이 되는 전략을 사용하게 되었고(이호섭, 2007), 그에 따라 많은 기업이 SNS 채널을 통하여 고객 불만을 접수받아 일대일로 즉시 해결해 주는 소통의 창구로 사용하여 고객과 기업 간의 친밀도를 높이는 채널로써 활용하고 있다. 대기업은 고객들의 불만사항 접수 및 해결을 전담하는 SNS 불만 사항 전담팀을 편성하고 있다. 또한 SNS 채널을 고객 상담 창구로 사용함으로써, 고객의 불만사항 대응 시간이 단축됨에 따라, 고객들의 기업에 대한 이미지 향상 효과도 이루었다. 그 과정에서 바이럴 마케팅 효과를 통해 호의적인 기업 이미지를 전파하는 데 큰 효과를 보았다. 전 세계적으로 기업이 SNS를 고객과의 소통의 도구로 사용하는 것은 더 이상 일회성 마케팅 수단이 아닌 고객서비스(Customer Service), 고객 참여 및 관여(Customer Engagement), 고객관계관리(Customer Relationship Management), 기업사회

〈표 3-4〉 고객관리 분야 사용 업체별 SNS 활용 실태 현황

업체명	활용 채널	SNS 활용이유	SNS 활용 효과
자포스	페이스북, 트위터, 블로그, 유튜브	고객의 의견을 조직원들과 공유하여 새로운 사업 아이템 획득	·팔로워 1680만 ·미국 2010년 일하기 좋은 기업 10위 ·미국 2008년 경재 위기 속 1,300% 성장
스타벅스	페이스북, 트위터	고객에게 공지용, 공감용으로 분류하여 고객과의 소통과 정보 교류를 위해 사용	·주식 가격 상승 ·팬페이지 '좋아요' 29,840,678개 ·방문객 4,927,216명
코기 비비큐	트위터, Web Site, 유튜브	잦은 장소 이동에 따른 고객들의 불편을 감소시키기 위함	·유튜브 동영상 조회 65,000만 건 ·고객과의 지속적인 관계 유지
에멀슨 살롱	페이스북, 트위터	미용실 특유의 고객과의 관계 구축	SNS 마케팅을 통한 매출이 전체 매출의 75%
블랙스미스	페이스북, 트위터	고객들의 불만사항이나 의견 접수	·2012년 3월 팔로워 수 7천 600여 명, 페이스북 1천400여 명 ·공식 페이스북 관리 2개월여 만에 많은 고객의 호응
에어비엔비	페이스북, 트위터	고객과의 관계 구축, 고객 간의 신뢰 획득	·예약 100만일 도달 ·예약 500 만 건 ·192개국 16,000여 도시 연결 ·85,000여 명의 회원 확보 ·2011년 7월 1억 1,200만 달러 자금 유치 ·회사 가치 13억 달러 ·2010년 800% 성장
대한항공	페이스북, 트위터	차별화된 서비스 부족, 기업 이미지 제고	·2011년 3월 한국 생산성 본부 주관 국가고객 만족도(NCSI) 국내선, 국제선 항공 부문 1위 ·6월 일본능률협회컨설팅 주관 글로벌고객만족도(GCSI) 항공 부문 1위
코카콜라	페이스북	다른 사람들에게 공유하고 즐기면서 소비자들에게 더욱 좋은 이미지 구축	기업이 주가 아닌, 소비자가 주가 되어, 코카콜라에 대한 이미지가 소비자들의 마음에 각인

적책임(Corporate Social Responsibility) 등 다양한 영역에서 내로우 미디어(narrow media)로서 고객과의 성호작용을 통한 감성적 마케팅이 가

〈표 3-5〉 고객관리 기업들의 페이스북 및 트위터 사용 현황 (2014. 5. 20)

	페이스북			트위터		
	좋아요	이야기하고 있는 사람	실제 현장 방문자	트윗	팔로잉	팔로워
자포스	1,764,472	50,752	-	8,723	810	22,290
스타벅스	36,732,166	197,251	18,697,693	20,814	94,094	6,159,913
코기 비비큐	38,101	313	-	20,128	2,950	123,586
에멀슨 살롱	2,196	5	276	4,419	13,940	12,539
블랙스미스	14,049	823	-	2,955	13,384	15,625
에어비엔비	588,181	19,126	-	14,741	17,462	219,923
대한항공	183,042	6,449	-	75,547	48,399	128,723
코카콜라	82,492,119	680,804	-	89,112	67,889	2,467,807

능함을 보여주고 있다(정동훈, 이현지, 2011).

〈표 3-4〉에서 볼 수 있듯이 고객관리 분야에서 SNS를 마케팅 채널로 활용하는 9개의 기업의 사용 현황을 간단히 알아보았다. 대부분의 기업이 고객과의 공감대를 형성하거나, 고객의 불만사항에 빠른 대처를 위하여 SNS 채널을 활용하는 것을 확인할 수 있었다. 또한 서비스업 특유의 고객과의 친밀한 관계 유지를 위하여 SNS 채널을 활용하는 것도 확인할 수 있었다. 대부분은 기업이 고객 관리를 위하여 SNS채널을 개설 후 활용하였으나, 코카콜라나 페레로 로쉐 등과 고객 스스로가 SNS채널을 활용하여 기업에 대한 애정을 표시하기 위하여 개설하고, 차후 고객이 운영 중인 SNS채널을 기업이 인수받아, 본격적으로 운영을 시작한 경우도 존재하였다. 이 경우 고객 스스로가 기업에 대한 애정을 표현하면서 기업에 대한 충성도가 높아지기 때문에, 많은 기업이 추구해 나가야 할 방향으로 보인다. SNS를 통하여 고객관리를 시작한 기업들은 객관적 지표에서도 고객관리 부분에서 성과를 나타내, 회사의 가치가 상승하거나, 고객 만족도 지표

에서 성장하여 수상한 것을 확인할 수 있었다.

〈표 3-5〉에서는 고객관리 분야에 SNS를 활용하고 있는 기업의 페이스북 및 트위터 사용 현황을 살펴보았다. SNS를 광고홍보 분야에 사용하고 있는 기업들 대비 많은 팔로워를 보유하고 있는 것을 확인할 수 있었다. 광고 홍보 분야에서 SNS를 활용하고 있는 기업보다 고객관리 분야에서 SNS를 활용하고 있는 기업이 비교적 고객과의 쌍방향 소통이 잘 이루어지고 있는 것을 확인할 수 있었다.

1. 자포스(Zappos)

자포스는 1999년 15만 달러의 자본금으로 창업한 신발을 판매하는 온라인 쇼핑몰이다. 자포스의 CEO 토니세이는 고객의 의견을 조직원들과 공유하여 새로운 사업 아이템을 획득하고, 고객관리를 위하여 SNS 마케팅을 활용하였다.

토이세이는 직접 트위터 계정을 만들어 고객 및 직원들과 소통하였다. 그 결과 팔로워가 230만 명이 돌파하였다. 또한 전체의 3분의 1이 넘는 직원들에게 트위터를 이용하도록 장려하였고, 그에 대한 교

〈그림 3-15〉 자포스 CEO 토이세이의 트위터 페이지

육을 병행했다.

그 결과, 자포스는 SNS 마케팅 활용 효과로 2008년 미국 경제 위기 속 1,300% 성장을 하였으며, 2009년 아마존이 12억 달러에 매입할 정도의 가치 있는 기업으로 성장했다. 아마존이 구입한 것은 자포스의 로열티 경영 능력이었다. 또한 2010년 일하기 좋은 기업 15위에 선정되었으며, 현재 연 매출 10억 달러 이상을 올리고 있다.

자포스는 직원들 스스로가 고객과 대화할 수 있는 기업 풍토를 만들었다. 자포스의 성공 요인 중의 하나는 SNS 채널을 통하여 직원들이 스스로 고객과 대화할 수 있는 회사 풍토를 조성한 것이다.

2. 스타벅스(Starbucks)

1971년 시애틀에서 시작해서 50여 개국 1만 5,000여 개의 매장을 가지고 있는 스타벅스는 미국인들의 문화로 자리 잡았으나, 2007년 한 해만 주식이 40% 이상 떨어지는 사태가 벌어졌다. 신생 업체의 경쟁과 비싼 커피값, 경제의 침체 등은 스타벅스의 발목을 잡았다. 이에 스타벅스는 2008년 10월 SNS를 시작으로 11개의 SNS 채널들을 열고 기존의 스타벅스 페이스북 팬 페이지를 인수하여 고객관리 및 고객과의 소통의 채널로 사용하기 시작하였다.

1년여 후 2009년 10월 총 380만 명의 팬을 보유, 2017년 6월 기준 3천7백만 명에 육박할 정도로 효과적인 소비자 확보와 마케팅을 진행하였다. 트위터는 상당수의 팔로워를 보유하고 있을 정도로 SNS 매체들을 골고루 활발히 이용하고 있다. 트위터는 공지용, 페이스북은 공감용으로 분류하여 고객과의 소통과 정보 교류에 신경을 썼다.

특히 스타벅스에서 일어나는 일에 관해서는 트위터로, 고객의 불

〈그림 3-16〉 스타벅스 페이스북 페이지

만, 경험 교환 같은 내용에 대해서는 페이스북으로 응대하면서 스타벅스는 고객과의 소통을 세분화된 툴을 이용해 접근하였다. 스타벅스는 전반적인 사업의 다각화와 SNS의 마케팅이 시너지 효과를 창출하여 하락했던 회사의 주식과 가치가 다시 상승하였고 SNS의 툴 역시 안정적인 모습을 보였다.

스타벅스의 폭락하던 주식은 SNS를 시작한 2008년을 기점으로 급상승하여 2011년에는 60달러를 달성하였다. 이런 수치는 마케팅에서 고객과의 소통이 고객의 생각이 고객의 마음이 얼마나 중요한지 절실히 보여주는 수치이다.

2014년 5월 현재 스타벅스의 페이스북 팬 페이지의 좋아요 개수는 36,732,166개, 이야기하는 사람은 197,251명, 실제 방문객은 18,697,693으로 공식적인 통계를 바탕으로 페이스북 기업 상위에 랭크되어 있다.

3. 코기 비비큐(KOGI BBQ)

코기 비비큐는 2008년 11월 미국 남부 캘리포니아의 거리에서 창업주 마크 맨게라와 교포 2세 요리사 로이 최가 트럭을 개조하여 'Kogi Korean BBQ-To-Go'라는 간판으로 시작한 한국식 멕시칸 토르티야 음식 판매 간이 차량 식당이다.

코기 비비큐는 사람들이 많이 모이는 장소에 트럭으로 이동하며 돌아다니며 판매하였는데, 미국도 한국에서와 마찬가지로 길거리에서의 포장마차를 운영하는 것은 불법이기 때문에, 정부의 단속을 피하기 위하여 자주 장소와 위치를 변경하였다. 잦은 위치 변경으로 인하여, 코기 비비큐를 이용하고 싶은 고객들은 코기 비비큐의 영업 장소를 몰라서 이용할 수가 없었고, Kogi BBQ 또한 고객을 관리할 수 없었다. 그래서 코기 비비큐는 고객 관리를 위하여 소셜미디어를 활용하기 시작했다.

코기 비비큐는 트위터를 활용하여 코기 비비큐의 차량이 시간대별로 바뀌는 위치를 전송하였다. 2014년 5월 기준 코기 비비큐의 트위

〈그림 3-17〉 코기 비비큐 사진

터 팔로잉 수는 2,950개, 팔로워 수는 123,586명을 기록하였는데, 이 숫자는 2011년 1월의 50,000명에 비해 약 2.5배 증가한 수치이다.

코기 비비큐를 이용하고 싶은 고객은 스마트폰으로 트위터에 접속하며 실시간으로 코기 비비큐 트럭의 위치를 확인할 수 있다. 또한 지도를 클릭하면 구글 맵과 연동되어 트럭의 상세한 위치와 찾아가는 방법을 제공받을 수 있고, 로드뷰를 통해 실제 지리 또한 확인 가능하다. 또 홈페이지에 지역별, 시간별 정확한 위치를 요일별로 업로드하여 고객들이 쉽게 찾아갈 수 있도록 안내하였다.

코기 비비큐는 트위터, 유튜브 등 다양한 소셜미디어 서비스를 이용하였다. 트위터를 이용한 SNS 광고는 청중 선별이 용이하여 정확한 타겟층 분석이 가능하고, 높은 상호 작용성을 가지고 있었고, 유튜브에는 코기 비비큐의 타코를 만드는 과정과 재료, 코기 비비큐 트럭이 주로 나타나는 지역, 그리고 소비자들의 코기 비비큐에 대한 인

〈그림 3-18〉 코기 비비큐 트위터 페이지

터뷰의 내용을 게재하여 홍보에 활용하였다. 이 동영상의 조회 수는 65,000만 건 가까이 조회되었다.

또한 코기 비비큐는 인터넷의 상호교류 할 수 있는 특징에 초점을 맞추어 E-mail, SNS를 통하여 고객과의 지속적인 관계를 유지하였다. 이를 통하여 신상품 메뉴를 추천받기도 하고, 고객의 만족도, 소비자들의 욕구를 트위터나 페이스북을 통하여 즉각적으로 확인하였다. 트위터를 통해 친근하게 다가가게 되면서, 소비자들은 광고 메시지에 보다 더욱더 주의를 기울이게 되었다.

스마트폰의 보급이 늘어날수록 SNS의 사용자 증가가 예상되고, 코기 비비큐의 매출은 더욱 올라갈 것으로 예상된다. 트위터를 이용하여 트럭의 위치를 전송해주는 코기 비비큐의 새로운 마케팅 방식은 노점상들의 사업 방식을 새로운 영역으로 발전시킬 수 있는 가능성을 제공했다.

4. 에멀슨 살롱(Emerson Salon)

에멀슨 살롱은 미국 시애틀에 위치한 미용실이다. 미용실의 성패는 고객들과의 관계 구축 및 입소문에 크게 영향을 받는다. 에멀슨 살롱 역시 예외가 아니었다. 일반적으로 미용실에 찾아오는 손님들과의 관계 구축에 더해, 에멀슨 살롱은 소셜미디어를 활용하기로 하였다.

먼저 웹사이트를 개편하여 소속 스타일리스트들의 프로필을 추가해 고객들이 처음 방문하기 전 웹사이트에서 스타일리스트들을 미리 만나고 친밀감을 느끼도록 하였다. 뿐만 아니라 전 스타일리스트들이 페이스북과 트위터 등 소셜미디어를 활용하도록 하고, 고객들에게 스타일리스트들의 소셜미디어 채널로 방문할 수 있는 게이트를 마련

〈그림 3-19〉 에멀슨 살롱 트위터 페이지

하였다. 이러한 소통 창구를 통해 고객들은 친밀감 형성과 더불어 예약, 상담 등의 서비스를 보다 편하게 받을 수 있게 되었다.

에멀슨 살롱은 철저한 홈페이지 관리 및 SNS의 강력한 파급효과를 극대화하기 위하여 고객과의 꾸준한 실시간 SNS 소통하는 등 노력한 결과, 고객들에게 '언제 어디서나 소통하는 친구'의 이미지로 각인되었다.

에멀슨 살롱은 소셜미디어 마케팅을 한 결과 이를 통한 매출이 전체 매출의 75%를 차지하였고, 에멀슨 살롱의 스타일리스트 중 한 명은 트위터에 1만 2,000명이 넘는 팔로워를 가지게 되었다.

에멀슨 살롱의 사례는 '자금력 부족', '지식, 경험, 인력 부족' 등 영세 기업의 단점을 SNS를 결합한 온라인 매장 육성에 전력을 다함으로써 극복한 좋은 사례이다.

5. 블랙스미스

한국에 17곳의 매장을 보유한 이탈리안 레스토랑이다. 블랙스미스는 기업 이미지의 향상 및 고객과의 원활한 의견 교환을 위하여 SNS를 사용하였다.

2014년 5월 블랙스미스의 트위터 팔로워 수는 15,627명, 페이스북 팬은 14,049명을 확보하였으며, 공식으로 SNS 관리한 지 2년 4개월여 만에 많은 고객의 호응을 이끌어 내는 데 성공하였다.

블랙스미스가 성공할 수 있었던 요인은 단순히 SNS를 통해 이벤트 공지나 할인 쿠폰을 제공하는 데서 그치지 않고, 고객들이 쉽게 불만사항이나 의견 등을 접수할 수 있도록 소통을 활발히 하기 위한 많은 노력을 기울였기 때문이다. 또한 불만사항, 건의사항을 확인하고 방안을 제시하여 고객의 신뢰도가 상승하였다. 실제로 고객들은

〈그림 3-20〉 블랙스미스 트위터 페이지

트위터나 페이스북을 통해 '외식상품권을 만들면 좋겠다', '어디 상권에 매장을 내달라'는 등, 다양한 의견을 내거나 매장 방문 후기도 활발히 남겨 좋은 반응을 얻고 있다.

6. 에어비앤비(Airbnb)

에어비앤비는 지난 2008년에 설립되었으며, 자기 집이나 일부를 여행자를 위해 빌려주는 개인과 이를 이용하고 싶은 여행자를 거래 비용의 10~15%를 수수료로 받고 연결해 주는 사이트이다. 쉽게 말해서 글로벌 네트워크 민박 중계업체이다. 에어비앤비는 고객과의 관계를 구축하고 신뢰를 획득하고자 사이트와 소셜미디어인 페이스북을 활용하였다.

에어비엔비는 초기에는 집주인이 있는 상태에서 빈 방을 고객에게 대여해 주는 형태였으나 집 전체를 빌려 주는 형태로 전환되었다. 집주인이 모르는 사람에게 빌려 주기 위해서는 정확한 고객 관리와 신

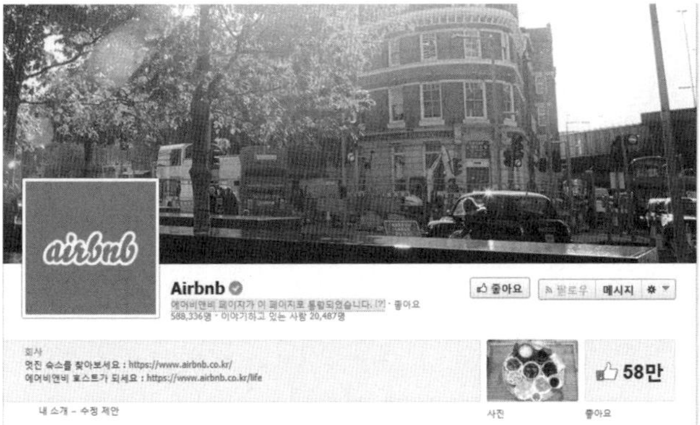

〈그림 3-21〉 에어비앤비 페이스북 페이지

뢰가 필요했고, 이때 페이스북은 기존 고객의 사용 후기를 통해 집주인과 고객과의 신뢰를 높인 유용한 수단이였다. 에어비엔비를 통한 예약은 100만 일 도달, 예약 건수는 500만 건에 도달하였고, 2016년 191개국 3만 4천여 도시에서 200만 개 이상의 숙소를 운영하고 있다. 현재 이 기업의 가치는 250억 달러에 육박하고 있다. 2010년에만 800%에 가까운 성장을 기록하였다. 에어비앤비는 사업에 페이스북을 적용함으로써, 집주인과 여행객이 거래를 하기 전에 서로를 파악할 수 있는 기회를 주었다. 이를 통해 인터넷의 익명성에서 오는 거래의 위험 요소를 완화시켜 신뢰를 얻었다.

7. 대한항공

대한항공은 1969년 3월에 창립되어 147개의 항공기를 보유하고 40개국 119개의 도시를 취항하는 우리나라 대표 항공사이다. 오랫동안 부동의 1위를 차지하던 대한항공은 색다른 접근 방법이 필요하였고, SNS를 통하여 고객관리 및 기업 이미지 향상을 위한 마케팅을 실시하였다.

대한항공은 차별화된 서비스가 필요했고, 대한항공의 중후한 신사 같은 이미지를 보다 고객과 가깝고 젊은 이미지로 변화하기 위하여 SNS를 통해 고객과의 의사소통을 시작하였다. 대한항공은 페이스북과 트위터를 통하여 고객들이 이용할 수 있는 여러 서비스를 제공하였다. 페이스북에는 여러 도시의 여행 정보를 담아 여행 책자를 사지 않고도 유익한 정보를 얻을 수 있고 여행을 다녀온 대한항공 고객의 생생한 이야기도 공유할 수 있게 하였다. 또 기내 서비스와 비행 정보를 제공하여 비행 당일 항공기 상황과 서비스 현황을 공지함으로써

〈그림 3-22〉 대한항공 페이스북 페이지

고객의 불만이 감소하였다. 또한 외국어에 능통하지 못한 사람들에게 한국어 서비스를 제공하였다.

대한항공은 중후한 이미지에서 벗어나 '트윗기, 트친'이라는 단어를 통해 보다 친근한 이미지로 개선되어 고객들에게 다가가고 있으며, 이러한 고객과의 꾸준한 커뮤니케이션의 결과 2012년 5월에 서비스 마케팅 대상 World Travel Awards가 주관한 시상에서 'World's Most Innovative Airline Excellence in Service'상을 수상하였으며, 같은 해 12월 Global Times가 주관한 시상에서 중국인에게 사랑받는 최고 항공사 톱3에 선정되기도 하였다.

8. 코카콜라 코크캐스터

페이스북에서 가장 많은 팬을 확보하고 있는 페이지는 바로 코카콜라이다. 코카콜라의 페이스북은 다른 기업과는 다르게 코카콜라를 사랑하는 두 청년이 자발적으로 만든 팬 페이지다. 처음에는 좋아해서 시작한 일이 많은 유저에게 관심을 받으며 본사에서도 인정한 공

〈그림 3-23〉 코카콜라 페이스북 페이지

식 팬 페이지로 거듭나게 되었다. 덕분에 이 팬 페이지 공간은 제품의 홍보 대신 순수하게 콜라를 사랑하는 사람들의 사진으로 넘쳐난다. 코카콜라와 함께한 일상적인 사진들부터 많은 사람과 즐기고 공유하는 코카콜라 동영상까지, 팬들의 자발적인 활동들이 곧 브랜드의 긍정적인 이미지에 기여하였다.

또한 소비자들에게 '거대 기업'이라는 느낌보다는 친근하고 편안하게 즐기는 코카콜라의 이미지를 굳힐 수 있었던 좋은 계기가 되었다. 또한 한국 코카콜라는 지난해 한국인터넷전문가협회에서 주관하는 '인터넷 에코 어워드' SNS 분야에서 대상을 수상하였다. 한국 코카콜라는 오후 1시부터 4시까지 자사 공식 트위터 운영자인 '코크캐스터'와의 대화 시간을 마련하고 있다. 트위터 글에 '#코-크 타임'이라는 해시태그를 달면 누구나 코크캐스터와 대화할 수 있다. 코카콜라와 관련한 문의뿐만 아니라 개인적 고민까지도 상담이 가능하다. 코크캐스터와 트위터로 이야기를 나눈 소비자는 '코카콜라라는 브랜드가 친구처럼 친하게 느껴졌다'고 말하였다.

제3절 판매관리 분야에서 SNS 마케팅 성공 사례

인류의 역사는 네트워크 확대의 역사로, 사회적 동물인 인간은 가장 작은 공동체인 가족 같은 혈연 공동체부터 마을과 국가 같은 지역 공동체의 일원으로 확대되어 지식과 정보를 공유하여 왔고, 이제는 가상공간인 SNS를 통하여 정보의 공유와 확산하여 상호 간 거래에서 '최대의 이익'을 추구하고 있다(송오식, 2011). 기업의 가장 원초적인 목적은 상품이나 서비스를 고객에게 제공하여 수익을 올리는 것이라고 할 수 있다. SNS를 통한 판매관리 전략은 고객과 지속적인 소통으로 기업과 소비자의 벽이 없도록, 가깝게 느껴지도록 SNS를 활용하여 고객에게 프로모션, 이벤트, 할인 정보 등을 제공하여 매출의 직접적인 판매를 도울 수 있는 전략이다.

오늘날 기업은 시장 변화와 수요자의 욕구에 대응하기 위해 적극적인 방법을 모색하지 않으면 안 되는 상황에 직면하였다. 과거의 기업들은 소비자 마케팅 커뮤니케이션 활동을 주로 대중매체를 통한 광고에 의존해 왔지만, 기술개발과 통신의 발달로 대중매체가 제공하는 정보가 기하급수적으로 늘어나게 되면서 각종 정보는 홍수를 이루게 되었고 대중매체를 통한 광고는 기업이 목표로 하는 소비자의 의사소통에 어느 정도 한계를 갖게 되었다. 새로운 매체의 등장은 지금까지 각광받았던 4대 매체 광고의 효과를 점차 둔화시키는 결과를 만들었고, 비용 대비 효과 면에서 효율적인 SNS 마케팅 사용의 필요성이 증대되고 있는 실정이다. 따라서 현재 기업들은 SNS를 활용해야 한다(박영화, 2004).

판매관리 분야에서의 SNS 마케팅 성공 사례는 기존의 전통적인 마케팅 채널에서 비용이나 고객 유치 경쟁 면에서 우위를 차지하지 못한 기업들이 신규 채널 확보를 위하여 SNS 마케팅을 사용한 사례들이다. 기업들은 기본적으로 매출의 증대를 위하여 자기시장잠식(Cannibalization)이 일어나지 않는 범위 내에서 판매 채널을 확장하려고 노력한다. 따라서 기존의 다양한 마케팅 채널을 가지고 있는 기업은 자기시장잠식이 일어나지 않는 범위 내에서 SNS 마케팅을 실시하고, 전통적인 마케팅 채널에서 약세를 보였거나 신규로 시장에 진입하는 기업의 경우 SNS 마케팅을 통해 판매 채널을 다양화하거나 틈새시장 공략을 통해 성공을 이룰 수 있다.

기업의 SNS채널을 이용한 이벤트를 통해, 고객과의 관계 지속 의도에 영향을 미친다(이정은, 2011). 기업이 고객과의 관계 지속 및 관계 개선, 판매량 증대 등 다양한 면에서 발생하는 이점을 기대할 수 있다. 이벤트를 통하여 기업을 인지한 고객은 SNS를 활용하여 지속적인 관리를 통하여 긴밀한 관계가 형성되면 브랜드 인지도의 상승 또한 기대된다.

〈표 3-6〉에서는 SNS 채널을 판매관리 분야에서 활용하는 세 개의 기업 사례를 확인해 보았다. 세 개 업체는 제조업에 위치하고 있는 업체들로서 판매채널의 확장을 위하여 SNS를 활용하였다. 세 개 업체 모두 내수에 한정 짓지 않고 해외 수출을 위한 통로를 개척하기 위하여 SNS를 활용한 것을 확인할 수 있다.

〈표 3-7〉은 페이스북 및 트위터를 판매 채널 확장을 위한 도구로 사용하는 기업을 확인해 보았다. 한국의 중소기업인 (주)성진엔지니어링의 주요 활용 채널이 유튜브였던 관계로 다른 기업에 비하여 페이스북 및 트위터의 활용 정도가 미비한 것을 확인할 수 있었다. 세포라화장품, 제이씨 페니 두 개의 기업은 모두 의류, 화장품 등 소비재

〈표 3-6〉 판매관리 분야 사용 업체별 SNS 활용 실태 현황 (2014. 5. 20)

업체명	활용 채널	SNS 활용 이유	SNS 활용 효과
성진 엔지니어링	페이스북, 트위터, 유튜브	해외 바이어들이나 고객에게 제품 홍보 및 판매	·SNS 마케팅 실시 3년 후 수출 실적 1,500,000달러 상회 ·유튜브 동영상 조회 수 993,253회 기록 ·5년 만에 70개국으로 수출 국가 확대 ·2012년 12월 300만 불 수출탑 수상
세포라화장품	페이스북, 트위터, 유튜브, Google+	화장품업계의 SNS 마케팅 활용 흐름에 따라	·브랜드 로열티 그룹을 활성화 ·세포라 온라인 멤버십을 강화함에 따라 주요매장의 매출을 끌어올리는 1등 공신
제이씨 페니 (JC Penny)	페이스북, 트위터, 유튜브, Google+	카탈로그 전시 및 제품 판매를 위해 활용	우편, 이메일 등 기존 매체보다 적은 비용으로 제품 정보 전달

〈표 3-7〉 판매 채널 확장 기업들의 페이스북 및 트위터 사용 현황 (2014. 5. 21)

	페이스북			트위터		
	좋아요	이야기하고 있는 사람	실제 현장 방문자	트윗	팔로잉	팔로워
(주)성진 엔지니어링	178	3	-	47	69	185
세포라 화장품	5,851,654	33,776	72,694	9,027	283,267	1,319,443
제이시 페니 (JC Penny)	4,640,340	7,535	545,722	25,404	1,107	305,551

를 판매하는 업체로 페이스북을 활용하여 제품 사진을 업로드하여, 여타 기업에 비교하여 많은 '좋아요'를 획득한 것을 확인할 수 있다.

1. (주)성진 엔지니어링

성진 엔지니어링은 1991년 1월 자본금 2억으로 세척, 청소장비 전문 업체로 부산에 소재를 둔 업체이다. 성진 엔지니어링은 판매 채널을 확장하기 위하여 유튜브에 전용 채널을 개설하여 SNS 마케팅을 시작하였다. 제작된 유튜브 동영상은 Google에서 'Steam car wash'로 검색하면 최상위에 검색될 수 있도록 유튜브 채널을 최적화하였다. 이 최적화를 통해 해외 바이어에게 좋은 인상을 남겨, 신뢰받는 회사로 성장하였다. 최근 페이스북과 트위터 전용 페이지를 개설하여 전 세계 바이어들뿐만 아니라 다양한 고객들과 소통을 통해서 회사의 브랜드 가치를 올리고자 하였다.

유튜브 전용 채널에 실제로 작동하는 영상을 통해서 기존 제품과의 차별성을 강조하여 해외 바이어뿐만 아니라, 일반 고객들에게도 관심을 끌 수 있었다.

페이스북과 트위터를 통하여 여러 국가에서 고객들 문의가 들어왔으며, 이를 통하여 새로운 시장 발굴의 기회로 활용하고 있다.

성진 엔지니어링은 소셜미디어 마케팅을 실시 전인 2008년 수출 실적 230,000달러였으나, 소셜미디어 마케팅을 실시한 후 3년이 지난 2011년 수출 실적은 1,500,000달러를 상회하였다.

현재 76개의 동영상이 등록되어 있는 유튜브는 2014년 5월 현재

〈그림 3-24〉 (주)성진 엔지니어링 트위터 페이지

구독자 848명, 993,253회의 조회수를 기록하였고, 이러한 높은 시청률로 인하여 전 세계 바이어로부터 문의를 지속적으로 받아 소셜미디어 마케팅 3년 만에 수출 국가 55개를 넘어섰고, 2014년 현재 약 70개국으로 수출하고 있다.

2. 세포라화장품(Sephora)

세포라화장품은 화장품 업계에 SNS가 마케팅 툴로 부각되는 시대의 흐름에 발맞추어, 페이스북 페이지를 통해 다양한 할인 및 쿠폰 이벤트를 통해 판매 채널을 확장하기 위하여 SNS 마케팅을 실시하였다.

세포라화장품은 주 고객 연령층이 25~45세라는 점을 이용하여 주로 SNS의 이용 빈도가 높은 젊은 층을 상대로 마케팅을 실시하였다. 또한 스마트폰을 이용한 모바일 상거래 사이트 '세포라 모바일'을 개설하였고 페이스북 페이지를 통해 이벤트를 알려주는 매체로써 활용하였다. 페이스북에서 할인 쿠폰을 제공하며 손님과 항상 대화한다

〈그림 3-25〉 세포라 화장품 페이스북 페이지

는 전략을 실시하였으며 페이스북의 접근은 이메일보다 쉽게 대화할 수 있으며, 대화체로 글을 작성하기 때문에 친근감을 형성할 수 있었다. 또한 뷰티리쉬 웹사이트(www.beautylish.com)와 연동하여 로그인 시 페이스북 아이디를 사용하게 하여 바이럴 효과를 창출하였다.

세포라화장품은 SNS마케팅을 통하여 브랜드 로열티 그룹을 활성화하였다. 또한 세포라 온라인 멤버십을 강화하면서 주요 매장의 매출을 끌어올리는 1등 공신이 되었다(권오철, 2011).

3. 제이씨 페니(JCPenny)

제이씨 페니는 미국 내 1,106개 백화점을 운용하고 있는 유통기업으로 카탈로그 전시 및 제품 판매를 위해 페이스북을 적극 활용하였다. 제이씨 페니는 페이스북을 기업 및 제품 홍보는 물론 상품 추천, 제품 판매 수단으로 까지 활용했다. 특히 제이씨 페니는 2011년 12월부터 자사의 제품 카탈로그를 페이스북을 통해서만 전달키로 결정하고 시행하였다.

〈그림 3-26〉 제이씨 페니 페이스북 페이지

기업 및 제품 홍보를 위해 페이스북을 활용하는 기업들이 증가하고 있으나, 대형 유통점 중 소셜네트워크 서비스를 제품 판매에 직접 활용한 것은 제이씨 페니가 처음이다. 제이씨 페니 웹사이트는 회원가입 절차가 필요하며, 이용 시마다 접속을 해야 하는 번거로움이 있은 반면, 페이스북은 별도의 가입 절차가 불필요하고 언제 어디서나 쉽게 접속할 수 있어 고객의 접근이 용이하였다. 페이스북을 통한 카탈로그 전달은 우편, 이메일 등 기존 매체보다 적은 비용으로, 보다 많은 고객에게, 보다 신속하게 제품 정보를 전달할 수 있었다.

제4절 영세기업의 SNS 마케팅 성공 사례

1. 아메리칸 익스프레스의 스몰 비즈니스 세터데이 (Small Business Saturday)

1) 배경

미국에서는 매년 추수감사절 이후 블랙프라이데이(Black Friday)부터 한 달간 쇼핑 시즌이 시작된다. 이 기간 동안 대형 쇼핑몰과 인터넷 상거래 사이트들은 엄청난 할인율을 제공하고 공격적으로 마케팅을 하며 소비자를 끌어모은다. 상대적으로 이러한 마케팅 전략이나 파격적인 할인율을 제공하기에 무리가 있는 중소기업, 지역 상인들은 소비자의 관심에서 점점 멀어졌다.

이에 아메리칸 익스프레스 카드사에서는 2010년부터 그들의 서비스나 상품을 이용해보자는 취지로 '스몰 비즈니스 새터데이' 캠페인이 시작되었다. 이는 쇼핑 시즌 중 가장 많은 사람이 쇼핑하는 블랙 프라이데이 다음 날을 '스몰 비즈니스 새터데이'로 선포하고 다양한 마케팅과 그에 따른 자원을 지원하는 캠페인이었다(장용훈 2010).

2) 실행 내용

스몰 비즈니스 새터데이 캠페인은 2010년 11월 27일에 처음 시작되었으며, 페이스북과 같은 소셜미디어를 통하여 추수감사절 이후 쇼핑 기간 중 정해진 하루 동안 소비자들이 지역의 영세업자 상점에서 쇼핑을 하도록 유도하는 것이 핵심 내용이다.

영세업자들에게는 AMEX OPEN FORUM이라는 플랫폼을 통하여 비즈니스를 원활하게 할 수 있도록 하는 서비스를 지원하였으며, 페이스북 내 스몰 비즈니스 새터데이 페이지에 유용한 소셜미디어 활용 팁과 툴 키트 그리고 다양한 이벤트 등의 지속적인 제공으로 영세업자뿐만 아니라 소비자의 꾸준한 방문과 참여를 이끌어 냈다.

영세업자들은 이 서비스를 이용하여 자신들의 물건이나 서비스를 소셜미디어에 적극 홍보하였으며 그 외에도 텔레비전, 인쇄 광고,

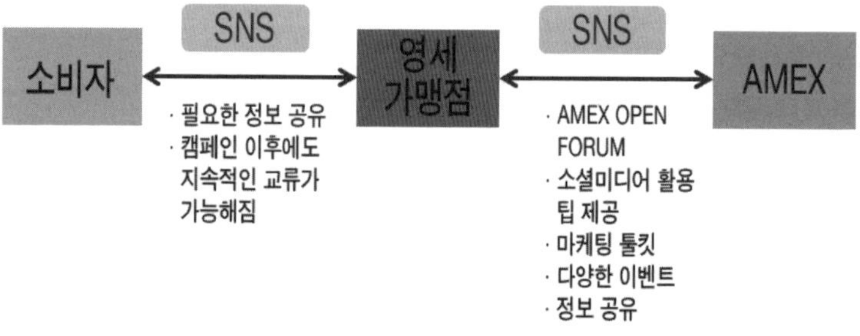

〈그림 3-27〉 아메리칸 익스프레스의 스몰 비즈니스 새터데이 프로세스

포스터, 배너 등 온·오프라인 마케팅에 필요한 물품을 지원받을 수 있었다.

또한 '스몰 비즈니스 새터데이' 프로그램에 가입한 소비자 및 가입 영세업자들에게 각각 사용 가능한 카드를 제공하여 관심과 참여를 이끌어 냈다.

3) 성과

'스몰 비즈니스 새터데이' 캠페인은 수많은 사람의 호응을 불러일으켰다. 15억 달러 상당의 미디어 노출 효과를 냈으며, 스몰 비즈니스 새터데이가 기념일 당일 트위터 메인 토픽에 등장한 것은 물론 트위터에서 가장 많이 언급된 주제 10위 안에 들기도 하였다. 페이스북에서 '좋아요'를 누른 사람은 270만 명을 돌파했으며, 스몰 비즈니스 새터데이에 아메리칸 익스프레스 카드 사용자가 약 23% 증가하였다.

참여한 소상점들의 전년 대비 매출은 20~50%의 상승률을 보였으며, 2011년에는 '스몰 비즈니스 새터데이'의 '스몰 비즈니스'에서 구매한 사람이 1억 명 이상으로 늘어났다.[3)]

같은 해 미국의회에서는 블랙프라이데이 다음 날을 '스몰 비즈니스 새터데이'로 공식 지정하는 데 만장일치로 합의하였다. 칸 그랑프리 수상, 페이스북 스튜디오 어워드 블루 위너 수상, 클리오 광고제-통합 캠페인 부분 은상 수상, 2012년 뉴욕 광고제 금상 수상 등을 미루어 볼 때 다양한 분야에서 그 가치를 인정받았다고 할 수 있다.

---

3) https://www.facebook.com/SmallBusinessSaturday.

4) 시사점

'스몰 비즈니스 새터데이' 캠페인은 대기업 카드 회사가 중심이 되어 가맹점 중 지역 중소기업 및 영세업자에게 실질적인 도움을 주었다는 데서 큰 의미를 가진다. 대기업들의 물량 공세와 마케팅 전략들로 영세업자들의 입지가 점점 더 좁아지는 상황에서, 대기업 카드사가 소셜미디어를 적극 활용하여 영세업자들을 도와 그들의 비즈니스에 활기를 불어넣었다는 점이 이례적이라고 할 수 있다.

이 같은 사례는 우리나라에서도 찾아볼 수 있는데, 대표적인 예로 SK텔레콤에서 전통시장 활성화 지원을 위해 나선 것을 들 수 있다. SK텔레콤은 인터넷 쇼핑몰 11번가를 통한 마케팅 지원 및 다양한 상품 판매와 시장 내 T와이파이존 구축 등 다양한 방법으로 전통시장을 지원했다. 협약을 맺은 전통시장의 방문객 수가 1.5배 늘었고 매출이 30% 향상되는 등 시장 전체 활력 증대에 기여한 것으로 나타났다.

〈그림 3-28〉 아멕스의 스몰 비즈니스 새터데이 페이스북 페이지

또 다른 예로는 KT의 전통시장 IT 서포터즈를 들 수 있는데, 이는 시장 상인들에게 IT 정보화 교육 서비스를 지원하여 그들 스스로 재래시장을 홍보하고 소비자들과 소통할 수 있도록 하였다. 이외에도 재래시장에 QR 코드를 제작하고 브랜드화와 IT 정보 지원으로 침체된 지역 재래시장의 상거래를 활성화하는 데 적극적으로 지원하였다.

'스몰 비즈니스 새터데이' 캠페인에서는 지역 중소기업 및 영세업자의 자립과 고객과의 소통을 지원함으로써 가져온 긍정적 효과를 주목할 필요가 있다. '스몰 비즈니스 새터데이'는 단순히 날짜를 정해서 가게의 물건을 사게 하는 캐시몹(Cash Mob)의 형태를 넘어 SNS를 이용해 영세업자와 소비자가 지속적으로 소통하게 함으로써, 캠페인이 일시적인 효과를 거두는 데 그치지 않고 소비자들의 행동 자체를 바꾸도록 유도하였다.

영세업자는 고객과 연계하며 그들의 니즈를 파악해 적절하게 대응할 수 있는 커뮤니케이션 채널을 구축해서 캠페인 이후에도 어려움을 극복하고 지역 상권의 활성화를 도모할 수 있는 방안을 모색할 수 있었다.

게다가 지역 상권을 살리자는 캠페인의 메시지는 소비자들의 참여를 이끌어 내 지역 공동체를 새롭게 정립하고, 소비자 또한 지역 상권의 존재를 생활 속에서 느낄 수 있도록 하였다.

현재 우리나라는 지역 시장과 소상인의 도산을 막기 위해 대형 마트 의무휴업일 지정 같은 정부 시책을 펼치고 있으나, 대부분이 제제 중심이기에 일시적인 해결책이 될 수밖에 없다. 또한 대형마트가 휴무인 날에는 재래시장이 아닌 백화점 지하 식품관이나 대형 슈퍼로 몰리는 경우가 많다. 이러한 현실에서 지역 사회를 이루는 구성원이 소통할 수 있는 채널을 구축하고 부족한 재래시장의 인프라 구축을 위해 노력하여 지역 상권의 활성화를 도모했다는 점에서 우리에게 많은 가르침을 주는 캠페인이라 할 수 있다.

2. 꽃집아재의 페이스북 마케팅

1) 배경

'꽃집아재'는 부산에서 작은 꽃집을 운영하는 한 영세업자의 페이스북 페이지이다. '꽃집아재'는 10여 년 전 국제금융위기로 실직한 후 재취업에 실패한 한 아저씨가 꽃가게를 하는 지인의 권유로 탄생하게 되었다.

길거리에서 쉽게 마주칠 수 있는 대한민국의 평범한 50대의 아저씨가 운영하는 페이스북 '꽃집아재'는 주인의 끈기와 노력으로 더 이상 평범하지 않은 페이지가 되었다. 2014년 5월 기준 '꽃집아재'의 좋아요 수는 13,107명으로 만 명이 넘는 사람들이 '꽃집아재'를 주목하였다.

이러한 영향력은 당연히 꽃집의 매출에도 긍정적인 영향을 미쳤다. '꽃집아재'는 오프라인에 본점을 두고 페이스북을 적극 활용하여 마케팅 및 홍보를 하였고, 이를 통해 발생된 이익이 전체 가게 매출의 30%에 해당하는 놀라운 성과를 이루어 냈다.

2) 실행 내용

처음 '꽃집아재'가 선택한 마케팅 수단은 블로그였다. 가게에 대한 포스팅과 이웃 블로거들과의 교류에 많은 공을 들였다. 이러한 활동은 인맥을 형성하는 데 도움이 되긴 했으나 가게 매출에 까지는 영향을 미치지 못하였다.

'꽃집아재'는 가게의 페이스북 페이지를 개설하기 전에 먼저 개인 계정을 신청하였다. 그 시기는 국내에 페이스북이 상용되기 이전인 2010년 7월이었다. '꽃집아재'는 가게의 페이스북 페이지를 개설하기 전까지 초기 페이스북 사용자들의 오프라인 모임에도 참여하고, 담벼락에 보이는 지인의 지인들에게도 친구 신청을 하는 등 하루에 10명 이상의 친구를 만든다는 목표로 인맥 형성에 최선의 노력을 기울였다 (김철훈 2012).

이러한 그의 노력으로 어느새 페이스북 친구가 3,500명이 넘었고 그 시점에 '꽃집아재'의 페이스북 페이지가 개설되었다. 가게의 페이지를 개설한 후에도 그의 노력은 계속 되었는데, 친구 및 친구의 담벼락에서 발견한 유저들에게 가게의 소개가 담긴 계절 인사를 수취인명을 바꿔 가면서 쪽지를 보내는 등 친구 외 팬들을 점차 늘려 갔다. '꽃집아재'의 페이지에는 나름의 규칙이 존재하였는데, 그것은 하루

〈그림 3-29〉 '꽃집아재'의 페이스북 페이지

5번, 일주일이면 35번의 꽃과 관련된 정보를 업데이트하는 이른바 '35-1'의 규칙이었다. 그리고 그중 한 번 이상은 직접 꽃 배달 서비스를 홍보하기도 했다. 또한 업데이트 게시물에는 사람들의 더 큰 공감을 위해 장문의 글이 아닌 꽃 사진과 관련된 콘텐츠를 제작하여 업로드를 하였다.

하루 5번의 글을 올리는 데서 주인의 남다른 관찰력을 엿볼 수가 있다. 페이스북 페이지는 콘텐츠를 게시한 후 3시간이 지나면 팬의 뉴스피드에서 사라지는 것(엣지랭크 알고리즘)을 파악하고 있었기에 하루에 5번이라는 기준을 정한 것이었다.

이외에도, '꽃집아재'는 생일을 맞은 사람들을 축하하기 위한 꽃을 매일 업데이트하고 게시물에 남긴 댓글에도 하나하나 답글을 다는 등 고객들에 끊임없는 노력과 정성을 보여 주었다.

3) 성과

'꽃집아재'의 매출은 30%가 소셜미디어를 통해 이루어졌으며, 그중 80~90%가 페이스북에서 비롯되었는데, 이것은 '꽃집아재'의 끈기와 노력 덕분에 가능할 수 있었다. '꽃집아재'에 페이스북 친구나 팬이 아닌 사람들의 주문도 적지 않은데, 그것은 페이스북에 노출된 '꽃집아재'의 콘텐츠가 공유되어 친구의 친구에게까지 전달되었기 때문이라고 할 수 있다.

'꽃집아재'의 매출액 자체는 사실상 그리 큰 금액이 아니라고 할 수도 있다. 그러나 꽃집이라는 특성상 다양한 마케팅을 펼치는 데 한계점이 존재하는 점을 감안했을 때, 소셜미디어를 통한 마케팅으로 매출의 30% 정도를 차지하는 것은 한계를 뛰어넘는 성과이다.

평범한 50대 아저씨가 운영하는 '꽃집아재'의 성공은 향후 소셜미디어를 통해 꽃가게 주인들이 그들의 네트워크를 형성할 수 있도록 해주었고, 케이크 전문점이나 악세사리 상점 같이 꽃 배달과 관련 된 업종과의 제휴도 가능케 해 주었다.

4) 시사점

'꽃집아재'의 페이스북 마케팅은 조급하게 돈을 벌려는 것이 아니라 사람들과의 끊임없는 소통을 통한 교류로 마침내 신뢰를 형성하는 단계까지 이르렀다는 점에서 시사하는 바가 크다. 일반적으로 페이스북, 트위터로는 단발적인 이벤트나 광고를 통해서 팬 수를 급격하게 늘려 그 효과를 보려 하는 것이 대부분이다. 이벤트나 광고를 지속적으로 할 수 있다면 그 효과가 지속될 수 있지만, 그에 따른 비용이나 마케팅 문제들이 존재할 수 있다. 고객들과의 신뢰관계를 구축하고 소통하는 측면에서도 그리 좋은 방법이라 할 수 없다.

'꽃집아재'는 막연하게 의욕만으로 소셜미디어 마케팅을 시작한 것이 아니라, 페이스북이라는 소셜미디어를 잘 이해하고 단계적으로 자신의 영역을 넓혀 갔다는 점에서 본받을 만하다. 일정 수 이상의 친구를 만든 이후 페이스북 페이지를 개설하고, 페이지에 글을 올리는 방법 또한 전략적으로 접근하였다. 거기에 그 자신의 성실함과 끈기가 더해지면서 소상공인의 성공적인 소셜미디어 마케팅을 이루어 냈다고 할 수 있다.

그의 도전과 성공으로 이후 꽃집이라는 영역을 넘어 다양한 콘텐츠의 활용으로 사업 확장의 기회를 엿볼 수 있다는 것 또한 흥미로운 부분이다. 꽃과 함께 특별함을 부각할 수 있는 케이크 전문점이나 파티 용품점 같은 다른 영역의 사업과 연계하였을 때 오는 시너지 효과는 무궁무진할 수 있다. 그러한 가능성에 소셜미디어를 활용한 마케팅을 접목하여 실행한다면 소셜미디어를 통한 또 다른 성공 신화를 쓸 수 있을 것이라 기대한다.

3. 마마님청국장의 블로그 마케팅

1) 배경

'마마님청국장'은 '경빈마마(블로그 주인 필명)'가 온라인상에서 장류와 제철 김치를 판매하는 업체이다. 시골에서 사는 평범한 주부였던 '경빈마마'는 생계를 책임지던 남편의 가구 사업이 삐걱대면서 아르바이트를 시작하였다. 그녀는 주부들의 온라인 커뮤니티에서 하소연을 하다가 자신의 요리법을 포스팅하기 시작했는데 이때 자신의 청국장을 팔아보라는 제안을 받게 되면서 '마마님청국장'의 사장이 되었다(소연사 2012).

2003년 11월, 온라인을 통해 청국장을 만들어 팔기 시작한 이후 현재까지도 매장은커녕 광고도 유통업체도 없이 '마마님청국장'은 연 매출 3억 원이라는 놀라운 성과를 보여 주고 있다.

2) 실행 내용

'마마님청국장'은 2003년 청국장을 만들어 팔게 된 이후, 지인의 도움으로 온라인상에 홈페이지를 개설하였다. 주문 게시판으로만 이루어진 간단한 형태의 홈페이지였지만 기존의 전화 주문 방식에서 더욱 편리해진 덕분에 고객의 수는 더욱 늘어났다.

고객들이 증가한 만큼 다양한 메뉴에 대한 고객들의 요구도 더 많아졌다. 그녀는 이러한 고객들의 요구에 발 빠르게 대응하려 노력을 기울였다. '마마님청국장'은 홈페이지의 커뮤니티 기능을 강화하기 위해서 2004년 초 홈페이지 개설 이후 6번 가량의 수정 작업을 진행하였다. 이는 단순히 홈페이지를 장사를 위한 공간이 아니라 방문객들이 흥미를 느끼고 다른 사람들과 소통을 하고 여러 가지 정보를 교환할 수 있는 공간을 만들기 위한 노력이었다.

또한 '마마님청국장'은 홈페이지와 블로그라는 각종 정보와 고객 후기 등이 쌓일 수 있는 허브를 바탕으로 소셜미디어를 시작하게 되었다. 홈페이지 관리자는 매일 글을 포스팅하고 끊임없이 새로운 정보 등을 제공하였고 '마마님청국장'의 회원들도 자신들의 글이나 사진을 게시하면서 의견을 교환하고 소통할 수 있는 공간을 만들어 나갔다. '경빈마마'는 이러한 홈페이지와 블로그에 자신의 평범한 일상과 고민도 솔직하게 털어놓기도 하였으며, 더 많은 사람과 소통하고

〈그림 3-30〉 '마마님청국장' 홈페이지

소셜미디어를 활용하기 위해서 기회가 닿는 대로 농업기술센터에서 실시하는 사이버농업인 교육을 받으면서 소셜미디어에 대한 이해도를 높여 갔다. 이러한 솔직함과 노력, 그리고 성실함은 회원들의 공감을 샀고, 깊게 소통할 수 있었으며 실제 만남으로까지 이어졌다.

그녀는 매일 아침 '마마님청국장'의 블로그, 홈페이지, 페이스북 페이지 등을 관리하고 글을 올리고, 회원들과 소통을 해 왔다. 이는 그녀가 온라인에 형성한 모든 마케팅 채널을 모두 방치할 수 없는 자신의 오프라인 가게라고 여겼기 때문에 가능한 일이었다.

3) 성과

'마마님청국장'은 사업 시작과 확장, 이 모두가 고객들의 요구에 귀를 기울이고 발 빠른 대응이 있었기에 큰 수확의 결과를 가져온 것이라고 할 수 있다. 처음엔 주부 커뮤니티 사이트를 통해 알게 된 지인들의 요청에 따라 음식을 판매하기 시작해 처음 10개였던 장독대가 현재는 100여 개를 넘어섰고, 지난 2008년 11월에는 농촌진흥청 주관으로 실시된 '농업인 정보화 촉진대회'에서 정보화 체험수기 분야 우수상을 수상하기도 하였으며, 2014년 5월 기준 '마마님청국장'의 블로그 방문자 수 4,476,468명, 트위터 계정의 트윗 수 2,936개, 페이스북 페이지의 좋아요 수는 461개를 기록하면서 착실히 성장해 갔다. 매출 면에서도 청국장과 함께 다양한 장류와 제철 김치 등을 판매하여 연 매출 3억 원이 넘는 업체로 큰 성과를 보여 주고 있다.

'마마님청국장'은 단순히 사업의 성공뿐만 아니라, '마마님청국장'의 주인인 '경빈마마' 그녀의 삶 또한 여러 시골 주부들에게 자신도 할 수 있다는 희망을 심어 주었다. '경빈마마'는 각 지방에서 실시되

〈그림 3-31〉 '마마님청국장' 페이스북 페이지

는 농업진흥화를 위해 다양한 프로그램에 초청되어 자신의 경험담을 들려 주고, 농업인을 넘어 여성으로서 사회적 위치와 자신에게 맞는 일들을 찾을 수 있도록 격려하면서 꾸준히 사람들과 소통 중이다.

4) 시사점

'마마님청국장'의 성공 비결은 고객의 요구에 귀를 기울이고 행동한 점과 성실함에서 찾을 수 있다. 앞서 언급하였듯이, 사업의 출발점은 시골 음식에 대한 주부들의 관심에 발맞춘 것이었다. 고객과 소통하며 이러한 요구에 귀를 기울일 수 있었다.

홈페이지와 블로그, 페이스북의 성공 요인은 다름 아닌 성실한 업데이트, '마마님청국장'에 업데이트되는 콘텐츠에 대한 기대감, 신뢰관계 형성 후에 이루어진 밥상 만남으로 들 수 있다. 시간이 갈수록 개인의 건강과 그에 따른 건강한 먹거리에 대한 관심이 커지는 가운데, '마마님청국장'의 이러한 요인들이 긍정적인 시너지 효과를 냈다고 볼 수 있다.

시대에 발맞춘 콘텐츠나 오프라인 만남이 있더라도, 10년 가까이 쌓아온 성실함이 없었다면 현재의 '마마님청국장'은 존재하지 못했을 것이다. 그는 소셜미디어를 통한 고객과의 소통에서 마치 오프라인에서 손님을 대하는 것처럼 꾸준하고 성실한 신뢰관계를 형성하려 노력하였다.

끊임없이 고객지향적인 태도로 판매하는 메뉴나 관리하는 홈페이지, 블로그, 페이스북 등을 바꾸었고, 그것이 현재의 '마마님청국장'이 있게 한 든든한 버팀목이 되었다. 거기에다 고객에게 하나라도 더 챙겨 주려는 마음으로 넉넉하게 담아 주는 텃밭의 제철 농산물이나 떡 같은 덤은 '마마님청국장'의 주 고객인 주부들이 친정엄마의 향수를 느끼게 해 주었을 것이다.

'마마님청국장'의 고객지향적인 태도와 소셜미디어의 적절한 활용을 다른 농업인들이 벤치마킹한다면 제2, 제3의 '마마님청국장'이 나올 수 있을 것이다.

4. 시골 야생화꽃차의 페이스북 비즈니스

1) 배경

강원도 정선에 거주하면서 '야생화꽃차'라는 민박집을 운영하고 차(茶)를 판매하는 한 남성이 운영하는 페이스북 페이지 이름이다. 그는 2007년 제야의 종 타종인사로 선정되기도 할 정도로 몇 년 전까지 서울에서 잘나가는 디자인 정책 기획자였다. 그는 정부에서 주최하는 규모가 큰 디자인 포럼에는 거의 다 참여했을 정도로 바쁘고 열정적인 디자인 기획자였으나, 건강 악화라는 갑작스러운 불청객이 그가 모든 것을 내려 놓고 낙향하도록 만들었다.

고향에 내려간 그는 이야기를 나눌 수 있는 친구가 없었기에 페이스북을 시작하게 되었는데 이때 페이스북은 그의 삶에 큰 전환점을 가져다 주었다. 그는 페이스북을 통해 동강의 모습, 야생화를 채집해 차로 만드는 과정, 강에서 고기 잡는 모습 등 고향의 모습 등 자연스러운 일상을 업로드하기 시작하였다. 이러한 '야생화꽃차'에 사람들은 관심을 갖기 시작했고 페이스북 친구는 점점 늘어났으며 자연스레 제품에 대한 주문 요청도 들어오게 되었다. 이것이 '야생화꽃차' 비즈니스의 시작이었다.

2) 실행 내용

'야생화꽃차'의 게시물에는 야생화꽃차에 관련된 것만 있는 것이 아니라, 아름다운 동강의 모습과 그러한 환경에서 사는 한 가족의 일상의 모습도 담겨 있다. 이러한 소소한 일상들은 자연스럽게 사람들의 관심을 받게 되었고, 사람들은 점점 그 일상 속에 스며들어 갔다. 또한 서울에서 성공한 삶을 살다가 병을 얻게 되어 고향으로 내려가 건강을 되찾고 그 전과는 전혀 다른 방향으로 살아가는 한 남자의 이야기 또한 사람들의 관심뿐만 아니라 제품에 대한 긍정적인 이미지를 심어주었다.

'야생화꽃차'의 페이스북에는 정선의 아름다운 자연의 모습을 담은 사진이 주를 이룬다. 이러한 게시물들은 삶에 지친 사람들에게 간접적으로 힐링할 수 있도록 해 주었고, 시골에서의 삶을 동경하는 사람들에게는 대리만족을 느끼게 해 주었다. 자연스럽게 사람들은 '야생

〈그림 3-32〉 '야생화꽃차'의 페이스북 페이지

화꽃차'를 찾게 되고 이러한 관심은 그로 하여금 야생화꽃차만을 판매하는 것이 아니라 국화, 찔레, 홍화 등 판매 상품의 확대로까지 이어지게 만들었다.

따로 온라인 쇼핑몰을 운영하지 않는 '야생화꽃차'는 페이스북 페이지에는 제품 가격에 대한 정보도 없다. 다만 구매 문의를 받으면 고객과의 대화를 통해 고객 특성을 파악하여 특성에 맞는 서비스를 제공하고 있다. 이러한 대응은 업체에 대해 고객들이 만족과 신뢰할 수 있었고, 충성도를 높이게 되었다.

3) 성과

'야생화꽃차' 페이스북 페이지는 2009년에 개설되었다. 그의 꾸밈없고 자연친화적인 게시물들로 페이스북 좋아요 개수는 2014년 5월 7,175개였으며, 사람들의 평가 점수도 5점 만점에 4.7점을 기록하였다. 또한 그가 운영하는 민박집의 좋아요 개수도 1,477개에 달한다.

‘야생화꽃차’의 매출액 중 페이스북에서 발생하는 매출은 약 5~10% 정도이다. 큰 비중이라고 말할 수는 없으나 느리게 그 비율이 증가하였다. ‘야생화꽃차’의 매출은 야생화차 도소매업자들에게서 생기는데 이들에게 상품에 대한 신뢰 그리고 업체와의 유대감을 페이스북을 통해 이루어낸 것이 가장 큰 성과라고 할 수 있다.

또한 페이스북을 통해 사람들의 감성을 자극하고 각 개인에게 맞춤별 치유와 안식을 제공하면서 굳이 홍보하지 않아도 고객이 자발적으로 ‘야생화꽃차’가 생존할 수 있도록 했다는 것 또한 큰 성과이다.

4) 시사점

‘야생화꽃차’는 다양한 사람들과의 소통이 가능한 공간이라는 장점과 많은 사람에게 오픈되어 있지만 사적인 신뢰관계 형성이 가능하다는 소셜미디어의 장점이 잘 조화된 성공 사례라 할 수 있다. 페이스북이라는 소셜미디어를 사용하는 사람들은 개인적인 이야기를 할 수 있는 공간의 필요를 느끼면서도 다른 사람들의 이야기에 대한 호기심이 있다는 특징이 있다. 페이스북 뉴스피드에 노출되는 다양한 상업적 정보는 쉽게 지나치기 마련이지만, 평소 관심 있는 친구의 업데이트 글은 보는 것이 사람들의 심리이다.

정용화 씨는 돈을 벌기 위해 야생화차를 만들지만, 그의 페이스북에는 이러한 상업적인 목적이 직접적으로 드러나지 않는다. 오히려 동강의 자연이 주는 일상의 소박함과 땅의 소산을 가족과 민박집 손님들과 나누는 일상을 페이스북이라는 공간에 자세히 그려 냈다. 이것은 고객이 구매에 대한 부담감을 덜고, 오히려 자연스럽게 구매 욕구를 불러일으키는 요인이 되었다.

또한 그는 자신의 이야기 소재를 단순히 판매 상품인 야생화차에 국한하지 않았다. 오히려 직접적으로 그 상품을 드러내지 않고 자신의 일상에 녹여냄으로써 고객이 자연스럽게 상품을 인지하고 찾을 수 있도록 했다.

단순히 페이스북이라는 소셜미디어에 투자하는 시간에 비하여 금전적인 효과만을 따지면 그 효과가 크다고 할 수는 없다. 하지만 인내하고 꾸준히 해나감으로써, 페이스북을 활용하기 시작한 초기에는 하루에 두세 시간가량 투자했어야 하는 시간이 한 시간가량으로 줄어들 수 있었다. 소셜미디어를 통한 마케팅은 누구든지 꾸준히 노력하여 노하우를 쌓으면 노력 대비 효율성을 더 높일 수 있다는 것이다.

그는 자신이 하려는 사업의 형태를 특별히 정해 놓지 않고, 그냥 현재를 살아가면서 뭔가를 해야 하는 요구가 많아지고 본인이 충분히 즐길 만하다 판단되면 도전해 보는 것이라고 말하였다. 그러한 자연스러움과 일상의 진솔함이 페이스북이라는 공간을 만나 일구어 낸 성공은 앞으로 농업이나 기타 소상공업에 종사하는 이들이 배울 만한 사례로 비추어지리라 생각된다.

5. 여수FnC 페이스북 수산물 판매

1) 배경

'여수FnC'는 고등어, 조기, 간장게장 등 수산물과 갓김치를 판매하는 '오일'이라는 남성이 운영하는 페이스북 페이지이다. 미국에서 대학을 나오고 20년이라는 긴 시간을 해외에서 보냈으나 틈날 때마다 친한 지인을 만나기 위해 한국을 찾아왔다. 그때마다 그는 전남 여수

돌산을 방문하곤 했는데 이는 자연스레 여수에 대한 관심으로 바뀌었고 그가 여수에 정착하고 싶게끔 만들었다.

그는 결국 긴 해외 생활을 마치고 조국으로 돌아와 여수 돌산에서 삶의 터전을 새로 잡게 되었다. 그는 워낙 여수에 매료된 데다가 돌산의 청정 먹거리에 대한 자부심으로 생선·김치장수가 되기로 결심하게 되었다.

대학에서 마케팅을 전공하고 오랫동안 패션 업계에서 일을 해 왔던 경험, 그리고 한국이 인터넷 강국이라는 점을 잘 이용하여 단순한 페이스북 사용자에서 그것을 이용해 사업을 하는 생선·김치장수로 변신하였다.

2) 실행 내용

'여수FnC'라는 페이지가 생기기 전부터 오일 씨는 이미 페이스북 유저였기 때문에 많은 사람과 페이스북을 통해 소식을 전하며 사람들과 교류하고 있는 상태였다. 그가 비즈니스맨에서 생선장수로 첫발을 내딛을 때 처음으로 한 일은 자신의 결심을 페이스북을 통해 많은 사람에게 알린 것이다. 자신의 변해 가는 상황들을 페이스북을 통해 사람들에게 전해왔기에 주변 사람들은 자연스럽게 그의 변화를 바라보게 되었다.

2011년 12월에 생선을 처음 판매할 때 '여수FnC'의 페이스북 친구는 500명 정도였는데 오랜 해외생활로 한국 친구가 많이 부족했기에 인맥 형성에 정성을 기울였다. 사람들에게 관심을 가지고 오프라인 모임에도 적극적으로 참여하는 등의 노력을 기울였다. 여기에서 다른 인맥 쌓기와 다른 점이 있다면 그는 양이 아닌 '질'에 주목했다는 것이다. 그의 친구들 절반이 '여수FnC'의 상품을 살 정도였다. 또한 선물용으로 구매하는 사람들도 많았기에 포장에도 많은 신경을 썼다(김철환 2013).

이러한 고객의 특성을 잘 활용하여 그는 '여수FnC'의 페이스북 페이지에 직접적인 정보보다는 생선장수로서의 그의 일상을 담기 시작했다. 이러한 일상적인 이야기는 자연스럽게 친구들의 관심과 구매로 이어졌고 이러한 친구들의 페이지 공유로 더 많은 새로운 고객들이 생겨나기 시작하였다. 그냥 생선장수가 아니라 유학파 생선장수로 입지를 다져갔다.

3) 성과

'여수FnC'는 2011년 12월 페이스북 페이지에 생선을 판매한다고 글을 올린 후 처음 달성한 매출은 1천만 원이었다. 연말연시였기 때문이라는 점을 감안한다고 해도 놀라운 성과라고 밖에 표현할 길이 없다. 이러한 그의 성공적인 첫 단계 후 '여수FnC'의 매출의 90%가 페이스북을 통해 이루어지고 있다.

오일 씨의 현재 페이스북 친구는 1,800명 이상으로 그중에서 국내 거주자들의 절반 이상이 친구이자 고객이다. 그렇기 때문에 첫 매출이 놀라운 결과를 낳게 되었는지는 모르지만, 그 이후에도 그들은 그와 그의 상품에 대한 신뢰로 인해 현재도 꾸준히 친구이자 고객으로 남아 있다. 이러한 고객들은 한 명이 많게는 100세트씩 대량 주문을 하는 경우도 많기에 그의 페이스북 친구 수에 비해 더 큰 매출을 기록할 수 있었다. 또한 '여수FnC'의 상품을 선물로 받은 사람들이 새로운 고객으로 변하고, 많은 고객이 공유한 페이지로 그의 고객은 꾸

〈그림 3-33〉 여수 FnC 오일 사장의 페이스북 페이지

준히 증가하고 있으며 2014년 기준 '여수FnC'의 좋아요 수는 2,500개를 돌파하였다.

4) 시사점

소셜미디어를 통해 상품을 판매하고자 한다면 판매하려는 상품의 질이 아무리 좋더라도 그 상품을 파는 사람에 대해 아예 모른다면 상품 구매로까지 이어지기는 힘든 것이 사실이다. '여수FnC'는 거래에서 사람과의 관계가 얼마나 중요한지를 잘 보여 주는 사례이다. 1천만 원이라는 그의 성공적인 첫 단추, 그리고 점점 증가하는 매출액과 고객 수는 그것을 뒷받침해주고 있다. 여기에서 주목할 점은 '여수FnC'의 주인인 오일 씨가 생선을 판매하기 전부터 페이스북을 통해 친구들과 꾸준히 자신들의 근황을 전하며 소통을 이어 왔다는 것이다. 생선장수가 되기 전 그가 해외 이곳저곳을 돌아다녀야 하는 비즈니스맨이었음에도 불구하고 말이다. 이러한 유리한 조건은 그가 페이스북을 적극 활용한 사업이 번창할 수 있도록 만든 큰 그만의 경쟁력이 되었다.

이처럼 페이스북을 통해 사업을 시작하기 이전에 사람들과의 소통이 먼저 되어야 한다는 것을 알 수 있다. 인간은 누구나 자신에게 관심을 가지고, 신뢰의 관계를 쌓은 이들에게 자신의 관심도 주기 마련이다. 활발한 소통과 적극적으로 관심을 표현해 사람들과의 좋은 관계로 첫 구매를 이끌어내고, 첫 구매 이후에는 상품의 질로 인해 더욱 고객의 신뢰를 얻어낸 것이다.

또한 이 사례를 통해 소셜미디어를 통한 사업은 단순히 상품을 홍보하는 것이 아니라 자신의 삶을 소통하는 것이 먼저 되어야 함을 찾아볼 수 있다. 만약 오일 씨가 산지에서 생활을 하지 않고 도시에서 생활을 하면서 이런 물건을 팔았다면 어불성설이었을 것이다. 자신이 평범하게 나눌 수 있는 일상이 평범한 도시 이야기에 불과한데, 그런 이야기를 하다 농수산 상품을 이야기하는 것은 어색할 뿐더러 신뢰도 가지 않는다. 하지만 산지에서 직접 생활하면서 자신의 일상을 나누게 되면 그 일상 속에 녹아 있는 상품들이 자연스럽게 사람들의 관심을 끌게 되는 것이다.

이 두 가지 법칙이 지금의 여수FnC가 있게 한 비결이며, 앞으로 페이스북 상인을 꿈꾸는 이들이 깨달아야 할 것이라고 할 수 있겠다.

이상에서 살펴본 영세기업의 SNS 마케팅 성공 사례를 정리해 보면 〈표 3-8〉과 같다.

〈표 3-8〉 영세기업의 SNS 마케팅 국내외 성공 사례 정리

기업명	업종/아이템	주요내용
아메리칸 익스프레스의 스몰 비즈니스 새터데이	영세소매업 SNS 활용 지원 프로그램	·카드 가맹점인 영세소매점포들이 AMEX OPEN FORUM 이라는 플랫폼을 통하여 쉽게 SNS 활용 비즈니스를 할 수 있게 함. ·15억 달러 상당의 미디어 노출 효과 달성, 페이스북에서 '좋아요'를 누른 사람은 270만 명을 돌파. ·스몰 비즈니스 새터데이에 아메리칸 익스프레스 카드 사용자가 약 23% 증가. ·참여한 소상점들의 전년 대비 매출은 20~50%의 상승률 보임.
꽃집아재	꽃집, 화환 판매	·페이스북 개설 이후 하루 5번, 일주일이면 35번의 꽃과 관련된 정보를 업데이트 ·영세한 꽃집 사장인 평범한 50대의 아저씨가 운영하는 페이스북이나 2만 이상 팬 확보. ·매출 30%가 소셜미디어를 통해 달성, 그중 80~90%가 페이스북에서 발생.
경빈마마의 우공이산	마마님청국장	·시골 주부인 '경빈마마(필명)'가 10년 전부터 홈페이지와 블로그를 가게의 일부로 생각하고 고객과 소통함, 매일 SNS 업데이트. ·농업인 정보촉진대회 우수상 수상 ·블로그 방문객 수 5만명, 연매출액 3억원 달성
야생화꽃차	민박 서비스, 차(茶)판매	·건강 악화로 귀농하여 야생화와 꽃차에 대한 사진과 시골 일상을 SNS에 업로드하면서 힐링 게시물로 각광. ·자연스럽게 야생꽃차 판매로 이어지고, 민박에까지 진출. ·페이스북에서만 10%의 매출 발생.
여수 FnC	수산물 판매 (고등어, 조기, 간장게장), 갓김치 등	·오랜 해외생활 후 귀국, 아무런 거점 없이 여수에서 정착하여 SNS로 사업 시작(유학파 생선장수). ·오랜전부터 소통해오던 개인 SNS의 친구들을 고객들로 흡수 ·페이스북 고객 1,800명, 매출의 90%가 페이스북을 통해 발생.

제 4 장

사회적기업의 소셜미디어 활용 실태 조사

제4장 사회적기업의 소셜미디어 활용 실태 조사

제1절 조사 개요 및 표본기업 특성

본 장에서는 실제 사회적기업을 대상으로 소셜미디어를 마케팅에 활용하는지 조사하였다. 사회적기업 58곳을 대상으로 2013년 12월 7일부터 21일까지 현장 방문을 통한 대면 설문조사를 실시하였다. 설문조사뿐 아니라 가능하면 대표자와 소셜미디어 활용에 대해서 직접 인터뷰도 진행하였다. 인터뷰 내용은 뒤에 시사점에서 다루었다.

조사에 응답한 58개 기업의 평균 근로자 수는 15.28명이었고, 월평균 매출액은 4천2백13만 원이었다. 업종별 분포는 제조업이 34.5%, 교육 관련업이 18.2%, 서비스업이 16.4%, 그리고 기타(건물, 임대, 의료, 재활 등)가 30.9%였다. 목적 유형별로는 일자리 창출형이 56.1%, 혼합형이 22.8%, 사회 서비스형이 10.5%, 지역사회 공헌형이 8.8%, 그리고 기타가 1.8%였다.

기업당 평균 종업원 수(4대 보험 납부 중인 유급 근로자 수)는 15.28명이었고 이 중 인건비를 지원받는 종업원 수의 평균은 4.48명, 취약계층 종업원 수 평균은 10.86명이었다. 취약계층 유형은 55세 이상 고령자 60.3%, 장애인 20.2%, 저소득층 9.7%, 장기실업자 5.4%, 기타 4.4% 등의 순이었다.

사회적기업으로 인증한 주된 이유로는 '취지에 공감(66.7%)'이 가장 많았고 '기업 홍보(11.1%)', 및 '사회적 목적 실현(11.1%)', '기업 지원 수혜'와 '수익 증대'순이었다. 사회적기업으로 인증을 받은 후 나타난 긍정적 효과로는 '사회적 목적 달성(41.2%)'이 가장 많았고 그 다음이 '이미지 개선(29.4%)', '시장 확대(11.8%)' 등의 순으로 나타났다.

반면에 사회적기업 인증 후 드러난 문제점은 '세금 혜택 부족(38.9%)', '지나친 통제(33.3%)', '협조 지원 미흡(16.7%)'순으로 나타났으며, 예비 사회적기업의 경우는 '지나친 통제(46.2%)', '협조 지원 미흡(23.1%)'을 단점으로 꼽았다. 지나친 통제에는 반복적인 서류 요청과 다양한 기관의 요구 사항, 증빙을 위한 복잡한 서류 처리, 사회적 기업에 대한 불신 등이 포함되어 있다.

제품 및 서비스에 대한 소비자 만족도 조사 시행 여부에 조사대상 기업의 69%가 별도로 진행한 적이 없다고 응답했고, 조사를 실시한 기업의 72.2%는 주로 설문조사에 의한 방법으로 진행하였다.

정부 지원에 대한 만족도에서는 재정 지원을 제외한 대부분의 지원 만족도는 5점 만점에 3점 이하로 낮은 편이었다. 재정 지원, 이자 지원, 지위 확보에 대한 만족도가 상대적으로 높았고, 설비 지원, 1사 연계 지원 만족도는 상대적으로 저조하였다. 지원 필요도는 대부분 5점 만점에 3점을 초과하여 필요 욕구는 높은 편이었다. 설비 지원, 우선 구매, 시장 확보에 대한 필요도가 상대적으로 높았고, 아카데미와 교육 지원 등에 대한 필요도는 상대적으로 낮았다. 사회적기업은 1순위로 설비비 지원이 가장 많았고 2순위로는 마케팅 홍보 등 경영 관리 분야 지원이 필요하다고 하였다. 필요한 전문가의 경우, 마케팅 분야가 33%로 가장 높았고, 회계, 법률 분야 순으로 응답하였다.

마케팅 관련 애로사항은 광고홍보 분야가 가장 많았으며, 판로 확보에 대한 어려움이 그 다음 순서로 나타났다. 상대적으로 사회적기업은 판로 확보가, 예비 사회적기업은 광고홍보 분야에 애로사항이 높게 나타났다. 2011이전 설립기업이 2012년에 설립된 기업에 비해 마케팅 애로를 더 많이 느꼈으나, SNS활용은 낮았고, 전문가가 도와주면 활용하고 싶다는 응답이 높았다.

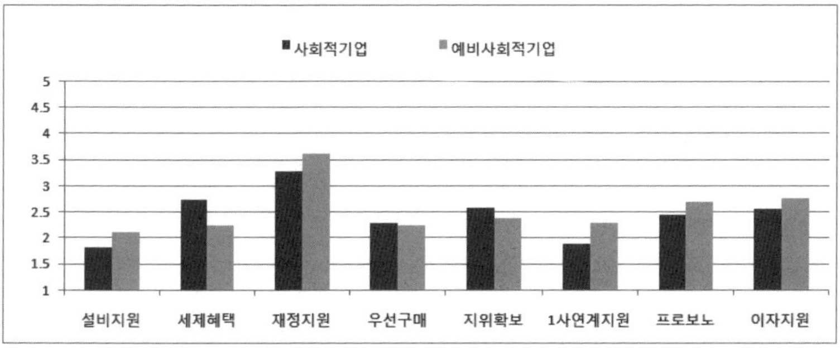

〈그림 4-1〉 소셜미디어 마케팅 활용에 대한 정부 지원 만족도

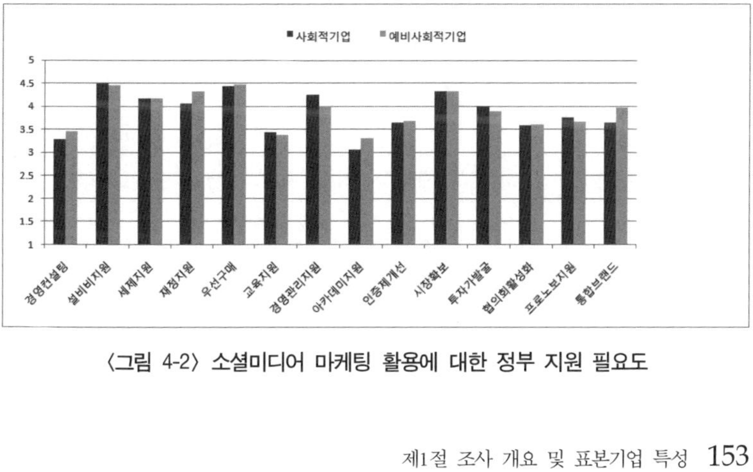

〈그림 4-2〉 소셜미디어 마케팅 활용에 대한 정부 지원 필요도

〈표 4-1〉 사회적기업의 마케팅 관련 애로사항

구분	사회적	예비
제품개발	3.0	3.03
가격설정	3.17	3.13
판로확보	3.94	3.54
광고홍보	3.78	3.77

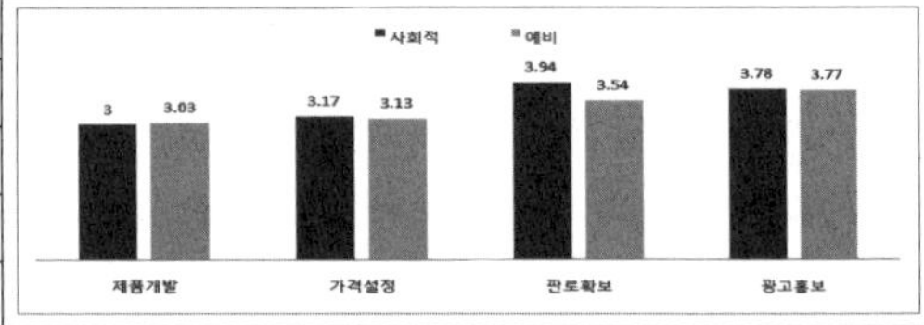

소셜미디어는 거의 활용하지 않았으며(77.2%), 그 이유는 사용할 줄 모르거나(58.5%), 어떤 효과가 있는지 모르거나(34.1%), 전혀 모르기 때문(7.3%)인 것으로 나타났다. 소셜미디어 전문가가 지원된다면 활용하겠다는 응답은 전체의 80%이상으로 나타났다.

제2절 사회적기업의 소셜미디어 활용 실태

소셜미디어를 사용하는 사회적기업은 전체의 22.2%에 지나지 않았다. 그 이유는 사용할 줄 모르거나(58.5%), 어떤 효과가 있는지 모르거나(34.1%), 전혀 모르기 때문(7.3%)인 것으로 나타났다.

업종별 소셜미디어 활용 실태를 보면, 서비스 업종이 44.4%로 가장 높았고, 그 다음이 교육 33.3%이었으며, 제조업은 10.5%로 가장 낮았다. 사회적기업 목적 유형별로는 사회 서비스형이 50.0%로 가장 높았고, 일자리 창출형이 16.1%로 가장 낮았다.

소셜미디어를 사용하는 사회적기업의 평균 근로자 수는 10.62명으로 사용하지 않는 기업의 16.86명보다 적었다. 또한 소셜미디어를 사용하는 사회적기업의 취약계층 고용 수는 4.0명으로 사용하지 않는 기업의 13.07명보다 더 적었다.

창립연도별로 보면 2012년에 창설한 새로운 기업일수록 소셜미디어를 상대적으로 많이 사용하고 있음을 보여 준다. 월평균 매출액을 규모별로 보면, 1천만 원 이하의 영세한 기업의 50%가 사용하고 있어서 사용 비율이 상대적으로 높았다.

평균 월매출액으로 보면 소셜미디어 활용 기업은 3천59만 6천 원으로 활용하지 않는 기업 5천63만 8천 원보다 상대적으로 적었다.

사회적기업의 소셜미디어 활용이 소비자 만족도 조사 실시 여부와 큰 관계는 없었다. 그런데 사회적기업의 제공 실적으로 보면 소셜미디어를 사용하는 기업의 평균 수혜 인원 수는 4,275.8명으로 사용하지 않는 기업의 878.4명보다 더 많았다.

사회 공헌액에서도 소셜미디어 활용 기업이 2천5백57만 원으로 사용하지 않는 기업의 1천6백88만 원보다 더 높았다. 뿐만 아니라 마케팅 관련 활동에 대해서 느끼는 애로도 낮게 나타났다. 제품개발 애로와 관련해서 소셜미디어 활용기업은 2.75로 비활용기업의 3.09보다 낮게 인지하고 있었다.

가격 결정 애로와 관련해서 소셜미디어를 활용하는 기업은 2.67로 활용하지 않는 기업의 3.27보다 낮게 인지하고 있었다. 판로 확보의 애로와 관련해서 소셜미디어 활용기업은 3.25로 비활용기업의 3.80보다 낮게 인지하고 있었다. 광고 홍보 애로와 관련해서 소셜미디어 활용기업은 3.50로 비활용 기업의 3.86보다 낮게 인지하고 있었다. 향후 소셜미디어를 계속 활용할 의향에서도 소셜미디어 활용 기업은 4.46으로 비활용기업의 4.12보다 높게 나타났다.

한편 소셜미디어 활용 기업은 경영컨설팅 필요성에서도 3.23으로 비활용 기업의 3.45보다 낮았다.

소셜미디어 활용 기업은 설비 지원 필요성에서도 4.31로 비활용 기업 4.50보다 낮았다. 소셜미디어 활용 기업은 우선 구매 필요성에서도 4.08로 비활용 기업 4.58보다 낮았다. 소셜미디어 활용 기업은 교육 지원 필요성에서도 2.62로 비활용 기업 3.61보다 낮았다. 소셜미디어 활용 기업은 경영관리 지원 필요성에서도 3.92로 비활용 기업 4.09보다 낮았다. 소셜미디어 활용기업은 시장 확보 지원 필요성에서도 4.23으로 비활용 기업 4.34보다 낮았다.

소셜미디어 활용 기업은 통합브랜드 필요성에서도 3.58로 비활용 기업 3.95보다 낮았다. 그러나 소셜미디어 활용 기업은 투자가 발굴 지원 필요성에서는 4.08로 비활용기업 3.89보다 낮았다.

제3절 사회적기업의 소셜미디어 향후 활용 의도

사회적기업이 향후 마케팅에 소셜미디어를 활용할 의도는 5점 만점에 4.18로 매우 높게 나왔다. 마케팅 애로사항과 향후 소셜미디어 활용의도를 분석해 본 결과, 모든 애로사항은 활용의도와 (+)의 상관관계를 나타냈으며, 특히 판로 확보와 관련된 애로가 높을수록 그 의도는 더 높게 나왔으며 이는 통계적으로 유의하였다.

이를 좀 더 정밀하게 분석하기 위해서 회귀분석을 실시하였다. 소셜미디어 활용의도를 종속변수로, 4개의 애로사항을 독립변수로 하여 회귀분석을 실시한 결과 회귀모델의 R Square는 0.177로 나타났고, F값은 2.695, p=0.041로 유의하였다.

회귀분석 결과 판로확보애로 회귀계수값이 0.524, t=3.244, p=0.002

〈표 4-2〉 사회적기업의 소셜미디어 향후 활용 의도와 마케팅 애로사항 상관관계분석 결과

		소셜 전문가 활용 의도	제품개발애로	가격설정 애로	판로확보 애로	광고홍보 애로
소셜 전문가 활용 의도	상관관계계수	1	.061	.032	.344**	.023
	유의도		.656	.816	.009	.865
	N	57	55	56	56	56
제품 개발 애로	상관관계계수	.061	1	.512**	.281*	.445**
	유의도	.656		.000	.036	.001
	N	55	56	56	56	56
가격 설정 애로	상관관계계수	.032	.512**	1	.322*	.387**
	유의도	.816	.000		.015	.003
	N	56	56	57	57	57
판로 확보 애로	상관관계계수	.344**	.281*	.322*	1	.611**
	유의도	.009	.036	.015		.000
	N	56	56	57	57	57
광고 홍보 애로	상관관계계수	.023	.445**	.387**	.611**	1
	유의도	.865	.001	.003	.000	
	N	56	56	57	57	57

* $p<0.05$/** $p<0.01$.

〈표 4-3〉 사회적기업의 소셜미디어 향후 활용의도와 마케팅 애로사항 회귀식의 유의도

Model	제곱합	df	평균값	F	P
	11.492 53.308 64.800	4 50 54	2.873 1.066	2.695	.041a

a. 독립변수: 광고홍보 애로, 가격 설정 애로, 제품 개발 애로, 판로확보애로.
b. 종속변수: 소셜미디어 활용 의도.

로 유의하게 나타났다.

사회적기업 유형별로 소셜미디어 활용의도 평균값을 비교해 본 결과, 사회적기업이 4.24로 예비적 사회적기업 4.18보다 높게 나타났다. 사회적기업의 목적별로 소셜미디어 활용의도 평균값을 비교해 본

〈표 4-4〉 사회적기업의 소셜미디어 향후 활용의도와 마케팅 애로사항 회귀분석 결과

소셜 전문가 활용 의도	표준화된 회귀계수	t	p
	Beta		
(독립변수)		5.476	.000
제품 개발 애로	.088	.560	.578
가격 설정 애로	-.063	-.407	.686
판로 확보 애로	.524	3.244	.002
광고홍보 애로	-.319	-1.842	.071

a. 종속변수: 소셜 전문가 활용 의도.

결과, 사회서비스형이 4.83으로 가장 높았고, 지역사회공헌형 4.80, 혼합형 4.31순이었고, 기타가 3.00으로 가장 낮았다.

사회적기업의 시장조사 유무별 소셜미디어 활용의도 평균값을 비교해 본 결과, 시장조사를 하고 있는 기업이 4.39로 하지 않은 기업 4.08보다 높았다.

사회적기업이 소셜미디어를 활용하지 않는 이유는 SNS를 사용하지 못한다는 기업들이 4.61로 가장 높았고, SNS가 효과가 없다고 하는 기업들이 3.07로 가장 낮았다. 사회적기업의 업종별로는 제조업과 교육업이 4.50으로 높았고, 서비스업이 3.67로 가장 낮았다.

사회적기업의 월평균 매출액별로 소셜미디어 활용의도 평균값을 비교해 본 결과, 월평균 6천만 원 이상이 4.29로 가장 높았고, 3천-6천만 원이 3.75로 가장 낮았다.

제4절 조사의 시사점

1. 조사 요약

본 장에서는 실제 사회적기업을 대상으로 어떻게 소셜미디어를 마케팅에 활용하고 있는지 조사하였다.

소셜미디어를 사용하는 사회적기업은 전체의 22.2%에 지나지 않았다. 그 이유는 사용할 줄 모르거나(58.5%), 어떤 효과가 있는지 모르거나(34.1%), 전혀 모르기 때문(7.3%)인 것으로 나타났다. 업종별로 보면 서비스업종이 제조업에 비해서 높았는데 고객과 더 가까이 해야 하는 서비스업의 속성상 소셜미디어를 통한 소통이 필요한 것으로 보인다. 이는 사회적기업 목적 유형별로 보았을 때도 사회서비스형이 50.0%로 가장 높았던 것과 일맥상통한다고 할 수 있다.

기업 규모(종업원 수)로 보았을 때는 상대적으로 작은 기업, 월평균 매출액 규모별로 보면, 1천만 원 이하의 영세한 기업이 소셜미디어를 더 많이 사용하였다. 창립 연도별로도 2012년에 창설한 새로운 기업일수록 소셜미디어를 상대적으로 많이 사용하고 있었다. 즉 소셜미디어는 작고 영세하며 최신 기업일수록 많이 사용한다는 것을 보여 준다.

사회적기업의 소셜미디어 활용과 소비자 조사 실시 여부와는 큰 관계는 없었다. 그런데 사회공헌액에서도 소셜미디어 활용 기업이 2천5백57만 원으로 사용하지 않는 기업의 1천6백88만 원보다 더 높았다.

뿐만 아니라, 마케팅 관련 활동에서 느끼는 애로도 소셜미디어 활용 기업이 낮게 느끼는 것으로 나타났다. 제품 개발 애로, 가격 결정 애로, 판로 확보 애로, 광고홍보 애로에 있어 소셜미디어 활용기업은 비활용기업보다 더 낮게 인지하고 있었다. 향후 소셜미디어를 계속 활용할 의향에서도 소셜미디어 활용기업이 비활용기업보다 높게 나타났다.

한편 소셜미디어 활용 기업은 비활용 기업에 비해 경영 지원의 필요성도 낮게 지각하고 있었다. 즉 경영컨설팅 필요성, 설비 지원 필요성, 우선 구매 필요성, 교육 지원 경영관리 지원 필요성을 모두 낮게 지각하고 있었다. 또한 소셜미디어 활용 기업은 시장 확보 지원 필요성, 그리고 통합브랜드 필요성은 낮게 지각하고 있었다. 다시 말하면 소셜미디어 활용 기업이 마케팅이나 경영상 지원 필요성을 낮게 인식하여 지각된 경영 상태가 더 좋다고 할 수 있다. 그러나 소셜미디어 활용 기업은 투자가 발굴 지원 필요성에서는 4.08로 비활용기업 3.89보다 낮았다.

사회적기업이 향후 마케팅에 소셜미디어를 활용할 의도는 5점 만점에 4.18로 매우 높게 나왔다. 마케팅 애로사항과 향후 소셜미디어 활용 의도를 분석해 본 결과, 모든 애로사항은 활용 의도와 (+)의 상관관계를 나타냈으며, 특히 판로 확보와 관련된 애로가 높을수록 그 의도는 더 높게 나왔으며 이는 통계적으로 유의하였다.

이를 좀 더 정밀하게 분석하기 위해서 회귀분석을 실시하였다. 소셜미디어 활용의도를 종속변수로, 4개의 애로사항을 독립변수로 하여 회귀분석을 실시한 결과 회귀모델의 R Square는 0.177로 나타났고, F값은 2.695, p=0.041로 유의하였다. 회귀분석 결과 판로 확보 애로의 회귀계수값이 0.524, t=3.244, p=0.002로 유의하게 나타났다.

사회적기업 유형별로 소셜미디어 활용의도 평균값을 비교해 본 결과, 사회적기업이 4.24로 예비 사회적기업 4.18보다 높게 나타났다.

사회적기업의 목적별로 소셜미디어 활용의도 평균값을 비교해 본 결과, 사회서비스형이 4.83으로 가장 높았고, 지역사회공헌형 4.80, 혼합형 4.31순이었고, 기타가 3.00으로 가장 낮았다.

사회적기업의 시장조사 유무별 소셜미디어 활용의도 평균값을 비교해 본 결과, 시장조사를 하고 있는 기업이 4.39로 하지 않은 기업 4.08보다 높았다.

사회적기업이 소셜미디어를 활용하지 않는 이유별로는 SNS를 사용하지 못한다는 기업들이 4.61로 가장 높았고, SNS가 효과가 없다고 하는 기업들이 3.07로 가장 낮았다.

사회적기업의 업종별로는 제조업과 교육업이 4.50으로 높았고, 서비스업이 3.67로 가장 낮았고, 월평균 매출액별로 소셜미디어 활용의도 평균값을 비교해 본 결과, 월평균 6천만 원 이상이 4.29로 가장 높았고, 3천-6천만 원이 3.75로 가장 낮았다.

설문조사 결과, 사회적기업이 갖는 주된 인증 이유를 크게 세 가지로 살펴볼 수 있었다. 사회적기업으로서 그 취지에 공감하고 사회적기업으로서 자신의 기업을 홍보하며 사회적 목적을 실현하는 등 공공의 사회 전반에 끼치는 긍정적인 효과를 기대한 것들이었다. 하지만 그들은 공통적으로 세금 혜택의 부족, 반복적인 서류 요청 등 정부가 사회적기업을 지나치게 통제하고 협조 및 지원이 미흡한 등의 문제점을 안고 있었다.

또한 정부 지원의 만족도에 대한 조사에서 지원 필요도가 대부분 5점 만점에 3점을 초과했다는 결과를 보면 알 수 있듯이, 그들은 사회적기업으로서의 첫발을 내딛는 시작 단계에서 기반을 잡기 위한 설비비 지원과 마케팅 홍보와 같은 경영관리 분야 지원에 대한 필요성을 절실히 느끼고 있었다. 설비비 지원은 SK, 두산 등 국내 대기업의 동반성장(아주경제, 2014)정책 등의 지원, 각 정부 부처별 추진 지원 시책 등으로 현재 폭넓게 실행되기에 정부 지원이 가능한 범위 안에서 그 한계가 분명하다고 할 수 있다.

소셜미디어에 대해서 대표들과 따로 실시한 인터뷰 결과, 아직까지 인식이나 활용도는 매우 낮은 것으로 다음과 같이 나타났다.

> "소셜미디어요? 그런 것 처음 들어봤는데요… 정말 돈이 들지 않는 홍보 방법인가요? 누구에게, 어디 가서 배우면 되나요?"
>
> (청소용역업체 대표)

> "페이스북, 들어는 봤는데, 기업에서 활용할 수 있는 건지는 몰랐습니다. 홈페이지 구축하고는 다른 것인가요?"
>
> (도시락업체 대표)

> "블로그나 페이스북을 만들어 놓고도 바빠서 매일 들어가거나 글을 올릴 시간이 없습니다."
>
> (농장기업 대표)

앞서 조사한 결과에 따르면 사회적기업이 향후 마케팅에 소셜미디어를 활용할 의도가 5점 만점에 4.18로 매우 높았으며, 판로 확보와 관련된 애로가 높을수록 소셜미디어 활용 의도가 높게 나왔다. 역시 대표 인터뷰에서도 이런 의견은 다음과 같이 많이 나왔다.

> "기업에 도움이 안 되고 비용이 적게 든다면 당연히 사용하고 싶습니다. 당장 배워서 페이스북 페이지부터 만들고 싶어요."
>
> (카페 대표)

"영업이 너무 안 되고 광고 홍보도 힘듭니다. 우리 같은 영세기업이 페이스북을 만들면 정말 도움이 될까요? 만약 그렇다면 당장 만들고 싶습니다" (식품유통체 대표)

소셜미디어를 활용하는 사회적기업이 활용하지 않는 기업보다 마케팅 관련 활동에 느끼는 애로도가 낮다는 사실을 살펴볼 때, 다시 한 번 소셜미디어를 활용한 마케팅 교육이 효율적일 것이라는 결론을 얻을 수 있다.

일반 기업들에 비하여 사회적기업이 마케팅 면에서 애로사항이 많지만, 소셜미디어를 사용하는 사회적기업이 전체의 22.2%에 지나지 않는다는 것은 문제이다. 대부분이 사용할 줄 모르거나, 어떤 효과가 있는지 모르는 등 무지함에서 비롯된 이유로 이용하지 못하는 것은 교육 지원이 절실함을 반증한다.

따라서 사회적기업이 소셜미디어를 활용한 마케팅을 할 수 있도록 적극 지원함으로서 그들 스스로 사회적기업으로서 기반을 잡아갈 수 있도록 한다면 실질적이지만 일시적인 재정 지원보다는 장기적인 관점에서 쭉 성장하고 발전해 나가는 데 큰 도움이 될 것이다. 이에 대해서 인터뷰 결과 다음과 같은 요청이 많았다.

"사실 소셜미디어 활용에 대해서 누군가 가르쳐 준다면 정말 도움이 될 것 같아요. 아무리 쉽다고 말씀하셔도 저 같은 사람은 누가 옆에서 붙잡고 가르쳐 줘야 배울 수 있거든요."

(미용실 대표)

사회적기업에 대한 지원으로 사회적기업의 소셜미디어 마케팅 전반에 걸친 교육이 마련될 수 있는 방법은 매우 다양하다. 소셜미디어 마케팅과 관련된 아카데미를 개최하여 지속적인 교육 프로그램을 마련하고 전반적으로 소셜미디어에 대한 무지를 없애도록 노력해야 한다. 소셜미디어를 사용하는 법부터 그것을 활용하여 어떤 마케팅을 펼칠 수 있고, 기대효과는 어느 정도인지에 대한 교육이 필요하다.

소셜미디어에 대한 전반적인 이해와 그것을 활용하려는 의지 및 끈기 그리고 욕구가 만났을 때, 교육적 지원이 큰 시너지 효과를 낼 수 있다는 것은 앞선 많은 사례가 증명한다.

또한 프로노보 지원과 같은 프로그램을 만들어 사회적기업을 지원하는 방법도 있다. 지자체에서 인근 대학교의 대학생 및 대학원생들을 대상으로 프로노보를 모집하고, 그들이 사회적기업과 직접 연계하여 기업 마케팅을 실제로 도와주는 것이다. 그 외에도 여러 종교기관이나 학술 모임과 같은 단체에서도 프로노보를 모집할 수 있을 것이다. 이러한 지원은 사회적기업에게는 소셜미디어 마케팅에 대한 교육 및 기업 홍보의 효과를 얻을 수 있고, 산 교육으로 프로노보들은 현장에서 직접 마케팅을 체험하고 경험할 수 있는 좋은 기회가 될 수 있을 것이다.

정부와 지자체의 적극적인 지원도 필수적이다. 일반적인 교육 프로그램을 넘어서 그것과 연계한 공모전 등을 모집하여 사회적기업이 스스로 소셜미디어 마케팅에 대한 해답을 찾아나가도록 해야 할 것이다. 이러한 실제 경험은 그들이 앞으로 실행해야 할 기업의 마케팅에도 큰 도움이 될 것이다.

단순히 사회적기업이 그 초심을 잃지 않고 사회적기업으로서 역할을 다하고 있는지에 대한 부분만을 확인하고 통제하는 것이 아니라, 그들이 자신의 역할을 다할 수 있는 환경을 만들어주는 것이 시급하다.

앞서 지적했던 사회적기업들이 겪는 애로사항 중 하나인 기관들의 반복적인 서류 요청과 그 밖의 요구사항 그리고 복잡한 처리 과정 등을 해결할 수 있는 보다 간결하고 협조적인 하나의 시스템을 구축하는 것 역시 사회적기업이 활성화되고 보다 자유롭게 제 역할을 할 수 있는 바람직한 환경을 조성하는 데 큰 역할을 할 것이다. 또한 그러한 환경을 만들어 나가는 방편의 하나로 소셜미디어라는 현재 세대에 발맞춘 새로운 마케팅에 대한 방안을 제시하여, 정부와 지자체에는 사회적기업의 성공적인 정착과 기반 안정이라는 결과를 얻을 수 있을 것이다. 그리고 사회적기업 또한 그 취지에 걸맞은 사회적 영향력을 행사할 수 있는 실력을 가지고, 시대에 걸맞은 기업으로 성장할 수 있는 기회를 얻을 수 있을 것이다.

제 5 장

소규모 사회적기업의 소셜미디어 활용 사례 분석

제5장 소규모 사회적기업의 소셜미디어 활용 사례 분석

이번 장에서는 앞에서 살펴본 사회적기업의 소셜미디어 사례조사와 실태조사를 토대로 실제 사회적기업 다섯 군데의 소셜미디어 활용 사례를 분석해 보았다. 래그랜느, 청밀, 두레마을, 파랑새식품은 연구자가 직접 고려대학교 대학원생들과 참여하여 소셜미디어를 구축 및 운영한 사례이며, 마지막 한살림 생협은 소셜미디어 담당자를 직접 인터뷰해 작성된 것이다. 다섯 개의 사례는 기업 소개, 마케팅 현황 및 문제점, 소셜미디어 구축과 활용, 그리고 성과 순서로 기술하였다.

제1절 래그랜느

1. 기업 소개

래그랜느는 2010년 5월, 자폐범주형 장애인의 자립을 위해 창업하였으며, 장애인을 주 근로자로 채용하고 있는 베이커리 카페이다. 2010년 10월 서울형 사회적기업으로 지정되어 장애에 대한 인식 개선 및 사회적 가치 창출에 앞장서고 있다.

쿠키, 빵, 케이크 제작 및 유통, 판매와 함께 본사 건물에 래그랜느 카페(커피숍)를 운영하고 있으며, 주 아이템의 거래처에 유통, 판매하는 수익과 커피숍 운영 이익 그리고 장애인 고용에 따른 정부 지원금을 받고 있다.

장애인 근로자로 비장애인 근로자와 동일하게 최저임금을 보장한다. 자폐 범주형 장애인에게 근로는 단순한 소득창출 외에도 치료 효과가 있기 때문에 이들을 위한 일자리 창출은 더욱 의미가 크다.

2. 마케팅 현황 및 문제점

1) 마케팅 현황

래그랜느의 마케팅 전략은 거의 없었다. 래그랜느의 수입은 카페에서의 직접 판매와 거래처를 통한 판매에서 발생하고 있었다. 카페 수익은 고객이 방문하는 수에 따라 매출액의 변동이 심하였고, 고객을 방문하도록 만드는 아무런 전략도 없었다. 쿠키에 대한 B2B판매도 다양한 판로를 통해 마케팅을 하는 상황이 아니었고, 거래처 사이에서 겨우 전해지는 구전을 통한 홍보 정도뿐이었다. 이렇게 마케팅 활동이 거의 없다시피 했던 래그랜느에게 현실에 맞는 마케팅 홍보 전략이 필요하였다.

2) 마케팅 문제점

2010년에 창업한 래그랜느는 2012년 초까지만 해도 마케팅활동을 거의 하지 않았다. 또한 마케팅에 대한 전반적인 이해 부족과 사업 구조상 마케팅을 행하기에 다음과 같은 한계가 존재하였다.

첫째, 단순한 구전으로만 매출이 집중되어 있었다. 월 총 매출은 1,000만 원 정도였는데, 이 중 입소문 매출(900만 원)과 카페에서의 매출(100만 원)이 9대1로 매출을 형성하고 있다. 충분히 전략을 세울 수 있었으나 마케팅에 미숙하여 소개에 의한 구전매출에 의존하고 있었다.

둘째, 운영되는 카페 입지의 한계이다. 주변에 경쟁 업체인 파리바게뜨가 입점해 있고 고객들이 접근하기 쉬운 1층에 자리하고 있다. 반대로 래그랜느는 지하로 내려가야 하는 번거로움이 있고, 경쟁업체보다 인지도, 매장 충성도, 상품 차별성이 부족했다. 카페를 방문하여 소비를 하고자 할 때, 파리바게뜨보다는 확실한 열세였다.

셋째, 점포 주변의 유동인구가 적었다. 카페에 방문하는 고객 수는 하루 평균 30명에서 최대 50명 정도였다. 이 중에서 실질적으로 매출을 일으키는 고객보다는 복지단체 활동을 위한 방문객이 더 많았다. 따라서 카페(매장)를 통한 수익 증대는 쉽지 않았다.

넷째, 홈페이지 관리 같은 온라인 마케팅의 중요성에 대한 이해가 부족하였다. 소규모 사회적기업으로서 자원과 인력이 부족하여 홈페이지 관리에 투자를 할 수 있는 여건이 되지 않았다.

3. 페이스북 구축 및 마케팅 진행 상황

1) SNS 마케팅 계획

래그랜드의 경영 상황과 마케팅 전략을 분석해 본 결과, 카페라는 매장을 홍보하는 것이 관건이라고 결론지었다. 왜냐하면 쿠키라는 제품 특성상 고객들이 처음부터 온라인 구매를 하지 않고 매장을 방문했던 고객들이 온라인 고객으로 전환되었기 때문이다. 이에 따라 카페 방문율을 높이려면 일단은 주변의 지역 주민들을 대상으로 집중 홍보하는 것이 필요하였다. 일단 주변에는 젊은 여성층이 많이 살고 있었다. 이들에게 래그랜느의 인지도를 높이는 온라인 매개체가 필요하였다. 또한 구전을 통해 택배 배달이 래그랜느의 주 수입원이므로, 더 많은 잠재 고객에게 인지도를 높이는 홍보매체가 필요하다고 판단하였다. 따라서 이를 위해 SNS를 선택하였다.

2) 페이스북 구축

사회적기업이 사회적 가치를 추구하면서도 기업으로써 지속가능성을 확보하는 과정에서 가장 많은 어려움을 호소하는 부분이 해당 제품을 판매할 수 있는 판로 개척과 홍보 등 마케팅적인 요소이다(김인선, 2010). 소규모 사회적기업의 특성상 금전적 투자나 마케팅 전문가들의 마케팅 지원이 어렵다는 한계에 따라, 새로운 마케팅 방식인 SNS를 통하여 기업을 알리고 제품을 홍보하는 데 주력하였다. SNS를 이용하게 되면 기존의 미디어보다 훨씬 저렴한 비용으로 빠르게 많은 사람에게 정보를 전달할 수 있다(이의훈, 2010). 또한 SNS는 기

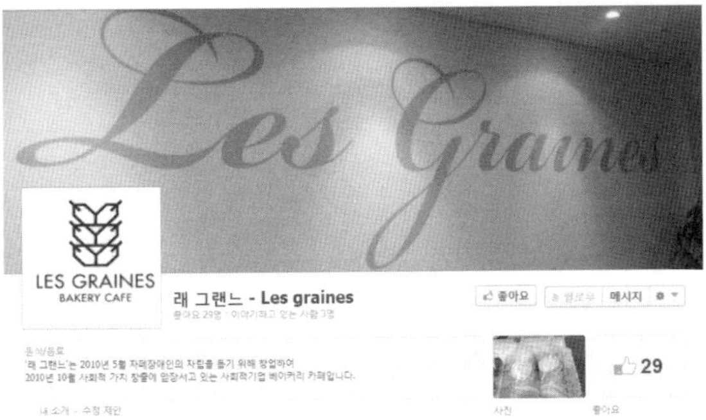

〈그림 5-1〉 래그랜느의 페이스북 페이지

업들의 지속적인 관심을 끌고 있으며, 대기업부터 중소기업들까지 이를 활용한 마케팅을 펼치고 있다(한국무역협회, 2011).

페이스북 계정을 만들고 여기에 오프라인 매장 사진 홍보를 시작하였다. 〈그림 5-1〉과 같이 페이스북에 래그랜느의 오프라인 카페 모습과, 카페 메뉴 등을 올리면서 페이스북에서 친구를 맺고 있는 사람들에게 소식을 전하였다. 그 다음 카페와 쿠키 세트 등을 사진첩에 올림으로써 소셜네트워크의 인맥을 통해 구매 유도를 하였다.

3) 비영리 단체와의 협업을 통한 홍보

다음으로 레그랜느는 외국인들에게 한국어를 가르쳐주는 봉사활동 단체 CLS와 홍보 협약을 맺어 CLS의 홈페이지에 래그랜느 페이스북 주소를 링크하여 외국인들과 봉사단체 사람들에게 구매를 유도할 수 있도록 홍보하였다.

〈그림 5-2〉은 CLS 봉사단체의 홈페이지에 래그랜느 페이스북 주소를 링크한 것이다.

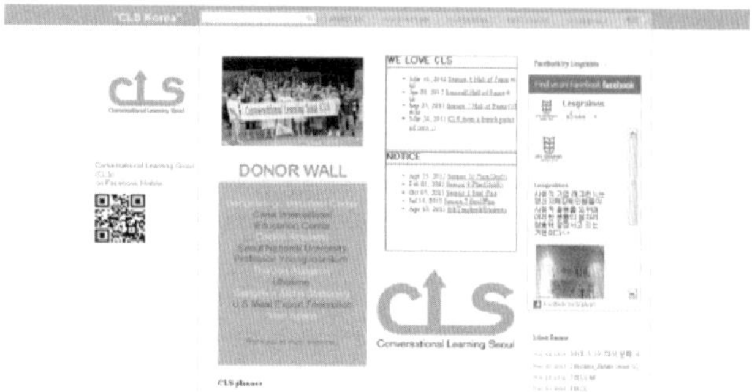

〈그림 5-2〉 봉사단체 CLS의 홈페이지

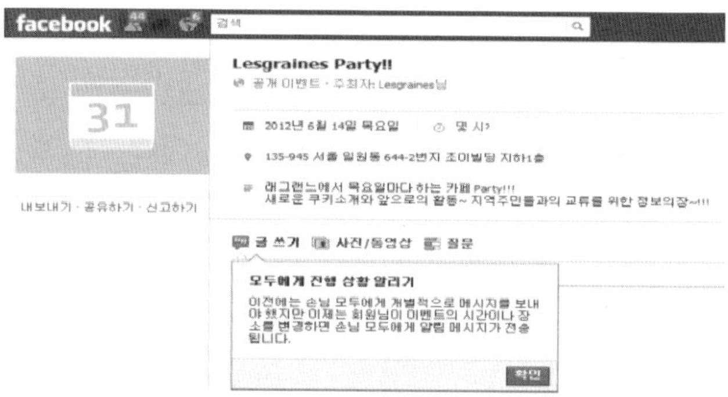

〈그림 5-3〉 래그랜느 팬 페이지 이벤트

4) 지속적인 이벤트 및 홍보

래그랜느에서 시행하는 홍보 행사인 '목요일 이벤트'를 페이스북 이벤트에 올려 사람들의 흥미를 유발할 수 있게 홍보하였다.

〈그림 5-3〉은 래그랜느 팬 페이지에 올린 이벤트 상황을 나타낸 것이다. '래그랜느 파티'라는 이름의 제목과 주최 날짜, 주소, 시간,

이벤트 내용 등을 기입하여 페이스북 친구들에게 초대장을 보내 이벤트의 상황을 알렸다.

4. SNS 마케팅 성과

1) 페이스북을 통한 단기적 성과

페이스북 개설 후 2달 만에 페이지의 좋아요 수가 112명으로 증가했고 팬의 친구가 85,029명으로 증가했으며, 게시물 전파성은 평균 20%인 것으로 나타났다. 그리고 게시물 중에 팬이 많이 공유해 주면 전파성이 높게 나타났다. 그 결과 홈페이지 방문은 평균 20%가 증가하였고 인터넷 판매는 월 50~100만원 정도 증가하였다. 전에는 도저히 생각할 수 없는 고객(예: 먼 지역 거주 고객)들이 페이스북 홍보를 통해 카페에 방문하기도 하였다.

2) 장기적 성과 전망 및 향후 과제

페이스북의 파급효과의 불씨를 지피는 것은 너무나도 힘든 일이다. 그래서 작은 불씨를 크게 만드는 스노우볼 형식의 마케팅 접근법이 필요하다. 페이스북에서 제공하는 많은 툴을 사용하기 위하여, 내부 직원들의 노력이 필요할 것이다. 페이스북 등의 SNS를 전반적으로 활용하기 위해서는 SNS의 활용과 참여에 대한 교육과 훈련을 통하여 내부 직원들의 역량을 개발하고 업무 활용도를 높여야 한다(이강호, 2011). 기존의 성공적인 사회적기업의 SNS 마케팅 성공 사례들을 살펴 볼 때, 이것의 파급력은 검증되었고 아직 시도하지 않은 많은

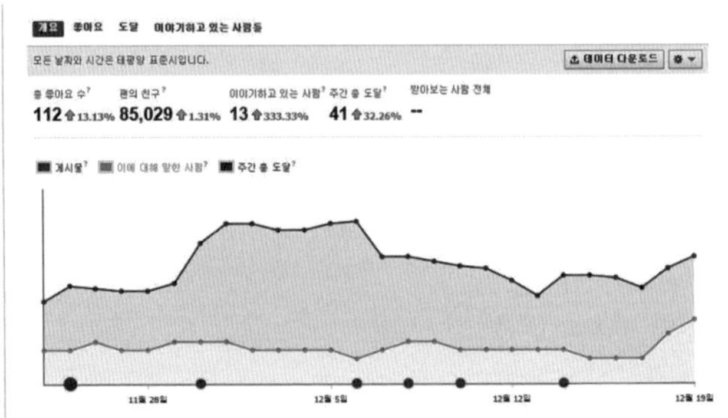

모든 게시물 종류

날짜	게시	도달	관련 사용자	이야기하고 있는 사람들	전파성
2012-10-5	초코칩쿠키는 초코칩과 호두가 한...	19	5	4	21.05%
2012-9-30	"그리시니"는 버터 설탕과 계란이...	29	6	4	13.79%
2012-9-23	래그랜느에서만 만나볼수 있는 세...	32	8	4	12.5%
2012-9-23	사회적 기업 래그랜느에 여러분의...	32	7	5	15.63%
2012-9-23	사회적 기업 래그랜느 사업분야 1....	32	9	6	18.75%
2012-9-20	추석이 다가오고 있는데 래그랜느...	36	8	6	16.67%
2012-9-17	카페에서 유명인사들이 래그랜느를...	40	9	6	15%
2012-9-13	정립하면 한잔 free~!정리해보세요...	37	10	5	13.51%
2012-9-11	래그랜느에서 근무하시는 분들 항...	40	8	5	12.5%
2012-9-8	빵까지 직접 구운 샌드위치인데 정...	24	15	13	54.17%

〈그림 5-4〉 래그랜느 SNS 구축 효과

가능성에 밝은 전망을 열어 두어야 한다. 기본을 바탕으로 하나씩 쌓아 간다면 훌륭한 마케팅 툴로써 자리 잡을 것이다.

페이스북 팬 페이지을 이용하여 마케팅을 유지하고 성공시키려면 삼박자인 기업, 팬 페이지 유지 관리 인원, 팬이 조화되어야 한다. 페이스북 팬 페이지를 유지 관리하기 위한 툴은 약 1년 가까이 사용할 예정으로 꾸준하고 지속적인 관리를 통해서 수익률을 극대화하기 위한 노력을 기울이면 효과가 있을 것으로 보인다.

제2절 청밀

1. 기업 소개

청밀은 사랑과 나눔의 밀알복지재단 정신을 바탕으로 노인, 장애인, 취약계층에게 일자리를 제공하여, 안정된 삶을 보장하고 스스로 자립할 수 있도록 돕고 있다. 그리고 이러한 목적을 바탕으로 식자재 유통, 판매 등의 영업활동을 수행하는 사회적기업이다.

청밀의 미션은 밀알복지재단의 사랑과 나눔 정신을 바탕으로 취약계층에게 지속가능한 일자리를 제공하고, 스스로 자립할 수 있는 능력을 키워 지역사회에 환원한다. 즉 그들의 미션은 노인에게 적합한 일자리를 통해 삶의 질을 향상시키고, 장애인에게는 직업을 통해 경제적 자립을 도모하도록 하는 데 있다.

〈표 5-1〉 청밀 기업 개요

회사명	청밀
대표이사	양창국
설립일	2008년 11월 01일
설립법인	밀알복지재단
주요 사업	·식자재・농산물전처리사업 ·일자리 사업 ·유통사업
협력 기관 현황	공공기관: 22개, 일반기업: 14개, 사회복지기관: 43개 업체 (2014년 05월 기준)
매출액	15억 원
주소	서울특별시 강남구 수서동 717-1 그린빌 A동 1층
연락처	02) 459-8860

비전은 통합과 나눔을 경영하는 세계적 수준의 사회적기업을 추구하고 있다. 청밀은 노인의 경험과 장애인의 노동력을 통합하여 노인과 장애인에 맞는 직업개발을 함으로써 직업을 통한 새로운 복지모델을 제시하고, 기존의 사회복지시설개념의 일자리 사업을 일자리 사업을 탈피하여 지속 가능한 일자리 제공을 위해 수익형 기업모델로 설립하였다.

그리고 청밀의 사업 목적은 첫째, 일자리 창출을 위한 형식적인 지원이 아닌, 직접 개입하는 방식을 통해 실질적으로 지원하고, 둘째, 취약계층 인력 활용에 대한 사회적 인식 개선을 위함이다. 셋째, 인력 수급이 요구되는 자리에 양질의 노동력 제공하며, 마지막으로 일자리 창출을 통해 사회적 문제 해결을 목표로 사업을 진행하고 있다. 청밀은 취약계층 일자리를 지원하기 위해 다음과 같은 사업을 실시하고 있다.

〈표 5-2〉 청밀의 사업 영역

식자재 · 농산물전처리사업	일자리 사업	유통 사업
복지시설 및 집단 급식업체	청소업무(사무실, 건물)	온라인 쇼핑몰 사업(밀알스토리)
복지관 프로그램 참여	차량배송(기타 배송)	자판기사업(자판기수리 및 관리)
식자재 공급	출 · 퇴근 지원(차량운행)	기업체 납품(사무용품)
식자재 구매	식당보조(주방보조)	도시락사업, 출장뷔페
가격점검	농산물가공(농산물전처리)	바자회
식자재 배송	임가공(스티커작업, 박스작업, 기타사업 등)	명절선물세트, 기업체 특판
후원금 개발	사무업무	공공기관 납품
자원봉사자 지원	현장관리업무	기업 소모품

2. 마케팅 현황과 문제점

청밀은 사회보험료 외에는 정부의 지원이 없는 실정이며, 수익을 창출하기 위한 마케팅 활동과 기부를 통한 자금 충당에 어려움을 겪고 있었다. 또한 마케팅 활동의 일환으로 진행되는 바자회 사업 시 참여 연령층이 높다는 특징이 있었다. 마케팅 담당 부서가 있으나 설립된 지 3년이 되지 않은 신생 기업이라서 사회적 인지도가 낮다는 한계가 있었다.

청밀의 마케팅 문제점은 다른 소규모 사회적기업들같이 영세한 기업 규모로 사업의 한계와 마케팅의 부재였고, 다음과 같았다.

첫째, 사회적기업의 특성상 스스로 수익을 창출하여 사회에 환원할 수밖에 없는 기업 구조를 가지고 있는데도 불구하고, 수익을 창출하기 위한 마케팅 활동과 기부를 통한 자금 충당에 어려움을 겪고 있었다. 이를 극복하기 위해 외부 사업 공모 당선을 통한 자금 유입에 노력하고 있지만 그 성과는 미미하였다.

둘째, 청밀이 가진 다양한 사업 분야에서 너무 많은 일을 동시다발적, 산발적으로 진행하였다. 청밀의 주요 사업 분야인 식자재·농산물 전처리사업, 일자리 사업, 유통 사업은 서로 공통점이 있다고 보기에 어려웠다. 그렇기 때문에 사람들은 청밀이 정확히 무엇을 하는 기업인지 이미지를 형성하기 어려웠다.

셋째, 청밀의 주 고객층이 다소 높은 관계로 젊은 연령의 고객층에 대한 이해 부족과 홍보 부족이 발견되었다. 특히 복지관 프로그램 참여나 바자회 개최 시에는 참여 연령층이 높아 젊은 연령층의 청밀에 대한 인식과 청밀 고객으로의 유입이 시급하였다.

3. 페이스북 구축 및 마케팅 진행 상황

1) SNS 마케팅 계획

앞서 살펴본 청밀의 마케팅 현황과 문제점을 바탕으로, 젊은 층의 고객 유입과 청밀의 새로운 기업 이미지 구축을 위해 온라인상에서 파급효과가 큰 SNS를 활용하기로 하였다. 기업 이미지는 대중의 마음속에 형성되어 있는 기업의 종합적인 인상이다(Barich and Kotler, 1991). 이러한 인상이 결여된 상황에서는 온라인 마케팅의 한계가 더 축소된다고 보고, 많은 SNS 중 최근 가장 이용자가 많고 영향력이 크다고 할 수 있는 페이스북 팬 페이지를 개설하여 페이스북을 중심으로 SNS를 활용한 홍보 활동을 하였다.

2) 페이스북 구축

페이스북 페이지를 만드는 데에는 페이스북에 얼마나 친숙한지에 따라 15분에서 1시간 가량이 걸린다. 또한 페이스북 페이지를 만들려면 개인 계정으로 가입해야 하고 유명 브랜드나 대기업은 해당 페이지를 만든 사람이 회사를 떠날 경우를 대비해 반드시 페이스북 관리팀에 보조 책임자를 두고 여러 명의 인원을 배정해야 한다.

페이스북 홈페이지에 방문하여 브랜드, 상품, 조직 등을 포함한 회사 카테고리를 선택한다. 페이지 이름은 간략하고 명확해야 한다. 다음은 지역 사업자일 경우에는 운영 지역을 명시해야 한다. 가능한 자세하게 표시하는 것도 중요하지만 지나치게 긴 제목은 시각적으로나 정신적으로 사람들을 피곤하게 한다는 것을 기억해야 한다. 페이스북 페이지를 만들고 있는 경우에는 비공개 여부를 결정하는 체크박스에

〈그림 5-5〉 청밀 페이스북 페이지

서 비공개로 표시하고 작업이 완료된 이후에 공개로 전환할 수 있다. 전국적 브랜드라면 지사들의 이름을 정하는 규칙을 생각해야 한다. 뉴베리 코믹스는 일관성 있는 회사 브랜드를 유지하면서도 각각의 지역 상점에 독특한 정체성을 부여하는 데 성공하였다. 사업 카테고리나 페이지 이름은 심사숙고하여 정해야 한다. 왜냐하면 이 단계를 마치고 나면 사업 카테고리나 페이지 이름은 고칠 수 없기 때문이다(이 단계에서 오타를 내거나 다른 잘못된 점을 찾게 되면 고칠 수 없고 페이지를 지우고 다시 만들어야 한다). 청밀의 페이스북 페이지는 〈그림 5-5〉와 같이 만들었다.

4. SNS 마케팅 성과

1) 페이스북을 통한 단기적 성과

2012년 청밀의 페이스북 페이지를 개설하였을 때의 좋아요 수는

〈그림 5-6〉 최근 청밀의 페이스북 페이지

50개가 채 되지 않았으나 2014년 5월 기준 좋아요 수는 332개를 기록했다. 또한 청밀의 마케팅 부서에서는 계속해서 청밀 고객들에게 페이스북 페이지를 홍보하였다.

또한 청밀은 초기에 일방적인 정보 전달 위주로 페이스북 페이지를 운영하였으나, 2014년 현재 청설의 페이지는 그들이 진행하는 여러 행사의 모습을 게시하고, 다양한 이벤트로 사람들의 참여를 유도하는 등 보다 적극적으로 소셜미디어를 활용하려고 노력하였다. 청밀의 사업이 너무 다양해, 분명한 사업 콘셉트를 집중하여 인지도를 올리지는 못하였지만 페이스북의 게시글들이 공유되면서 짧은 기간에 청밀을 알리는 효과는 있었다. 특히 이런 사실들을 알게 되면서 다른 사회적기업들에 비하여 다소 체계적이고 열정이 있는 SNS 마케팅 담당부서가 생겼다는 것이 앞으로 큰 가능성을 보여 주었다.

2) 장기적 성과 전망 및 향후과제

아직까지 미미한 수준의 홍보 효과를 장기적 성과로 이끌어가기 위해, 현재의 방식으로 팬수를 더 늘려가야 한다. 팬 수가 적다면 나

〈그림 5-7〉 청밀 페이스북 홍보 활동 페이지

중에 충성도가 높은 고객이 와도 기업 페이지의 영향력이 없다고 보고 페이스북에 관심을 가지지 않을 수 있다.

새로운 고객뿐만 아니라, 청밀이 보유한 고객에게 메일이나 이벤트를 통해 페이스북 페이지를 홍보한다. 그들이 이미 단골 고객이라는 전제하에, 향후 청밀의 적극적인 페이스북 마케팅에 도움이 될 것이다.

또한 기업 정보나 행사, 정기적인 이벤트 등의 게시뿐만 아니라, 청밀만의 특별한 이벤트, 상품 정보를 노출하여 사람들의 관심과 참여를 유도해야 한다. 특히 높은 연령층에 국한되었던 청밀의 주 고객층을 다양한 SNS 활용과 마케팅 등을 통하여 젊은 연령층에도 어필할 수 있다면 기업 이미지 개선과 홍보에 큰 도움이 될 것이다.

마지막으로 어느 정도의 쌍방향 커뮤니케이션이 이루어지고 고객의 영향력이 커질 때 SNS 마케팅 효과가 실질적인 매출에 연결될 수 있는 마케팅을 진행해야 한다. SNS 마케팅 효과는 단기간에 보기 어렵다. 그래서 현재 진행 상황이 그리 좋지 않더라도 포기하기에는 이르다. 앞서 선행된 연구에서 볼 수 있듯이 여러 제약을 가진 사회적기업의 홍보 수단으로는 SNS가 매우 적합함을 알 수 있다. 그렇기에 사회적기업들이 지속적인 교육과 노력을 통하여 적절하게 SNS를 이용한다면 현재 기업의 잠재적 가치를 극대화하는 효과를 얻을 것이다.

제3절 두레마을

1. 기업소개

두레마을은 친환경 세차사업과 청소사업을 통해 수익을 창출하고 그 창출된 이익을 재투자하는 사회적기업이다. 2003년 연기자활지역센터 맑은 나라 청소사업팀의 구성에서 시작되었다. 깨끗한 학교 만들기 시범 사업의 시작으로 출장 세차업, 건물 관리, 소독방역업, 물탱크 청소업 등으로 사업 영역을 확장해 갔다. 이후 연기군 지차제들과 협력하고 사업체를 확장하여 2009년 1월 공동체 두레마을(연기군 5호)로 독립하였고, 사회적기업으로서 그 가치를 인정받아 2009년 11월 고용노동부로부터 사회적기업으로 인증을 받았다.

처음 연기군으로 한정되어 있던 사업 영역을 대전, 충남, 충북으로 확장하며 2014년 현재 경주, 순천, 부산 등에 (주)희망나눔세차 회오리를 오픈하는 등 점차 전국으로 그 영역을 넓혔으며, 2013년 8월에는 보건복지부선정 2013 베스트 자활기업에 선정되기도 하였다.

두레마을은 노동 소외계층에 대한 일자리 창출과 부족한 사회서비스를 제공하고 있다. 두레마을은 '인간존중, 사회적 책임, 정도 경영' 원칙을 실현하고자 한다. 또한 개개인의 인격과 다양성을 존중, 저소득 취약계층에 안정적인 일자리 제공과 함께 깨끗한 시스템을 통해 환경을 우선으로 생각하여 좋은 지역사회 만들기에 일조한다. 나아가 투명한 경영을 바탕으로 좋은 지역사회에 공헌하는 것이 목표이다.

2. 마케팅 현황 및 문제점

1) 마케팅 현황

두레마을의 마케팅 현황을 살펴보기 이전에 두레마을의 현재 어떠한 사업적 특징을 지니는지, 또한 그것이 현재 마케팅에 어떤 영향을 끼치는지 분석이 필요하였다. 두레마을의 사업은 미래 친환경적 사업이다. 허가 업종이 아닌 자유업으로 인/허가 사항이 없고 불황이 없는 서비스 사업(2012년 3월 기준 자동차 등록 대수 1,855만 대)이다. 두레마을은 취약계층에 우선 일자리를 창출하고, 100ml의 물로 승용차 외부 세차가 가능하다. 기업의 우호적 이미지, 사회적으로 좋은 평판, 높은 품질이 강점으로 작용한다면 마케팅에 좋은 기반이 될 수 있는 가능성을 가졌다.

수도세의 상승으로 인한 경쟁력 조기 확보, 자동차의 지속적인 증가 등은 두레마을이 사업 영역을 확장해 나가는 데 긍정적인 효과를 주었다. 또한 환경을 생각한 기업, 장애우 및 노인에 일자리 창출 기회 마련 등의 착한 기업 이미지 창출은 두레마을의 향후 마케팅 방향에 좋은 영향을 끼칠 수 있다.

다른 소규모 사회적기업들에 비하여 홈페이지 구축은 잘되어 있는 편에 속하였다. 기업에 대한 소개 및 사업 소개도 자세하게 되어 있고, 특히 두레쇼핑몰이라는 사이트를 통해 두레마을에서 사용하는 세차 용품 및 다양한 차량케어용품 또한 판매할 수 있도록 연계해 놓은 상태였다.

2) 마케팅 문제점

두레마을의 사업의 출발이 관공서의 협력으로 시작되었음에도 불구하고 기업체, 관공서 측과 소통의 어려움이 있는 것으로 나타났다. 또한 전문 인력의 부재에 따른 불분명한 마케팅 전략 방향으로 어려움을 겪고 있었다.

두레마을이 주력을 쏟는 세차 사업 또한 세차 시간이 오래 걸리고, 개인이 이용하기에는 가격이 다소 비싼 편이라는 어려움도 있다.

전국적으로 사업의 확장을 이루기는 하였지만 각 지역의 인지도에 의존하여 진행되는 사업의 특성상 아직까지 지역 주민의 인지도가 만족스럽다고 할 수 없었다.

개인 고객을 확보하기 위해 홍보 및 마케팅에 힘을 쏟아야 하지만 미흡하였다. 게다가 경제 불황으로 차주가 직접 세차하는 비중이 증

〈표 5-3〉 두레마을 회오리세차 가격표

구분					경차 1,000cc 이하	소형 1,500cc 이하	중형 2,500cc 미만	대형 2,500cc 이상	외제승용 RV/SUV(국산)	RV/SUV 외제	승합차 9-15인승
기본품목	회오리세차	일반고객	내부	우천 시 내부만 선택 세차	15,000	18,000	21,000	24,000	36,000	39,000	45,000
			일반	NO-WET+에어건 세차	20,000	30,000	40,000	50,000	60,000	70,000	80,000
			명품	NO-WET+에어건+연막식 냄새제거+항균제+폴리셔	50,000	60,000	70,000	80,000	120,000	130,000	150,000
		VIP고객	월2	연회비를 납부한 회원님의 차량을 전문적으로 관리	30,000	40,000	60,000	70,000	90,000	110,000	130,000
			월4		40,000	60,000	80,000	100,000	120,000	140,000	160,000
	실내스팀 클리닝			스팀기를 이용한 실내 살균 소독(세차+살균+냄새제거)	130,000	150,000	170,000	200,000	250,000	270,000	300,000
	전문광택			차량 외형 광택도 상승 클리어층 복원	150,000	180,000	200,000	250,000	300,000	300,000	350,000

가하고 있으며, 세차에 필요한 용품이 해외 의존도가 높아 원자재 가격 상승 및 환율 상승에 민감하다는 약점이 있었다.

이미 잘 구성된 홈페이지와 쇼핑몰을 가지고 있음에도 불구하고 더 적극적인 마케팅의 부재로 그 자체로서 기대되는 효과가 미흡하다고 판단하였다. 주력인 세차 분야에서의 인지도를 높이지 않는다면, 경쟁사 진입이라는 위협도 존재하였다.

3. 페이스북 구축 및 마케팅 진행 상황

1) SNS 마케팅 계획

우선 많은 사람의 관심을 단기간에 효과적으로 이끌어 낼 수 있는 UCC를 제작하기로 하였다. (주)두레마을 제작 UCC를 유튜브에 지속적으로 업로드함으로써 대중에 노출되는 빈도를 극대화하여, 기존의 고객들뿐만 아니라 잠재적 고객들에게도 도달할 수 있도록 하였다. 또한 이러한 UCC를 새롭게 구축할 (주)두레마을의 페이스북 페

〈그림 5-8〉 (주)두레마을 제작 UCC

이지에도 노출해 그 효과를 더욱 증가할 수 있도록 하였다. UCC는 최대한 젊은 감성을 자극하도록 애니메이션을 접합하여 제작하였다. 이는 20대 후반, 30대까지의 차주들을 겨냥한 것이라고 할 수 있다.

UCC는 총 3개를 제작하였는데, 가장 처음에 만든 UCC는 두레마을이 사회적기업으로 노인과 장애인 고용과 세차 시 물을 쓰지 않는다는 점을 강조하여 제작하였다. 배경음악은 BMK의 '물들어'라는 곡이다. 사회적기업의 좋은 점들이 다른 기업들에게도 전달되었으면 하는 바람을 담아 선정한 것이다. 그리고 배경 사진들은 물이 부족한 아프리카 여러 국가들의 현실을 담은 사진들을 선정하였고 장애인과 노인들 고용과 관련된 사진들을 포함하였다.

2) 페이스북 구축

(주)두레마을의 주력 사업인 회오리세차 페이스북 페이지를 개설하여, 기업 소개 및 두레마을 관련 자료들을 업로드하였다. 이용 요금, 회오리세차의 장점, 활동 내용 등 고객 위주의 자료를 업로드할 수

〈그림 5-9〉 (주)두레마을의 페이스북 페이지

있도록 노력하였다.

또한 유튜브에 올린 UCC를 페이스북에도 노출해 페이스북을 통한 관심 유발을 극대화하였다. 페이스북 개설 이전에 다소 체계적으로 잡힌 사업 기반으로 페이스북을 통한 마케팅 효과가 다른 어떤 소규모 사회적기업보다도 클 것으로 기대되었다. 기존의 고객에게 (주)두레마을의 페이스북 페이지 개설을 알리고 방문할 수 있도록 홍보하였다. 기업 측이 적극적으로 페이스북 관리에 참여해 실제 고객들의 SNS 이용률 증가가 기대되었다.

4. SNS 마케팅 성과

1) 페이스북을 통한 단기적 성과

(주)두레마을 페이스북 페이지 개설 이후, 두 달 만에 두레마을 회오리세차 페이지를 좋아하는 팬 수는 130명을 기록했는데, 130명의 페이스북 친구는 총 18,372명이다. 이것은 실제로 두레마을 페이지에서 게시물을 게시했을 때 1만 8천명 이상의 사람들에게 두레마을의 게시물이 노출될 수 있으며 이는 브랜드 홍보뿐만 아니라, 고객 증가에도 긍정적인 영향을 미칠 수 있었다. 그래서 전에는 생각하지 못했던 고객층이 페이스북을 통해 유입되기도 하였다. 예를 들어 멀리 청주, 천안, 대전 등지에서도 고객이 왔으며, 전화 문의가 왔다. 앞서 언급하였듯이 다른 소규모 사회적기업에 비하여 잠재적 조건이나 좋은 환경을 가진 (주)두레마을이 SNS를 통한 마케팅에 좀 더 주력한다면 현재 눈으로 확인할 수 있는 단기적 성과뿐 아니라 더 큰 가능성을 가지고 성장할 수 있을 것이라 생각된다.

2) 장기적 성과 전망 및 향후 과제

기업 이미지에 영향을 주는 요소는 다양하다. 기업이 활동하는 국가의 문화도 소비자들이 갖는 기업 이미지에 영향을 주며(서정환, 1995), 소비자의 구매 결정을 조성하는 요인으로 작용하여 사전 판매의 역할을 하기 때문에 강력하고 선명한 기업 이미지는 기업의 제품에 대한 소비자의 신뢰를 강화하고 기업의 제품에 대한 선호 경향을 갖게 한다(오세종, 이철영, 2008). 그런 의미에서 (주)두레마을은 사회적 기업으로 인정받기 이전부터 노동 소외계층에게 일자리를 창출하고 친환경 세차사업과 청소사업을 통한 깨끗한 이미지를 가졌다는 장점이 있다.

계정 문제로 기업 측에서 페이스북을 운영하지 못한 것은 아쉬운 점이다. 페이스북은 해당 페이지를 만든 사람을 관리자 목록에서 삭제할 수가 없고, 그래서 일부 회사는 한 개인 계정에 묶여 있어 생기는 문제들을 피하려고 가짜 개인 개정을 만들어 아이디와 비밀번호 정보를 관리하기도 한다. 이와 같이 사업의 주체인 기업에서 페이스북을 운영하고 그에 따른 성과도 내부에서 피드백하면서 작업했다면, 그 효과가 장기적으로 이어질 수 있을 것이라 판단된다.

또한 (주)두레마을이 이미 확보된 현재 고객들에게 페이스북 페이지가 더욱 적극적으로 홍보되고, 페이스북 페이지를 통한 여러 홍보 이벤트를 적극적으로 시도한다면 앞으로 SNS를 통한 마케팅 성과가 더욱 두드러지게 나타날 것이라 생각된다. 성실함과 꾸준함이 요구되는 SNS 마케팅이 본격적으로 시행된다면 더 좋은 성과가 나올 수도 있을 것이다.

제4절 파랑새식품

1. 기업소개

파랑새 식품은 단체급식과 도시락 사업을 하는 사회적기업이다. 2006년 대동종합사회복지관에서 행복나눔재단과 함께 지역민을 위한 자활 프로그램으로 이 사업이 시작되었으며, 2008년 사회적기업으로 인증을 받았다. '행복을 나누는 파랑새 식품'이라는 슬로건을 내걸고 철저한 위생 관리를 통하여 건강하고 안전하게 먹을 수 있는 음식을 제공하는 것을 목표로 하였다. 현재 조직은 김승원 대표를 주축으로 부사장, 총무, 영양사 및 조리사, 배송기사 등의 총 16여 명의 인원으로 구성되어 있으며, 본 사업체와는 독립적으로 인근 우송대학교와의 산학협력하에 '주먹밥이 온다'라는 음식점 또한 함께 운영하고 있다. 2011년 기준 약 7억 원 연 매출을 기록하였다.

균형 잡힌 영양과 건강한 먹거리 제공을 목표로 전문 영양사가 표준화한 메뉴와 레시피를 제공하려 애쓰며, 메뉴 데이터 조사 및 분석으로 최상의 급식을 만들기 위해 노력하고 있었다. 또한 안전한 위생 관리를 위해 오염구역과 비오염구역을 철저히 구획하고 적합한 시설을 갖추어 관리하며, 불시점검과 과학적인 분석을 통해 안전한 위생 관리를 실시하였다.

사회적 일자리 창출 및 공공급식 문화 개선을 목표로 하여 사회적 기업의 발전적 모델을 제시하였고, 유료사업 판매활동으로 인해 창출된 수익은 일자리 창출 및 결식이웃 지원 등 사회적 목적을 실현하기 위해 사용하였다.

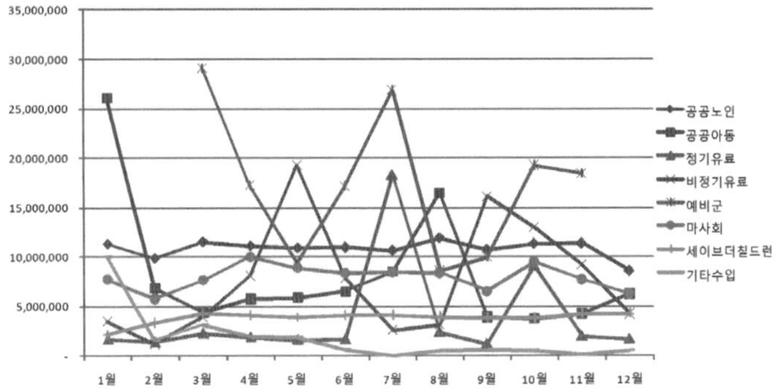

〈그림 5-10〉 파랑새 식품 주요 수입 현황

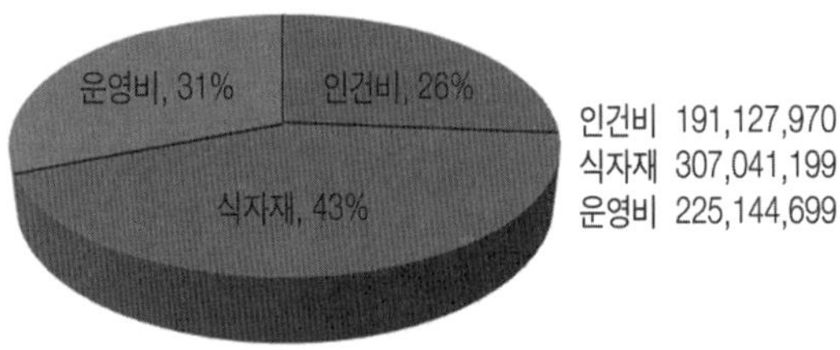

2011년 기준.

〈그림 5-11〉 파랑새 식품 지출 현황

2. 마케팅 현황 및 문제점

1) 마케팅 현황

파랑새 식품에는 별도의 마케팅 관련 전문 인력이 부재하였다. 특별한 마케팅이 전략이 없었고, 단순한 영업직 사원도 없었다. 파랑새 식품이 주력 사업인 단체 급식의 경우는 B2B영업, 즉 학교나 특정 기업체들이 고객이어서 일반 대중들을 위한 마케팅은 거의 없었다.

그러나 파랑새 식품도 거래처와 사업 영역을 확장하기 위해서는 기업의 인지도와 이미지 향상이 필요하였다. 도시락 사업의 경우 이미 그 사업 시장을 장악하고 있는 다른 도시락 업체들의 인지도에 비하면 파랑새 식품의 인지도는 매우 낮은 상태였다.

2) 마케팅 문제점

파랑새 식품은 다른 사회적기업들과 마찬가지로 정부의 자금 지원을 받고 있으나, 해당 사업과 관련된 직접적인 일거리 지원은 받지 못하는 상태였다. 정부의 자금 지원만 있다 보니 처음 시작할 때에는 인력들이 비는 시간이 많았다.

또한 사회적기업이라는 좋은 취지와 목적을 기업의 이미지에 투영하여 고객들에게 어필할 수 있는 전문적 경영 지식이 없었다. 앞서 언급하였듯이 마케팅 전문 인력 및 영업 사원도 전무한 상태로 사실상 기업 자원에서의 마케팅이 전혀 이루어지지 않고 있다는 것이 마케팅 문제점이라 할 수 있다.

게다가 기업에서 행한 마케팅의 하나로 홈페이지를 개설해 놓았으나 관리 인력 부족으로 운영이 제대로 되고 있지 않았다. 심지어는 도메인 주소 자체가 홈페이지로 연결이 되지도 않는 등 온라인 마케팅은 거의 전무한 상태라 볼 수 있다.

오프라인 마케팅은 단순히 기존에 있는 고객을 관리하는 정도였다. 굳이 마케팅 활동의 하나를 찾는다고 한다면 직원의 구전을 통한 마케팅 정도였다. 하지만 소규모 기업이라서 큰 효과는 없었다. 마케팅 활동이 미미하다고 해서 재무적으로 큰 문제가 발생하지는 않았지만, 그렇다고 큰 영업 이익이 나는 상태도 아니었다. 따라서 기업의 성장과 발전을 위해서는 광고 홍보라는 마케팅활동이 필요하였다.

3. 페이스북 구축 및 마케팅 진행 상황

1) SNS 마케팅 계획

짧은 시간 안에 더 많은 사람과 소통하고 파랑새 식품의 이름을 알리기 위한 방법으로 페이스북을 통한 마케팅 방법을 제안하였다. 많은 사회적기업이 겪는 어려움 중 하나가 재정적 한계에 의하여 마케팅이나 경영 지원 등에 많은 투자를 할 수 없다는 것이었다. 이처럼 파랑새 식품도 정부 지원이 없이는 재정 독립도 현재로서는 불가능한 상태로 마케팅에 많은 투자나 노력이 어려운 상황이었다. 그렇기에, 비용은 거의 들지 않으면서 마케팅 효과를 볼 수 있는 SNS 마케팅을 추진하기로 하였다.

2) 페이스북 구축 및 진행 상황

2013년 6월 6일 페이스북 페이지를 처음 개설하였다. 파랑새 식품의 기업 이미지라 할 수 있는 하트 잎을 가진 파랑새 나무를 대표 이미지로 설정하고, '행복을 나누는 파랑새 식품'이라는 이름을 게시하였다. 이후 페이스북을 통해 파랑새 식품이 주력으로 하고 있는 상품을 소개 및 홍보하였으며, 신제품 홍보나 기업 소식 등을 꾸준히 업로드하였다.

또한 SK, 함께 일하는 사회(실업극복국민재단), 정부와 지방자치 단체, 지역 NGO의 협력으로 이루어진 '행복을 나누는 도시락' 사업을

〈그림 5-12〉 파랑새 식품 페이스북 페이지

진행하고 있다고 적극적으로 홍보하였다. 이렇게 사회적기업인 파랑새 식품을 이용하는 것이 지역 주민을 고용하고 이익을 창출하며, 다시 사회에 환원하는 순환의 과정에 동참하는 것임을 알리려 노력하였다. 이외에도 기업 프로모션 등을 진행하면서 일어난 에피소드 등을 기록하여 고객의 흥미를 끌어내도록 하였다.

2013년 6월 기준 페이스북 팬 수는 122명으로 기업 CI로고와 소개 및 제품 사진을 업로드를하였다. 회사 측이 가진 기업 로고 및 이미지 파일 등을 조합하여 페이스북 메인 커버를 제작하여 업로드하였고, 이 기간 중 대전역 오프라인 프로모션에서 사용했던 브로슈어 및 제품 관련 사진을 업로드하였다.

4. SNS 마케팅 성과

1) 페이스북을 통한 단기적 성과

파랑새 식품의 페이스북 페이지를 보고 이용자들이 '좋아요'를 누른 횟수는 페이지 개설 후 두 달 만에 총 122명을 기록하였으며, 파랑새 식품 팬들의 개별 총 친구 숫자는 18,503명을 기록하였다. 페이지와 관련된 내용을 본 개별 사람들의 수는 1,039회를 기록하였다. 대전역에서 오프라인 프로모션을 실시하고 이를 다시 게시하는 온오프라인 병행 홍보를 통해서 일정의 성과를 얻었다. 즉 현재의 거래처가 아닌 다른 단체나 기관에서 작게는 10개, 많게는 50개가 넘는 도시락 주문이 들어왔으며, 페이스북에 게시된 연락처를 통해 도시락 전화주문이 오기도 하였다.

이는 파랑새 식품이 온라인 마케팅의 가능성을 보여 주는 것이라 해석할 수 있다. 일주일이라는 짧은 시간 안에 이렇게 많은 사람의 호응을 이끌어 낼 수 있는 것은 다른 기업들의 어떠한 페이스북 마케팅 결과보다 긍정적이다. 사실 파랑새 식품이 중시하는 안전한 먹거리에 대한 자부심과 진정성이 페이스북이라는 온라인 공간을 만나 많은 사람에게 알려진다면 이들에게는 다른 마케팅이 필요하지 않을지도 모른다.

사실 페이스북 개설이 이익창출로 바로 이어진다고 단정할 수는

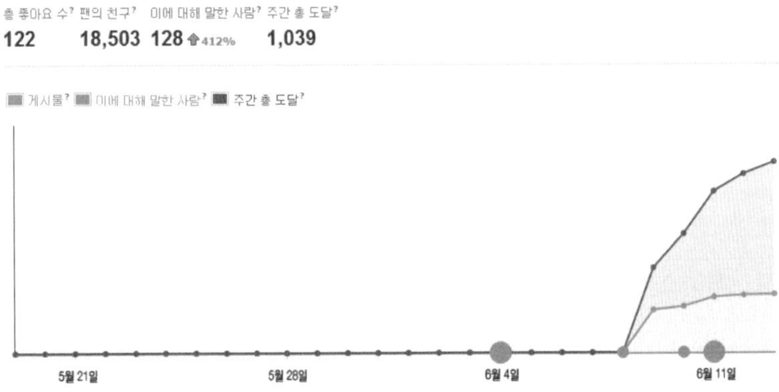

〈그림 5-13〉 파랑새 식품 페이스북 홍보 효과

없다. 그것을 눈으로 확인하기까지는 시간이 걸릴 것으로 생각된다. 하지만 이 마케팅을 통하여 파랑새 식품에 좋은 인상과 인지도를 만들 수 있다면 그것만으로도 마케팅으로서의 역할은 충분히 해냈다고 볼 수 있다.

2) 장기적 성과 전망 및 향후 과제

페이스북의 좋아요 수와 팬 수는 꾸준한 증가세를 보였다. 앞으로 이 페이스북을 통해 주문과 홍보를 한다면 사회적기업으로서의 이미지와 제품을 알릴 수 있을 것이다. 향후 다른 SNS 서비스로 확장하여 이용하고 블로그, 홈페이지 관리 등의 온라인 마케팅 방법들을 통하여 폭넓은 홍보가 가능하다면 브랜드에 대한 인식을 더욱더 많은 사람에게 심어 줄 수 있다.

또한 사회적기업으로서의 파랑새식품은 안전하고 신선한 먹거리를 제공하고 고객들은 본 기업의 제품을 구매하면서 착한 소비를 할 수 있다는 심적인 만족감을 주면서 최대한의 고객 만족을 위해 노력하였다. 이러한 노력들을 온라인(SNS, 홈페이지)와 오프라인(거래처 홍보)을 통하여 이미지를 구축할 수 있다면 앞으로 더 많은 수익과 사업 확장을 위해 재투자할 수 있을 것으로 보인다.

최근 환경오염에 대한 우려들이 쏟아지고 안전한 먹거리에 대한 관심이 증폭된 상황에서 파랑새 식품의 안전한 먹거리에 대한 끈질긴 노력과 진정성을 사람들에게 어필한다면 더 많은 사람이 파랑새 식품에 대한 관심을 가지고 이들을 주목하게 될 것이다. 게다가 단순히 이익창출을 위한 기업이 아닌 이익창출을 통해 그것을 다시 사회에 환원하는 사회적기업이라는 특성은 더 많은 이에게 착한 기업이라는 인상을 줄 수 있을 것이다. 그리고 그것은 파랑새 식품의 성장 기틀을 마련해 줄 것이다.

제5절 한살림 생협

1. 기업 소개

1) 사업 소개

한살림 소비자 생활협동조합연합회는 1986년 원주에서 설립되었다. 업종은 농·축·수산물 및 가공품으로 유기농을 이용한 품목 외에 친환경 생활물품을 조합원에게 공급 중이다. '한살림'은 2011년부터 2013년까지의 연평균 조합원이 18.2%가 증가해 2013년 기준 41만 세대 이상이며, 생산 면적은 10%가 증가하여 2013년 기준 1,164만 평을 보유하여 농업 생산 금액 696억 원을 달성하였다(한살림, 2013).

한살림 조직은 크게 세 가지로 나뉜다. 총괄 조직이며 기획, 조직 지원, 사업 지원을 담당하고 있는 한살림연합과 각 지역 내 조합원 조직인 지역 한살림, 그리고 생산자를 대변하는 한살림생산자연합회로 이루어져 있다.

한살림연합은 총회를 기준으로 각 지역한살림과 생산자연합회 임원이 참여하는 이사회로 중심으로 각 위원회와 회의단 그리고 사무국 있다. 각종 위원회는 물품의 선정 및 정책, 교육을 담당하며 회의단

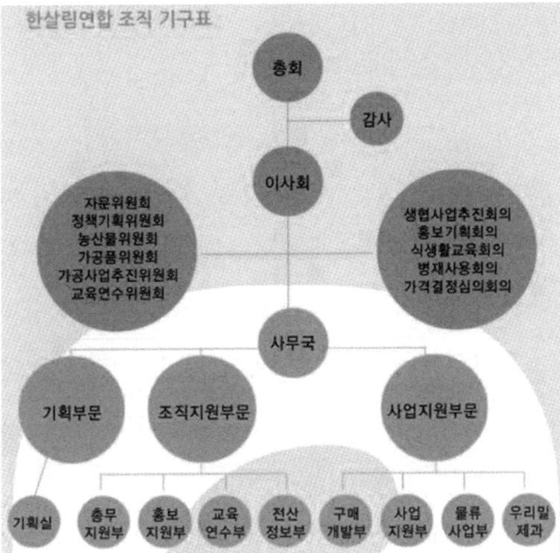

〈그림 5-14〉 한살림 연합 조직 기구표

은 정책 선정에 대한 회의를 담당한다. 사무국의 경우 크게 기획, 조직 지원, 사업 지원으로 구분되며 이하 9개의 부서로 구분되어 있다. 마케팅의 경우 홍보지원부에서 담당하고 있다.

2. 마케팅 현황 및 문제점

한살림은 사람과 자연, 도시와 농촌이 생명의 끈으로 이어져 있다는 생각에서 자연을 지키고 생명을 살리는 마음으로 농사를 짓고 물품을 만드는 생산자들과, 이들의 마음이 담긴 물품을 믿고 이용하는 소비자들이 함께 결성한 생활협동조합이다. 다른 사회적기업들이 각 사업을 통한 이익창출을 사회에 환원하는 특징을 가진 것과는 조금 다르게, 생산자와 소비자 간의 직거래운동을 통해 어려운 이웃과 더불어 살아가는 노력과 절제된 소비, 자연과 조화를 이룬 생활문화를 이루어가는 것을 목적으로 하고 있다.

이러한 특징에 따라 한살림은 서울, 부산, 대전, 대구 등 전국에 각 지역 한살림을 두고 있다. 한살림에서 판매되는 모든 물품은 한살림 운영비(인건비, 물류비, 홍보, 교육, 조합원 활동, 사회적 약자를 위한 지원 등)를 제외한 모든 비용이 생산자에게 돌아가도록 책정돼 대형마트나 일반 시장에서 취급하는 물건보다 저렴하다. 이러한 특징상 마케팅이나 홍보에 재정적 지원을 충분히 하기에 어려움이 있으며, 좋은 취지와 운영에도 불구하고 입소문으로만 이루어지는 마케팅에 의존하는 한계가 있다.

한살림은 온라인 홈페이지를 통한 마케팅이 중심이고, 오프라인 마케팅은 거의 입소문으로 이루어졌다. 다만 홈페이지 운영은 한살림연합 조직이 잘되어 있는 관계로 홍보지원부에서 관리하고 있어 홈페이지로서 역할을 다하고 있었다.

홈페이지를 통한 상품 구매가 가능하여 소비자들의 불편을 감소시킨다는 장점이 있고, 한살림의 설립 목적과 구성, 활동 및 이용 방법 등을 자세하고 쉽게 기재해 온라인 마케팅의 일부분을 잘 이용하고 있었다.

하지만 재정적인 한계로 공격적인 오프라인 마케팅이나 온라인 마케팅을 전개할 수 없었다. 인지도 향상과 지역 사업체의 확장을 위하여 좀 더 적극적인 홍보 활동이 필요하였다. 그래서 SNS를 통한 마케팅의 필요성이 제기되었다. 물론 SNS를 통한 마케팅이 데이터 분석과 성과를 측정할 수 없는 경향이 있고 사용자 외에 데이터 접근이 어렵다는 단점이 있지만, SNS 이용자의 영향력으로 가능성이 높은 마케팅 도구였다.

3. 페이스북 구축 및 마케팅 진행 상황

1) SNS 마케팅 계획

SNS 마케팅은 페이스북과 트위터로 진행하기로 하고, 2011년 4월 페이스북 페이지를 만들고 트위터를 개설했다.

한살림 SNS는 주로 한살림 소식 및 생산지 정보와 한살림 운동을 전달 통로로 활용하고 이러한 조합원, 비조합원들과의 소통은 바이럴 마케팅의 대표적인 케이스라고 할 수 있다.

특별히 다른 사회적기업들에 비하여 전국적이고 조직적인 한살림 이용자가 있다는 장점에 착안하여 SNS 마케팅을 통한 긍정적 효과가 기대되었다. 사실상 한살림을 이용하는 고객들의 주부 등 높은 연령층이기 때문에, 상대적으로 인지도가 낮은 젊은 연령층이 주로 사용하는 SNS를 통한 마케팅은 한살림의 인지도를 전 연령대로 확대하는 데 큰 도움이 될 것이라 예상하였다.

2) 페이스북 구축 및 마케팅 진행 상황

'한살림'은 2011년 4월에 페이스북 페이지를 개설하여 다양한 게시물을 업데이트하고 페이지 관리를 꾸준히 하며 지속적으로 사람들과 소통을 하고 있으며, 2014년 5월 기준 '한살림'의 페이스북 친구는 3,721명을 기록하였는데 초창기 친구 수 50명에서 74배가 넘는 수치이다.

트위터의 경우 트윗은 2,575개, 팔로잉은 4,925개, 팔로워는 5,521명을 보유하고 있다. 또한 2011년 5월에 가입한 '한살림'의 유튜브 페

〈그림 5-15〉 '한살림'의 페이스북 페이지

〈그림 5-16〉 '한살림'의 트위터 페이지

이지의 총 조회 수는 13,130회, 구독자수는 43명이며, '한살림'의 블로그의 총 방문객 수는 57,577명을 기록하였다. '한살림'은 3년이 넘는 시간 동안 초창기 때만큼 좋아요, 트윗 · 팔로워 수 등의 증가폭이 크진 않았으나, 그러한 결과들은 '한살림' SNS활동의 성실함과 꾸준함을 잘 나타내고 있으며, 향후 SNS 마케팅 활용에 좋은 기회 그리고 긍정적인 성과를 가져다줄 것으로 보인다.

4. SNS 마케팅 성과 및 전망

1) 페이스북을 통한 단기적 성과

2011년 4월 국내 3대 생협 중 최초로 SNS 마케팅을 시도하고 꾸준히 활동을 해 온 결과, 한살림은 특별한 마케팅 없이 비교적 단기간에 페이스북은 3,721명으로 친구가 늘었고 트위터는 4,925개의 팔로잉, 5,521명의 팔로워와의 연결을 성공시켰다. 이는 사람들이 쉽게 접근할 수 있는 SNS를 통하여 건강한 먹거리, 웰빙(Well-being) 그리고 환경에 얼마나 많은 사람이 관심을 갖고 있는지를 잘 보여 준다.

그러나 1986년 12월에 시작한 '한살림'은 오래된 역사만큼이나 생산자와 소비자 등 고객이 이미 확보가 된 상태에서 SNS마케팅을 진행했기에 그 성과를 단기적으로 봤을 때 더 두드러진 것으로 보인다.

하지만 많은 고객층을 확보한 상태임에도 불구하고 '한살림'의 SNS 마케팅 활동은 고객들과 소통하려는 꾸준한 노력과 새로운 변화에 발맞춰 나가는 성실함이 엿보인다. 그들의 시도는 단순히 오프라인이나 홈페이지 방문을 통한 정보 공유를 넘어서 휴대기기로 언제 어디서나 간편하게 SNS를 이용하여 소통을 하고 정보 공유를 할 수 있는 환경을 만듦으로써 많은 사람에게 긍정적인 호응을 더 크게 만들 수 있었다.

2) 장기적 성과 전망 및 향후 과제

앞서 나온 자료를 보면 초창기 대비 1,000%가 넘는 친구가 연결이 되는 등 가상 소비자에서 직접적인 매출을 이끌어 내는 조합원으로 탈바꿈할 수 있는 또 다른 기회를 SNS에서 발견할 수 있었다. 한살림과 같은 생협 조직체의 경우는 1차적 고객인 생산자와 소비자들이 맡은 역할만으로는 충분하지 않다. 그들이 조합원으로 가입하고 출자 등으로 생협의 일부를 이루는 지역사회의 작은 조직체인 생협 매장 등을 운영하는 2차적 소비자로 발전하는 데서 더 많은 기회를 창출할 수 있다.

앞서 언급한 것처럼 SNS를 이용하는 젊은 연령층의 관심이 증가하여 지역 사회를 이루는 주민들이 더 편리하고 가깝게 이용할 수 있는 생협 매장들이 늘어난다면 생협 조직의 성장과 사회에 끼치는 좋은 영향력들이 극대화될 것으로 기대된다.

SNS를 통한 온라인 숍 방문율도 미미하지만 꾸준히 늘었다. 한살림은 이미 온라인 숍이 잘 운영되고 있기 때문에 요란하고 공격적인 마케팅을 하지 않아도 그 효과가 더 크게 나타난다고 볼 수 있다.

SNS를 통한 홍보로 유입된 새로운 조합원의 증가는 올바른 먹거리 구매로 이루어질 것으로 생각되며 이 같은 추세는 앞으로 계속될 것으로 기대된다. 한살림의 확장은 소비자들에게는 안전한 먹거리의 저렴한 공급으로, 생산자들에게는 유통 경로를 통해 발생하는 비용으로 인한 상대적 이익 감소를 줄임으로서 더욱 건강한 먹거리 생산에 힘을 얻는 긍정적 효과가 나타날 것이다.

이상과 같은 소규모 사회적기업의 소셜미디어 활용 사례를 정리하면 〈표 5-4〉와 같다.

〈표 5-4〉 소규모 사회적기업의 소셜미디어 활용 사례 정리

기업명	업종/아이템	주요내용
래그랜느	쿠키, 케익, 빵, 카페	-자폐장애인으로 구성, 오프라인 매장인 카페의 입지 불리(대기업 체인 빵집 인근), 매장 방문율 저조 -페이스북 구축하여 제품 홍보 및 이벤트 실시 -단기간 성과는 미미했지만, 꾸준히 팬 증가, 게시물 공유 증가
청밀	식자재, 농산물 전처리 사업, 유통	-복지재단과 구별되지 않는 기업의 정체성 모호 -사업활동 홍보 부족, 인지도 전무, 젊은 고객 전무 -페이스북 구축하여 기업홍보, 게시물 공유 -단기간 좋아요 수 332개로 급증 -사회적기업임에도 불구 SNS마케팅 전담부서 있음
두레마을	세차, 청소용역	-홈페이지와 쇼핑몰 구축이 잘되어 있었으나 매출 저조, 인지도 부족 -UCC제작하여 유튜브에 게시, 페이스북 구축 -페이스북 친구 수 18,372명으로 급증
파랑새식품	도시락 제조 판매	-타 도시락 업체 비해 낮은 인지도 -기업 아이덴티티(행복 나눔)를 분명히 하여 페이스북 구축 -단기간 친구 수 18,503명 달성
한살림생협	유기농산물 유통	-오프라인 구전으로는 기업홍보 한계 -블로그, 트윗 및 페이스북 개설하여 한살림 운동 적극 소통 -젊은 층과 소통 증가, 유튜브 총 조회수 13,130회 -블로그 방문객 57,577명 달성

제 6 장
결 론

제6장 결 론

제1절 연구의 요약

영세한 사회적기업들은 자원이 부족하기 때문에 생존이 힘들다. 특히 기업이 지속 가능하기 위해서는 매출이 발생해야 하는데, 제품과 서비스를 팔기 위해는 광고 홍보가 필수이다. 그러나 매스미디어에 광고나 홍보를 하기 위해서는 비용이 많이 들고 영세한 기업들은 이를 감당할 수 없다. 그런데 최근 소셜미디어의 등장은 저비용으로 효과적인 광고와 홍보, 그리고 판매를 할 수 있게 해 주었다. 따라서 영세한 사회적기업들도 소셜미디어를 잘 활용하면 고객을 확보하고 기업과 제품을 알리며 고객과의 관계를 지속하여 꾸준히 매출액을 올릴 수 있다.

본 연구에서는 제1장 서론에 이어 제2장에서 사회적기업의 특징과 문제점을 정리하였고, 소셜미디어의 마케팅 특성과 활용 방안에 대해서 살펴보았다. 제3장에서는 SNS 마케팅 성공 사례를 광고 홍보 분야, 고객 관리 분야 판매 관리 분야로 정리하였고 특별히 영세기업들의 SNS 마케팅 성공 사례들을 분석해 보았다. 제4장에서는 사회적기업의 소셜미디어 활용 실태를 조사하였는데, 많은 사회적기업이 효과가 있어도 소셜미디어를 활용하지 않았으며, 향후 지원을 받는다면 사용하겠다는 의견들을 들을 수 있었다. 제5장에서는 소규모 사회적 기업의 소셜미디어 활용 사례 다섯 개를 분석하였다. 이 기업들이 직접 페이스북을 구축하여 마케팅에 활용한 사례를 소개하고 그 성과를 정리해 보았다.

본 연구의 주요 내용을 정리하면 다음과 같다. 경제적 가치와 사회적 가치를 창출하는 사회적기업은 앞으로 우리나라에서 활성화되어야 할 사회적 경제 주체이나, 영세하고 낙후된 경영으로 말미암아 지속가능성이 불투명한 실정이다. 특히 제대로 광고나 홍보가 되지 않아 기업 생존에 필수적인 매출액이 꾸준히 발생하지 않는 문제가 심각하였다. 그러나 소셜미디어는 커뮤니케이션의 변혁을 가지고 왔다. 영세한 기업이라도 저비용으로 고객과 소통할 수 있는 수단이 되었다. 이미 우리나라의 몇몇 영세기업들은 SNS를 활용하여 성공적으로 광고 홍보를 하고, 고객을 개척하고, 매출을 발생시키고 있었다. 그러나 사회적기업 실태조사에 따르면 소셜미디어를 활용하는 기업은 미미하였고, SNS 구축에 대한 지원을 원하였다. 실제로 사회적기업 다섯 곳의 페이스북 구축 사례를 소개하여 다른 영세 사회적기업의 소셜미디어 활용에 시사점을 주고자 하였다.

제2절 소셜미디어 마케팅 방안

앞서 살펴본 사회적기업의 소셜미디어 마케팅 성공 사례와 실제 마케팅이 필요한 사회적기업들에 대한 마케팅 지원의 사례들을 통하여 다음과 같은 모델을 제시해 보았다.

사회적기업이 소셜미디어를 통해 마케팅을 하기 위해서는 사회적기업, 정부, 지역사회에서 노력이 필요하다. 먼저 사회적기업이 저비용, 고효율의 소셜미디어를 구축하고자 하는 의지, 소셜미디어 구축에 대해서 배우고자 하는 의지와 소셜미디어로 고객과 소통하려는 의지가 필요하다. 각 지역사회에서도 사회적기업을 돕기 위한 소셜미디어 교육프로그램 제공, 지역 내 대학 등과 연계한 대학생 소셜미디어 봉사단 연결, 지역경제 활성화 공모전을 통한 지역 사회적기업 지원 등이 필요하다. 정부 차원에서도 사회적기업의 소셜미디어 활용을 위한 지원제도를 마련하고 사회적기업의 홍보와 판로 개척을 지원하는 정책이 필요하다.

사회적기업은 마케팅에 활용할 소셜미디어를 선택하여 기업 특유의 콘텐츠와 이미지를 게시하고 지속적으로 관리하고 고객과 소통함으로써 소셜미디어 마케팅을 안정화해야 한다. 많은 마케팅 비용을 들이지 않더라도 마케팅 전문가가 없더라도 효과적인 광고홍보를 할 수 있을 뿐만 아니라 소셜미디어를 통한 판매까지 할 수 있어서 기업 이미지 제고와 매출액 증대 효과를 기대할 수 있다.

사회적기업은 재정적, 인적 자원의 한계가 분명하다. 그러므로 실현 가능한 마케팅이 매우 제한적이다. 여러 마케팅 방법 중에 적은 비용으로 꾸준한 관리와 노력만 들어간다면 좋은 성과를 낼 수 있는 소셜미디어를 이용한 마케팅은 사회적기업에게 유용한 마케팅 툴이 될 수 있을 것이다. 앞에서 살펴본 영세기업이 소셜미디어를 활용하여 성공한 사례에서도 소셜미디어는 마케팅에 투여할 예산이나 전문 인력이 없어도 효과적으로 마케팅 성과를 높일 수 있는 도구였다. 실제 설문조사에서도 소셜미디어를 활용하는 사회적기업들이 마케팅이나 경영상의 애로가 더 적었다. 또한 5장에서 실제로 소셜미디어를 활용한 사회적기업의 경우, 단기간에 홍보 효과를 올릴 수 있었다. 따라서 영세 사회적기업들은 소셜미디어를 먼저 구축하는 것이 필요하다.

소셜미디어 마케팅을 하기 위해서는 먼저 여러 소셜미디어 중 기업에서 사용할 소셜미디어를 선택 및 구축하고 사람들에게 쉽게 다가갈 수 있는 자신들의 기업 특유의 콘텐츠 및 이미지를 보여 주어야 한다. 5장에서 살펴본 한살림 생협의 경우 고객들에게 맞추어 블로그, 트위터, 페이스북 등을 다양하게 선택하였다. 또한 앞에서 살펴본 영세기업의 소셜미디어 활용 사례에서도 '꽃집아재', '마마님청국장', '페이스북 생선장수' 등 업체가 사용할 수 있는 효과적인 소셜미디어를 구축하고 특유의 차별화된 컨텐츠를 올려 성공한 것을 살펴보았다.

소셜미디어의 특성상 많은 사람에게 노출되고, 또 쉽게 기억되는 것이 중요하기 때문에 소셜미디어 마케팅 실천에서 가장 중요한 것이 바로 기업의 콘텐츠 및 이미지를 간단명료하게 잘 표현하는 것이라 할 수 있다. 사회적기업으로서의 역할, 즉 소외계층을 포용하고 착한 생산을 통하여 소비자로 하여금 착한 소비를 하도록 만드는 면들을 부각시킨다면 많은 사람의 긍정적인 반응을 불러올 수 있을 것이다. 앞서 5장의 사례에서도 도시락 업체 파랑새식품의 경우 '행복나눔'이라는 컨셉으로 착한 소비자들을 확보하였다.

착한 생산과 소비의 촉진은 사회적기업의 안정화를 가능케 하고, 이러한 사회적기업이 자리를 잡을수록 또 다른 사회적기업의 출현을 독려하게 될 것이다. 사회적기업은 최근 자본주의의 문제점을 해결할 수 있는 대안으로 주목받고, 비영리 조직과 영리 기업의 중간 형태로

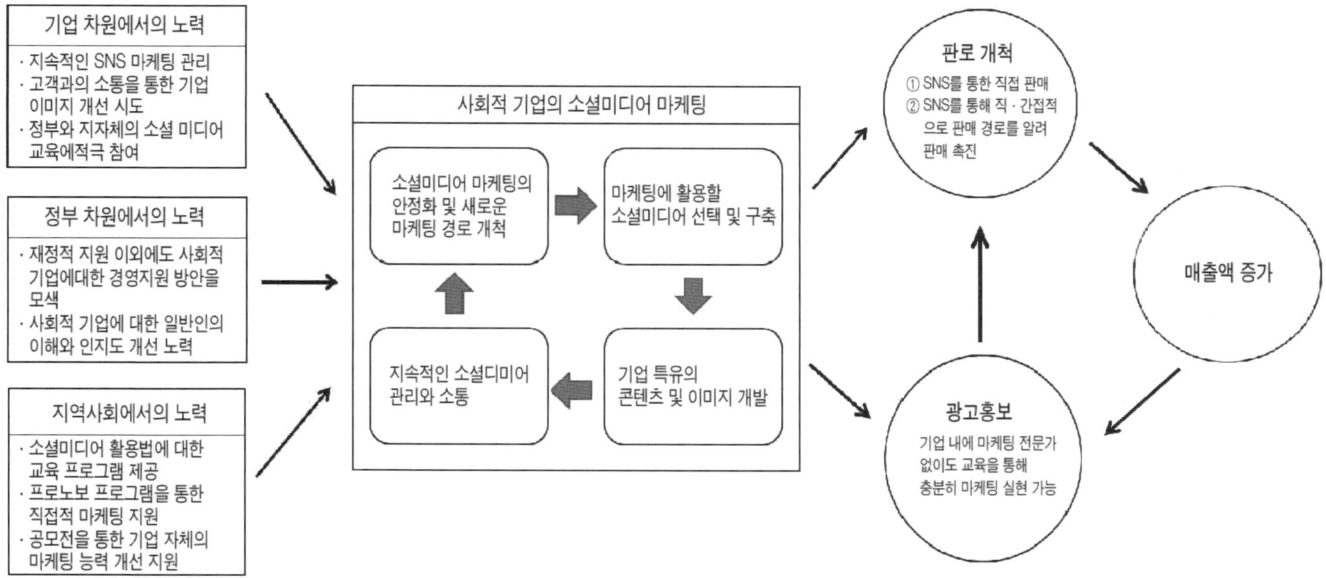

〈그림 6-1〉 사회적기업을 위한 소셜미디어 마케팅모델

소외된 계층을 포용하며 성장해가는 특징을 가지고 있기 때문에 국가적 차원에서 앞으로 더 성장시켜야 할 기업의 형태로 자리 잡을 수 있을 것이다.

소셜미디어를 구축했다고 모든 것이 끝나는 것은 아니다. 이를 지속적으로 관리하는 것이 필요하다. 또한 소셜미디어상에서 고객들과 끊임없이 소통하는 것도 중요하다. 5장에서 살펴본 사례에서도 페이스북만 구축한다고 되지 않고, 꾸준한 빵집홍보이벤트 실시(래그랜느), 세차장 UCC제작(두레마을) 등으로 지속적인 관리와 노력을 하였다. 페이스북에서 게시물을 주기적으로 업데이트하는 것부터가 중요하다. 이렇게 하면 사회적기업의 소셜미디어는 친구 수, 공유 수, 좋아요 수가 증가하면서 점차 안정화된다.

이렇게 소셜미디어가 안정화되면, 마케팅 예산과 전문가의 부재라는 한계를 극복하고 사회적기업은 마케팅 성과를 올릴 수 있다. 첫째로는 저비용, 고효율의 광고홍보 효과이다. 소셜미디어의 특성과 사회적기업의 명분이 상승작용을 일으켜 단기간에 사업에 대한 인지도를 높이고 스토리를 전달할 수 있다. 실제로 앞서 살펴본 청밀, 두레마을, 파랑새 식품의 경우 소셜미디어를 통해 단기간에 기업을 홍보할 수 있었다. 이러한 기업인지도는 직접 판매로 이어질 수 있다. 앞에서 살펴본 꽃집아재', '마마님청국장', '페이스북 생선장수' 등 업체가 페이스북을 통해 매출을 증대시켰다. 즉 사회적기업은 소셜미디어 마케팅으로 직간접적 판매 경로를 개척하고, 자신들이 지닌 인적 자원과 재정적 자원의 한계 안에서 마케팅을 실현할 수 있다. 또한 이런 실제적 마케팅 경험들을 통하여 배워 나간다면 점차 정부나 지자체의 도움이 없이도 마케팅을 할 수 있는 능력을 키워 나갈 수 있을 것이다.

이상과 같은 내용을 사회적기업의 입장에서 다시 한 번 단계별로 정리하면 다음과 같다.

제1단계: 소셜미디어 활용 마케팅에 대한 필요성 인식

① 마케팅 애로사항(광고홍보, 고객 확보, 판로 개척 등) 많다.

② 기업 내에 이를 해결할 예산과 전문가가 없다.

만약 ①, ②에 해당된다면 소셜미디어 활용이 매우 필요한 상태이다.

제2단계: 소셜미디어에 대한 지식 확보

① 소셜미디어(블로그, 페이스북 등)에 대해서 거의 들어 본 적이 없다.

② 들어는 봤지만 사용해 본 적이 없다.

만약 ①, ②에 해당된다면 소셜미디어에 대해서 주변 사람에게 물어 보거나, 인터넷 검색을 하거나 책을 읽어 보거나 기사를 읽어 봐야 한다.

제3단계: 소셜미디어 구축

① 소셜미디어에 접속해 본 적이 없다(또는 소셜미디어 계정이 없다).

② 소셜미디어에 글을 올려 본 적이 없다.

만약 ①, ②에 해당된다면 소셜미디어 계정을 만들고 글을 올려 보아야 한다. 필요하면 교육을 받아야 하거나 재능기부자의 도움을 받는다.

제4단계: 소셜미디어를 통한 기업홍보

① 소셜미디어 기업 페이지에 무엇을 올려야 할지 모르겠다.

② 소셜미디어 친구 수, 공유 수, 좋아요 수를 늘리고 싶다.

만약 ①, ②에 해당된다면 기업의 차별화된 이미지, 기업 활동, 스토리 등 콘텐츠를 꾸준히 개발하고 관련된 사이트에 꾸준히 링크한다. 물론 재능기부자의 도움을 받는 것이 좋다.

제5단계: 소셜미디어 기업페이지의 안정화

이를 위해서는 기업에서 담당자(가능하면 대표)를 두고 꾸준히 게시글을 올리고, 이벤트를 실시하는 것이 필요하다. 또한 소셜미디어를 통한 광고, 직접 판매도 시도해 볼 만하다.

제3절 선결 과제 및 전망

소규모 사회적기업이 소셜미디어를 통한 마케팅에 성공하기 위해서는 사회적기업, 정부, 지역사회의 협업이 필수적이다. 사회적기업의 특성상 지역사회와 밀접한 관계를 맺으며 기업이 성장해 나가기 때문에, 정부나 지역사회의 도움이 없이는 사실상 기업의 존폐 자체가 쉽지 않기 때문이다.

앞서 살펴본 선진국의 사회적기업의 여러 사례들을 통하여 재정적 지원뿐만 아니라 먼 미래를 보고 사회적기업 자체가 독립하여 자신의 기능을 다할 수 있도록 지원해 주는 것이 매우 중요함을 알게 되었다. 사회적기업의 소셜미디어를 통한 마케팅을 가능하게 하기 위해서는 다음과 같은 노력들이 필요하다.

1. 사회적기업 차원에서의 선결 과제

대부분의 사회적기업들의 두 가지 큰 특징은 영리 활동을 기반으로 사회적 약자를 위한 사회적 목적을 실현하는 것과 기업이 스스로 자리 잡기까지 재정적 측면, 경영관리 및 인적 자원 측면에서 많은 어려움이 있다는 데 있다. 이러한 태생적 한계를 극복하기 위해서는 사회적기업 스스로 적극적인 자세가 매우 중요하다. 정부와 지자체에서 실시하는 미디어 활용 방법에 대한 교육 프로그램에 적극 참여하고 자신들의 지닌 사회적 목적과 의미를 많은 사람에게 알리기 위하여 노력해야 한다. 그 노력 중 하나가 소셜미디어 활용이 될 수 있다.

실제로 앞의 조사 결과에서도 소셜미디어를 활용하는 사회적기업들이 마케팅 애로사항을 적게 느끼고 있었고, 영세한 기업들의 사례에서도 효과적으로 마케팅 성과를 달성하고 있었다. 앞서 살펴본 사회적기업 또는 영세기업의 소셜미디어 마케팅 성공 사례들은 하나같이 끈질기고 지속적인 소셜미디어 마케팅을 실천해 왔다는 데서 공통점이 있다. 많은 시간과 물질이 투자되는 것이 아니라, 오랜 시간을 두고 꾸준히 자신들의 모습을 대중들에게 노출하고, 그들이 자연스럽게 인지할 수 있도록 하였다. 그것은 대중들의 좋은 반응을 일으켰고 자연스레 매출과 직간접적으로 연결되는 것을 살펴볼 수 있었다.

최근 몇 년간 화두가 되는 것들 중 하나가 소통이다. 소통은 인간과 인간 사이에 가장 기본적이고 중요한 관계의 시발점이라고 볼 수 있다. 과거 대중매체를 이용한 일방적인 마케팅이 주를 이루었다면, 전자기기가 점점 더 발전해 가는 현대사회에서는 개개인 간의 소통, 개인과 기업 간의 소통이 더욱 중요한 면으로 부각된다. 사회적기업이 많은 대중들과 소통함으로써 그들에게 자신의 존재를 어필하고,

착한 생산과 소비를 알리며 그들도 동참할 수 있도록 한다면, 자본주의의 문제점을 해결할 수 있는 방안으로서의 사회적기업의 존재 목적이 실현될 수 있을 것이다.

2. 정부 차원에서의 선결 과제

과거에 정부가 초점을 맞추어야 했던 것이 경제적으로 부흥한 나라였다면 이제는 모든 국민이 행복하게 사는 나라, 복지가 잘되어 있는 나라가 초점이 되고 있다. 이러한 복지의 한 면으로 실질적으로 소외된 계층에 대한 구제와 지원을 위하여 사회적기업이 출현하게 되었다. 무조건적인 재정적 지원은 개인이나 기업이 스스로 독립할 수 있는 힘을 기르는 데 오히려 방해가 될 수 있다. 장기적으로 재정적 지원보다 더 중요한 것은 그들 스스로 독립할 수 있도록 교육하고 도와주는 것이 필요하다.

소셜미디어 마케팅을 하기 위해서는 우선 소셜미디어에 대한 이해와 사용 방법을 아는 것이 매우 중요하다. 사회적기업과 영세 기업들을 위한 소셜미디어 교육 프로그램을 마련하고, 이와 함께 기업을 운영하는 데 도움이 될 만한 경영 지원 교육 프로그램도 도입하여 그들로 하여금 중장기적으로 기업의 발전을 도모할 수 있도록 해야 한다. 사회적기업 대표들과의 인터뷰에서도 영세기업들은 소셜미디어에 대한 지식이 없고 사용 방법을 모르기 때문에 이에 대한 충분한 교육에 대한 요구가 많았다.

3. 지역사회 차원에서의 선결 과제

실질적으로 사회적기업은 몸담고 있는 지역사회와 함께 공존해야만 한다. 그렇기에 지역사회에 있는 교회나 복지 기관들과 협업하여 사회적기업의 성장에 도움을 줄 수 있도록 지역사회 차원에서의 지원이 필요하다. 사회적기업 대표들과의 인터뷰에서도 교육도 중요하지만 가까이 있는 조력자가 소셜미디어를 활용할 수 있다록 조금만 도와주면 좋겠다는 의견이 많았다.

2016년 서울시도 소셜미디어로 지역사회 소상공인 및 사회적기업의 경쟁력 향상을 도우는 사업을 시작하였다. 사회적기업의 모바일 쇼핑몰을 네이버쇼핑과 연동해 온라인 판로 확대도 도운다고 한다(아주경제 2016. 8. 10.).

사회적기업이 몸담은 지역의 교회나 대학교 등에서 자원봉사자들을 모집하여 프로노보 활동을 통한 직접적인 마케팅 지원을 실천하는 것이 그 예이다. 앞서 5장에서 살펴본 사회적기업의 소셜미디어 활용 사례들이 바로 대학생들의 프로노보 활동과 유사하다고 볼 수 있다. 실제 제5장의 사례같이 소셜미디어를 쓸 줄 아는 대학원생들이 기업에 가서 페이스북을 구축하고 사용법을 대표들에게 가르친 결과, 단기간에 기업 홍보 효과를 달성할 수 있었다.

이외에도 소셜미디어를 활용한 마케팅 공모전 등을 실시하고 사회적기업들의 참여를 이끌어 내 그들 스스로 마케팅에 도전해 볼 수 있는 기회를 만드는 것도 좋은 방법이다. 인적자원을 직접적으로 보내주는 데 한계가 있기 때문에, 기업 내에서 마케팅이 가능한 경영 지원 인력을 키울 수 있도록 독려하는 것 또한 지역사회가 할 과제이다.

부 록

부록. 사회적기업의 소셜미디어 활용 실태 통계분석표

업종별 소셜미디어 활용 교차분석 결과

		소셜미디어 활용		합계
		예	아니요	
업종	기타	3 17.6%	14 82.4%	17 100.0%
	제조	2 10.5%	17 89.5%	19 100.0%
	서비스	4 44.4%	5 55.6%	9 100.0%
	교육	3 33.3%	6 66.7%	9 100.0%
합계		12 22.2%	42 77.8%	54 100.0%

목적유형별 소셜미디어 활용 교차분석 결과

		소셜미디어활용		합계
		예	아니요	
목적 유형	일자리	5 16.1%	26 83.9%	31 100.0%
	사회서비스	3 50.0%	3 50.0%	6 100.0%
	혼합	3 23.1%	10 76.9%	13 100.0%
	지역사회	1 20.0%	4 80.0%	5 100.0%
	기타	1 100.0%	0 .0%	1 100.0%
합계		13 23.2%	43 76.8%	56 100.0%

소셜미디어를 활용하는 사회적기업의 평균 근로자 수

소셜미디어 활용		N	평균	표준편차
전체 근로자 수	예	13	10.62	13.709
	아니요	44	16.86	34.215

소셜미디어를 활용하는 사회적기업의 평균 근로자수

소셜미디어활용		N	평균	표준편차
취약계층 수	예	13	4.00	3.189
	아니요	44	13.07	29.837

창립연도별 소셜미디어 활용 교차분석

		소셜미디어활용		합계
		예	아니요	
창립 연도	2007-2011 설립	5	23	28
		17.9%	82.1%	100.0%
	2012 설립	8	21	29
		27.6%	72.4%	100.0%
합계		13	44	57
		22.8%	77.2%	100.0%

월 매출액별 소셜미디어 활용 교차분석

		소셜미디어활용		합계
		예	아니요	
월매출액	1천 만원 이하	3 50.0%	3 50.0%	6 100.0%
	1천-3천만원	1 14.3%	6 85.7%	7 100.0%
	3천-6천 만원	1 12.5%	7 87.5%	8 100.0%
	6천1만원 이상	1 14.3%	6 85.7%	7 100.0%
합계		6 21.4%	22 78.6%	28 100.0%

소셜미디어 활용에 따른 사회적기업의 평균 월 매출액 비교

	소셜미디어 활용	N	평균	표준편차
월매출(천원)	예	6	30596.00	48418.645
	아니요	22	50637.86	52891.174

소비자만족도조사별 소셜미디어 활용 교차분석

		소셜미디어 활용		합계
		예	아니요	
소비자 만족도조사	없음	8 20.5%	31 79.5%	39 100.0%
	있음	5 27.8%	13 72.2%	18 100.0%
합계		13 22.8%	44 77.2%	57 100.0%

소셜미디어를 사용하는 사회적기업의 평균 수혜인원 수

	소셜미디어 활용	N	평균	표준편차
수혜인원	예	8	4275.75	9410.302
	아니요	25	878.40	1729.766

소셜미디어 활용에 따른 사회적기업의 사회공헌액 비교

	소셜미디어 활용	N	평균	표준편차
사회공헌액	예	7	25.57	33.679
	아니요	23	16.88	40.485

소셜미디어 활용에 따른 사회적기업의 제품 개발 애로 사항 비교

	소셜미디어 활용	N	평균	표준편차
제품 개발 애로	예	12	2.75	1.055
	아니요	44	3.09	1.030

소셜미디어 활용에 따른 사회적기업의 가격 결정 애로 사항 비교

	소셜미디어 활용	N	평균	표준편차
가격 설정 애로	예	12	2.67	.778
	아니요	44	3.27	.788

소셜미디어 활용에 따른 사회적기업의 판로 확보 애로 사항 비교

	소셜미디어 활용	N	평균	표준편차
판로 확보 애로	예	12	3.25	1.215
	아니요	44	3.80	1.112

소셜미디어 활용에 따른 사회적기업의 광고 홍보 애로 사항 비교

	소셜미디어 활용	N	평균	표준편차
광고 홍보 애로	예	12	3.50	1.314
	아니요	44	3.86	1.002

향후 소셜미디어를 계속 활용할 의향에서도 소셜미디어 활용기업은 4.46으로 비활용기업의 4.12보다 높게 나타났다.

소셜미디어 활용에 따른 사회적기업의 향후 소셜미디어 활용 의향 비교

	소셜미디어활용	N	평균	표준편차
소셜전문가 활용 의도	예	13	4.46	.660
	아니요	43	4.12	1.179

소셜미디어 활용에 따른 사회적기업의 경영컨설팅 필요성 비교

	소셜미디어활용	N	평균	표준편차
경영컨설팅 필요	예	13	3.23	1.235
	아니요	42	3.45	1.173

소셜미디어 활용에 따른 사회적기업의 설비 지원 필요성 비교

	소셜미디어활용	N	평균	표준편차
설비 지원 필요	예	13	4.31	.947
	아니요	44	4.50	.699

소셜미디어 활용에 따른 사회적기업의 우선 구매 필요성 비교

	소셜미디어활용	N	평균	표준편차
우선 구매 필요	예	13	4.08	.760
	아니요	43	4.58	.626

소셜미디어 활용 기업은 교육 지원 필요성에서도 2.62로 비활용기업 3.61보다 낮았다.

소셜미디어 활용에 따른 사회적기업의 교육 지원 필요성 비교

	소셜미디어활용	N	평균	표준편차
교육 지원필요	예	13	2.62	1.193
	아니요	44	3.61	1.224

소셜미디어 활용에 따른 사회적기업의 경영관리 지원 필요성 비교

	소셜미디어활용	N	평균	표준편차
경영 관리 지원 필요	예	13	3.92	1.115
	아니요	43	4.09	.781

소셜미디어 활용에 따른 사회적기업의 시장 확보 지원 필요성 비교

	소셜미디어활용	N	평균	표준편차
시장 확보 지원	예	13	4.23	1.013
	아니요	44	4.34	.745

소셜미디어 활용에 따른 사회적기업의 통합브랜드 필요성 비교

	소셜미디어활용	N	평균	표준편차
통합브랜드 필요	예	12	3.58	1.379
	아니요	42	3.95	.987

소셜미디어 활용에 따른 사회적기업의 투자가 발굴 지원 필요성 비교

	소셜미디어활용	N	평균	표준편차
투자가 발굴 지원	예	13	4.08	1.115
	아니요	44	3.89	.841

사회적기업의 소셜미디어 활용 의도

	N	평균	표준편차
사회적기업	17	4.24	.903
예비 사회적기업	40	4.15	1.167
합계	57	4.18	1.088

사회적기업의 유형별 소셜미디어 활용 의도

	N	평균	표준편차
일자리	31	4.03	1.169
사회서비스	6	4.83	.408
혼합	13	4.31	.751
지역사회	5	4.80	.447
기타	1	3.00	-
합계	56	4.23	1.009

사회적기업의 시장조사 유무별 소셜미디어 활용 의도

	N	평균	표준편차
없음	39	4.08	1.222
있음	18	4.39	.698
합계	57	4.18	1.088

사회적기업의 SNS 인지도별 소셜미디어 활용 의도

	N	평균	표준편차
전혀 모름	3	4.33	1.155
사용하지못함	23	4.61	.783
효과 없음	14	3.07	1.207
합계	40	4.05	1.197

사회적기업의 업종별 소셜미디어 활용 의도

	N	평균	표준편차
기타	17	4.12	1.409
제조	18	4.50	.618
서비스	9	3.67	1.000
교육	10	4.50	.707
합계	54	4.24	1.027

사회적기업의 매출액별 소셜미디어 활용 의도

	N	평균	표준편차
1만원 이하	6	4.00	1.095
1천-3천 만원	7	4.00	.816
3천-6천 만원	8	3.75	1.581
6천1만원 이상	7	4.29	1.496
합계	28	4.00	1.247

| 참고문헌 |

<국내 문헌>

고애란(2009), "국내 소비자의 윤리적 소비행동 특성과 앞으로의 전망", 패션정보와 기술, 제16권, pp. 54-62.

고용노동부 홈페이지(www.moel.go.kr)

곽선화(2010), "2008 사회적기업 인증 분석, 사회적기업연구, 제3권, 제1호, pp. 135-165.

구자룡(2012), "소셜 미디어를 활용한 브랜드 마케팅 사례", 한국마케팅연구원, 제46권, 제1호, pp. 39-43.

권오철(2011), "SNS를 활용한 입소문마케팅 전략", 한국마케팅연구원, 마케팅, 제45권, 제9호, (통권512호), pp. 74-79.

김경휘, 반정호(2006), "한국 상황에서의 사회적기업의 개념과 유형에 관한 소고", 한국노동연구원, 노동정책연구, 제6권, 4호, pp.31-54.

김금환, 강영숙(2014), "사회적기업의 지역별 분포 특성 분석", 『벤처창업연구』 제9권 제1호, pp.141-151.

김대현, 장윤의(2011), "소셜미디어와 소셜커머스 기법을 활용한 공공서비스 활성화 방안", 한국경영정보학회, 학술대회 논문집, pp. 401-410.

김동주(2007), "장애인직업재활시설의 경영성과평가에 관한 연구", 직업재활연구, 제17권, 제2호, pp. 99-120.

김명희(2008), "영국의 사회적기업 사례 연구와 한국에의 정책적 함의", 사회복지정책, 제33권, pp. 135-157.

김병수(2011), "SNS 활용 기업의 성공전략", SERI경영노트, 제100호.

김상훈, 안대천(2011), "SNS를 활용한 효과적인 감성광고 전략: 현대자동차그룹'Gift-Car'기업PR 캠페인 사례연구", 광고학연구, 제22권 제5호, pp. 273-290.

김상헌(2010), "소셜미디어를 통한 소통과 문화경영", Korea Employers Federation.

김서영(2012), "국내외 금융기관의 SNS 활용 현황 및 시사점", 금융결제원, 지급결제와 정보기술, 제48호, pp. 1-29.

김신양(2001), "자활공동체, 사회적기업으로의 발전전망," 협동조합리뷰, 제40권.

김순양(2010), "사회적기업에 대한 효율적인 정부지원시스템 구축방안:정부지원을 위한 기준 설정 및 행정체계 확립을 중심으로", 한국사회정책, 제17권, 제2호, pp. 201-234.

김순양(2009), "사회적기업 인증제도의 개선방안 고찰", 사회적기업연구, 제2권, 제1호, pp. 67-93.

김순양(2008), "사회적기업(Social Enterprises) 활성화를 위한 정책방안: 영국의 사회적기업 지원 정책 사례분석 및 시사점", 한국행정연구, 제17권, 제3호, pp. 207-247.

김승열(2009), "모바일 SNS 서비스 동향 및 전망", 한국통신학회지(정보와 통신), 제26권, 제4호, pp. 19-25.

김영미(2009), "영세기업의 증가와 일자리 이동", 산업노동연구, 제15권 제2호, pp. 125-151.

김영애, 신호균, 김현우, 노경수(2011), "대·중소기업의 파트너십에 의한 상생협력이 이타적 공진화를 위한 경영성과에 미치는 영향에 관한 연구—파트너 형태에 따른 조절효과를 중심으로—", 한국로고스경영학학회 2011년 추계학술대회 발표논문집, pp.33-49.

김용호, 송경수(2009), "사회적기업의 행·재정지원제도 보완을 위한 전략적 마케팅", 사회적기업연구, 제2권, 제1호, pp. 5-35.

김유정, 김혜영(2010), "The Effect of Justice and Trust on eWOM in Social Media Marketing: Focused on Power Blog and Meta Blog", 인터넷전자상거래연구, 제10권 제3호, , pp.131-155.

김윤화 외(2013), SNS(소셜네트워크서비스) 이용 추이 분석, 정보통신정책 연구원 KISDI STAT Report 13-12.

김익태(1993), "광고, 판매의 관계분석", 광고연구 가을호, pp. 235-270.

김정원(2009), 사회적 일자리와 사회적기업은 民의 대안이 될 수 있는가?, 『도시와 빈곤』, Vol.89, pp. 75-93.

김재인, 정건섭(2010), "선진국 사례를 통한 한국형 사회적기업의 과제와 방향", 공공행정연구, 제11권, 제2호, pp, 49-68.

김철환(2012), "52살 꽃집아재의 페북마케팅", 블로터닷컴, 2012.9.26., http://www.bloter.net/archives/128556

김철환(2013), "페이스북 생선장수 오일", 블로터닷컴, 2013.2.15 http://www.bloter.net/archives/143736

김태영(2009), "정책수단으로서의 사회적기업", 한국정책학회 동계학술대회 발표 논문집, pp.3-24.

김태우(2012), "SNS의 내용 분석을 이용한 스마트폰 사용자의 요구특성 분석에 관한 연구", 한양대학교 대학원 석사학위 논문.

김헌, 백미정 (2010), "소셜 네트워크 서비스의 유형별 분류에 따른 웹 인터페이스 연구", 한국디자인문화학회지, 제16권, 제1호, pp. 80-93.

김형아, 배광빈, 최봉(2011), "서울시 트위터 네트워크 구조 분석과 정책적 함의", 경인행정학회, 한국정책연구 제11권, 제2호, pp. 95-114.

김형택 (2009), "공유하고, 연결하고, 개방하라—소셜미디어(Social Media) 마케팅 전략", 유통저널, 제3권 176호 통권255, pp. 81-85.

나종연(2010), "사용확산모형을 적용한 소비자 온라인 소셜네트워크 활용에 대한 연구", 소비자학연구, 제21권, 제2호, pp. 443-472.

노대명(2008), "한국의 사회적기업과 사회서비스", 보건복지포럼, 통권 138호, pp. 62-85.

노기영, 이미영(2005), "블로그의 매체경쟁에 관한 연구: 관게지향 블로그와 정보지향 블로그의 적소분석을 통한 경쟁분석", 한국언론학보, 제49권, 3호, pp.318-389.

류만희(2009), "한국의 사회적기업 특성과 발전전략에 관한 연구", 상황과

복지, 제31호, pp. 161-191.
문달주(2011), "소셜 미디어시대의 가치마케팅 전략", 한국문화산업학회, 문화산업연구, 제11권, 제2호, pp. 161-178.
문화일보(2013.07.30), '사회적기업 3000개·일자리 10만개 만든다'.
박성민(2011), "기업의 SNS 신 활용방식", SERI 경영노트, 제 115호.
박세훈(2005), "쾌락적 제품과 실용적 제품의 소비자 선택에 미치는 죄책감 효과", 한국마케팅학회, 마케팅연구, 제20권, 제2호, pp. 21-24.
박영화(2004), "Sales Promotion 광고매체 전략에 관한 연구", 한국일러스트레이션학회, 일러스트레이션 포름 제8권, pp.101-120.
박찬주(2010), "청년사회적기업가 육성 활성화 방안", 사회적기업연구, 제3권, 제2호, pp. 38-55.
박철(2003), "온라인 쇼핑에서 헤도닉-경험가치(Hedonic-Experiential Value): 영향변수와 결과변수", Asia Pacific Journal of Information Systems 제13권, 제4호, pp. 73-96.
박철, 이홍일(2011). "소셜미디어를 활용한 마케팅 커뮤니케이션 사례연구", 한국마케팅학회 2011년 춘계학술대회 발표논문집.
박현선(2011), 소셜 미디어에서 개인의 심리 및 사회적 동기요인이 정보공유의도에 미치는 영향, 경북대학교 대학원 석사학위논문, pp.75-86.
사회적기업연구원(2010), "사회적기업의 국제 비교", 사회적기업연구, 제3권, 제2호, pp. 108-129.
서윤교, 김주완, 조소연(2011), "기업의 성공적인 SNS 도입 전략", Information Systems Review, 제13권, 제3호, pp.1-14.
서정환 (1995), "기업이미지 형성 요인의 국제 비교에 관한 연구", 한국국제경영학회 95년 학술논문집, pp. 63-104.
선남이, 박능후(2011), "사회적기업의 사회경제적 성과에 미치는 영향요인 분석", 지방정부연구, 제15권, 제2호, pp. 141-164.
성가희(2011), SNS가 전자상거래에 미치는 영향 및 발전 방안에 관한 연구: Social shopping을 중심으로, 성균관대학교 정보통신대학원 정보통신정책학과 석사학위논문.

센이(SHEN YI)(2011), 중국 소셜네트워크서비스를 통한 구전효과에 영향을 미치는 요인: 웨이보(微博)를 중심으로, 고려대학교 일반대학원 디지털경영학과 석사학위논문.

소연사(2012), "경빈마마 우공이산 마케팅의 중요성", 2012, 11, 22, http://cafe.naver.com/kjbear/6423

손성달(2010), "마케팅의 변화, 빛의 속도", 한국마케팅연구원, 제44권, 제9호, pp.66-70.

손을춘(2014), "사회적기업 지원제도의 문제점과 개선방안", 국회입법조사처 현장 조사보고서 제29호.

송오식(2011), "소셜 커머스의 법률관계", 한국재산법학회, 재산법연구 제28권, 제2호, pp. 201-234.

심성욱, 김운한 (2011). "대학생의 소셜미디어 이용동기가 소셜미디어 광고 이용의향에 미치는 영향", 한국광고홍보학보, 제13권, 제2호, pp. 342-376.

아시아 투데이(2015.3.29), '정선 냉동찰옥수수' SNS 타고 날다.

아주경제(2014.04.27), "두산그룹, '인재의 성장과 자립'을 통한 사회공헌에 노력".

아주경제(2014.04.28), "SK이노베이션, '동반성장' 패러다임 바꾼다".

아주경제 (2016. 8.10) "서울시, SNS로 정보 전파… 행정체계 소셜미디어 중심 강화".

안종배(2011), "소셜미디어의 특징과 마케팅 활용 사례", 자동차경제, 한국자동차산업연구소, pp.50-58.

오단이(2013), "한국 사회적기업의 형성 및 성장과정 연구: 사회복지영역에서 전환한 사회적기업을 중심으로", 성균관대학교 사회복지학과 박사학위논문.

오성수(2013), "SNS관광정보가 관광지선택속성과 관광만족에 미치는 영향에 관한 연구", 전남대학교 대학원 지역개발학과 박사학위논문.

오세종, 이철영(2008), "기업인식과 CSR 홍보물에 대한 태도가 브랜드태도에 미치는 영향에 대한 실증적 연구", 기초조형학연구, 제9권 5호,

pp. 319-328.
옥정환, 강승화(2010), "사회적기업 육성에 대한 역량 및 전망에 대한 연구", 사회적기업연구, 제3권, 제2호, pp. 56-75
유혜림, 송인국 (2010), "웹 서비스 형태 변화에 따른 소셜 네트워크 서비스의 진화", 인터넷정보학회지, 제11권, 제3호, pp. 52-62.
이강호(2011), "기업의 트위터 활용유형에 따른 도입방안에 관한 연구", 한국기업경영학회, 제18권 제1호, 통권37호, pp. 279-297.
이경렬, 목양숙(2011), "새로운 광고마케팅 플랫폼으로서 소셜미디어의 확산과 활용실태", 한국일러스트학회, 제14권, 제4호, pp. 153-160.
이동훈, 이민훈, 박성민, 이준환(2010), "확산되는 소셜미디어와 기업의 新소통 전략", 삼성경제연구소, CEO Information, 제764호.
이두희(1997), 광고론, 박영사.
이상곤, 윤여중(2007), "CRM에서 고객정보관리 활동의 매개적 역할에 관한 연구", 한국데이타베이스학회, Journal of information technology applications & management 제14권, 제1호, pp.161-178.
이유재, 이청림(2006), "고객만족이 기업의 수익성과 가치에 미치는 영향", 마케팅연구, 제21권, 제2호, pp. 85-113.
이윤경(2012), "사회적기업의 SNS 홍보 및 활용 사례", 지역경제연구부 CDI세미나 자료.
이은선(2009), "사회적기업 특성에 관한 비교 연구: 영국, 미국, 한국을 중심으로", 해정논총, 제47권, 제4호, pp. 363-397.
이은선, 김미경(2012), "마케팅 커뮤니케이션 수단으로서의 기업 페이스북 팬페이지 이용행태 분석", 한국광고학회, 광고학연구 제23권, 제2호, pp. 31-55.
이은애(2008), "사회적기업 활성화를 위한 경영지원 과제", 윤리경영연구, 제10권, 제1호, pp.1-36.
이은애, 김병곤(2011), "SNS를 통한 마케팅 사례연구: 성공과 실패사례 중심으로", 한국정보기술응용학회 2011년도 춘계학술대회 발표논문집, pp. 33-40.

이의훈(2010), "SNS를 마케팅에서 활용하는데 중요한 점들", 한국마케팅연구원, 제44권, 제6호, pp. 20-24.

이정은(2011), "외식기업의 문화이벤트가 기업이미지와 관계지속의도에 미치는 영향", 한국이벤트컨벤션학회, 이벤트 컨벤션 연구 제14권, pp.77-95.

이지영(2011), "우리나라 사회적기업 활성화방안 모색–해외 사례 분석을 중심으로–", 한국균형발전연구, 제2권, 제3호(통권56호), pp.31-53.

이지원, 강인원, 정성운(2011), "SNS상의 콘텐츠품질이 사용자의 수용태도와 구전활동에 미치는 영향", 지식경영연구, 제12권, 제5호, pp. 1-10.

임종원, 양석준(2006), "디지털 환경에서 고객 참여를 통한 고객 주도형 관계 구조 형성에 관한 탐색적 연구", 한국마케팅학회, 한국마케팅저널, 제8권, 제1호, pp. 19-47.

이호섭(2007), "고객중심의 CRM 구축비교 사례연구", 경영정보연구, 제23권, pp. 25-40.

장용훈 (2010), "美, 소상인 살리려 Small Business Saturday 캠페인 벌여," 동향보고서, 대한무역투자진흥공사.

장원봉(2009), "한국 사회적기업의 실태와 전망", 동향과 전망, 75호, pp. 47-73.

장택원(2008), "인터넷 검색형광고와 노출형 광고에 대한 신념과 태도에 대한 연구: TV, 신문 광고와 비교한 실용적, 쾌락적 태도 차이를 중심으로", 한국광고학회, 광고학연구 제19권, 제4호, pp. 119-132.

정영열, 김지영, 강현민 (2008), "스포츠 스폰서십 참여에 따른 기업 이미지 속성이 브랜드 태도 및 구매의도에 미치는 영향", 한국체육학회지, 제48권 3호, pp. 239-252.

조준희, 최민석, 이재학, 박철(2012), "SNS마케팅 유형과 소기업 활용방안에 관한 연구", 한국IT서비스학회 2012춘계학술대회발표집, pp. 547-552.

정기한, 정지희, 신재익(2010), "기업의 SNS(Social Networking Service)활동이 브랜드 및 구전, 구매의도에 미치는 영향", 한국경영학회 통합학술대회.

정동훈, 이현지(2011), "기업 SNS 분석을 위한 범주화 연구", 한국광고홍보학회, 광고연구 제90권, pp.197-243.
정아윤(2008), "자활공동체의 사회적기업으로의 발전가능성 연구", 사회적기업연구, 제1권, 제2호, pp.91-116.
정유진, 배국진 (2007), "소셜 네트워킹 서비스(SNS) 동향과 전망", 한국과학기술정보연구원, Emerging Issue Report, ISBN 978-89-6211-0, pp. 1-59.
정태일(2011), "한국 사회적기업의 실태와 과제: 조례와 인증을 중심으로", 한국동북아논총, 제60권, pp. 199-215.
조성은, 한은영(2013), SNS의 이용과 개인의 사회관계 변화 분석: SNS 연결관계를 통한 신뢰 사회 구현에 대한 전망, KISDI 기본연구 13-19-02.
조영복(2011), "한국의 사회적기업 육성모델과 국제비교", 사회적기업연구, 제4권, 제1호, pp. 83-105.
조영복, 양용희, 김혜원(2008), "사회적기업 육성을 위한 중장기 정책방향", 사회적기업연구, 제11권, 제2호, pp. 61-89.
조진경(2010), 복잡계 관점에서 본 대중소기업의 공진화, 단국대학교 대학원 박사학위 논문.
최영균(2010), "마케팅 툴로서 소셜미디어의 실제와 전략", 한국마케팅연구원, 제44권, 제8호, pp. 31-37.
최용록(2011), "소셜 마케팅의 패러다임 특성과 활성화 방안", 국제 e-비즈니스 학회, 제12권, 제2호, pp. 343-362.
최윤영(2011), "공연 마케팅에서의 SNS 활용에 대한 시사점", 무용학회논문집, 제66권, pp. 183-215.
중앙일보(2014.02.08), "SNS 피로감 … 트위터, 하루 새 9조원 날렸다"
참세상(2014.03.04), '팽창하는 '사회적기업', 목적 상실...정리해고 위험도'
최정환(2011), "소셜 미디어 마케팅 단기 수익 관점으로 접근하면 실패하기 쉽다", LG 경영연구원, LG Business Insight, 2011.3.16., pp.1-22.
충청투데이(2014.04.18), "사회적기업 뿌리내릴 '토양' 없다"

표원정(2011), SNS 관광정보가 지역이미지 형성에 미치는 영향, 관동대학교 관광경영학과 박사학위논문.

황덕순, 박찬임, 황준욱(2004), "사회적 일자리 창출 사업중장기 발전방안", 한국노동연구원.

한국무역협회 뉴욕지부(2011), "미국 기업의 소셜네트워크 서비스(SNS) 마케팅 활용사례와 시사점", Trade Focus.

한국경제매거진(2013.07.05), "전 세계 SNS 생태계 현황, 200개 이상 대격돌…페이스북 맹추격"

한국사회적기업진흥원(2013), 2012 사회적기업성과분석, 한국사회적기업진흥원.

한국사회적기업진흥원(2013), 사회적기업 개요집950, 한국사회적기업진흥원.

한상필(2011), "매체별 광고비 예측에 관한 연구", 한국광고홍보학회, 한국광고홍보학보 제13권, 제3호, pp. 83-112.

한선호, 김현준, 최걸용, 한규철(2011), "SNS(Social Networking Service)를 활용한 프랜차이즈 업체의 마케팅 활성화에 관한 연구", 한국프랜차이즈경영연구, 제2권, 제2호, pp. 24-44.

한은경, 유은아(2003), 기업의 사회 책임 활동이 구매 의도에 미치는 영향에 관한 연구, 광고연구, 60, pp. 155-177.

한은영(2011), Huffington Post의 소셜 미디어 전략과 시사점, 방송통신정책, 제23권, 12호, pp. 27-37.

한살림(2013), 한살림 2013 사업·활동보고.

한지숙(2012), "위치기반 SNS(LBSNS)어플리케이션을 활용한 소셜마케팅 패션브랜드 사례를 중심으로", 한국디자인포럼, 제34권, pp. 17-26.

함유근, 박성민(2011), "SNS에 대한 4가지 오해", SERI경영노트, 제103호.

황현수(2009), "인터넷 마케팅의 미개척지, SNS", 한국마케팅연구원, 제43권, 제1호, 통권480호, pp.38-39.

현대경제연구원(2011), "사회적기업도 기업이다—성공 · 실패 사례와 핵심성공요인(CSF)", 경제주평, 11-39(통권466호), pp. 1-15.

홍기원, 한나래(2011), "공연장 트위터 팔로워들이 인지하는 관계 혜택의 특성 연구", 문화정책논총, 제25집, 제2호, pp.7-33.
홍문기(2011), "SNS(Social Network Service)를 이용한 마케팅 커뮤니케이션 전략", 광고연구, 제91권, pp. 515-547.
홍범식, 심현보(2009), "시간과 공간, 超세분화하라!", 동아 비즈니스 리뷰, 제40호, 제2권, 제16호, pp.22-31.
홍석빈(2009), "사회적기업의 지속 성장 가능성", LG Business Insight.

<외국 문헌>

Alter, K(2006), Social Enterprise Typology, Virtue Ventures, Washington DC, Vol.29, No.1, pp. 126-319.
Anthony Patterson(2012), "Social-networkers of the world, unite and take over: A meta-introspective perspective on the Facebook brand", Journal of Business Research65, pp. 527-534.
Barich, H., P. Kotler (1991), "A Framework for Marketing Image Management," Sloan Management Review, 32(2), pp.94-104.
Berry, L. L.(1983), Relationship Marketing, In L. L. Berry, G. L Shostack, &G. Upah. (Eds), Emerging Perspectives on Service Marketing, pp. 25-38.
Borzaga and Defourny(2001), The Emergence of Social Enterprise, Routledge, pp. 16-18.
Boyd, D. M. & Ellison, N. B.(2007), "Social Network Sites: Definition, History, and Scholarship", Journal of Computer-Mediated Communication, 13, pp. 210-230.
Boyle, B., Dwyer, F. R., Robicheaux, R. A., and Simpson, J. T.(1992), "Influence Strategy in Marketing Channels : Measures and Use in Different Relationship Structure", Journal of Marketing Research, Vol. 29, No. 4, pp. 462-473.
Chiu, C. M., Huang, H. Y., and Yen, C. H.(2010), "Antecedents of trust in online auctions", Electronic Commerce Research and Applications, Vol. 9, pp. 148-159.
Chu, Shu-Chuan & Kim, Yoojung (2011). "Determinants of Consumer Engagement in Electronic Word-of-mouth(eWOM) in Social Networking Sites", International Journal of Advertising, 30(1),

pp. 47-75.
Claire Cain Miller(2010), "Why Twitter's C.E.O. Demoted Himself: [Money and Business/Financial Desk]", New York Times, October 31, Late Edition(East Cast).
Colquitt, J. A.(2001), "On the Dimensionality Of Organizational Justice: A Construct Validation of A Measure", Journal of Applied Psychology, Vol. 86, No. 3, pp.386-400.
Corritorea, C. L., Krachera, B., and Wiedenbeck, S.(2003), "On-line trust: Concepts, Evolving Themes, A model", International Journal of Human-Computer Studies, Vol. 58, pp. 737-758.
Cropanzano, R. and Greenberg, J.(1997), "Progress in organizational justice: tunneling through the maze In C. L. Cooper, I. T. Robertson (eds.)", International Review of Industrial and Organizational Psychology, John Wiley, New York, NY, pp. 317-372.
Danaher, P. and Roland, T. R.(1996), "Indirect Financial Benefits from Service Quality," Quality Management Journal, Vol. 3. No. 2, pp. 63-65.
Donna L. Hoffman and Marek Fodor(2010), "Can You Measure the ROI of Your Social Media Marketing?", MIT Sloan Management Review, pp. 41-49.
Ellison, Nicole B., Charles Steinfield, and Cliff Lampe(2007), "The Benefits of Facebook "Friends": Social Capital and College Students' Use of Online Social Network Sites", Journal of Computer-Mediated Communication, 12(4), pp. 1143-1168.
Fang, Yu-Hui and Chiu, Chao-Min(2010), "In justice we trust: Exploring knowledge-sharing continuance intention in virtual communities of practice", Computers in Human Behavior, Vol. 26, pp. 235-246.
Fornell, C. and Larker, D.(1981), "Evaluating Structural Equation Models with Unobservable Variables and Measurement Error", Journal of Marketing Research, Vol. 18, No. 1, pp. 39-50.
Gefen, D. and Straub, D.(2003), "Managing user trust in B2C e-service", e-Service Journal, Vol. 2, No. 2, , pp. 7-24.
Goffman, E.(1959), The presentation of self in everyday life, New York: Doubleday Anchor Books.

Gremler, D. D., Gwinner, K. P., and Brown, S. W.(2001), "Generating positive word-of-mouth communication through customer employee relationships," International Journal of Service Industry Management, Vol.12, No. 1, pp. 44-59.

Haenlein, M. & Kaplan, A. M.(2010), "Users of the world, unite! The challenges and opportunities of Social Media", Business Horizons 53, pp. 59-68.

Haichao Zheng, Dahui Li, and Wenhua Hou(2011), "Task Design, Motivation, and Prticipation in Crowdsourcing Contests" International Journal of Electronic Commerce, Summer 2011, Vol. 15, No. 4, pp. 57-88.

Hair, J., Anderson, R. Tatham, R. and Black, W.(1998), Multivariate Data Analysis with Readings, 5th ed., Prentice-Hall, Englewood Cliffs, NJ.

Hargittai, Eszter(2007), "Whose Space? Differences Among Users and Non-Users of Social Network Sites", Journal of Computer-Mediated Communication, 13(1), pp. 276–297.

Jackson, B. B.(1985), Winning and Keeping Industrial Customers: The dynamics of Customer Relationships, Lexington, Ma: Lexington Books.

Kerlin, J. A.(2006), "Social Enterprise in the United States and Europe: Understanding and Learning from Difference", Voluntas 17, pp. 247-263.

Kerlin, J. A.(2010), "A Comparative Analysis of the Global Emergence of Social Enterprise", Voluntas 21, pp. 162-179.

Kozinets, R.V., Valck, K., Wojnicki, A.C., and Wilner, S.J.S.(2010), "Networked narratives: understanding word-of-mouth marketing in online communities", Journal of Marketing, Vol.74, No.1, pp. 71-89.

Kwon, O., Wen, Y.(2010), "An empirical study of the factors affecting social network service use", Computer in Human Behavior, Vol. 26, pp. 254-263.

Lee, Hong-il and Park Cheol(2010), "A Literature Review of Advertising Researches on the New Media", Proceedings of 2010 Global Marketing Conference, Global Business and Technology

Association, Tokyo, Japan, pp. 528-533.

Lee-Yun Pan, Jyh-Shen Chiou, (2011), "How Much Can You Trust Online Information? Cues for Perceived Trustworthiness of Consumer-generated Online Information", Journal of Interactive Marketing, Vol. 25, pp. 67-74.

M. Auteri(2003), "The Entrepreneurial Establishment of a Nonprofit Organization", Public Organization Review, Vol.3, No.2, pp. 171-189.

OECD(1999), "Social Enterprise", Paris, OECD.

Short, J., Williams, E. & Christie, B.(1976), The social psychology of telecommunications, Hoboken, NJ: John Wiley & Sons, Ltd.

S. Campbell(1998), "Social Entrepreneurship: How to Develop New Social Purpose Business Venture", Health Care Strategic Management, Vol.16, No.5, pp.17-18.

Schmidt, stacy M P; Ralph, David L.(2011), "Social Media: More Available Marketing Tools", Business Review Cambrige, Vol 18, No.2 (Dec 2011), pp. 37-43.

Park Choel and Lee Thae Min(2009), "Antecedents of Online Reviews' Usage and Purchase Influence: An Empirical Comparison of U.S. and Korean Consumers", Journal of Interactive Marketing, 23(4), 332-340.

Park Cheol and Lee Thae Min(2009), "Information Direction, Website Reputation and eWOM Effect: A Moderating Role of Product Type", Journal of Business Research(SSCI), 62 (1), 61-67.

Smith, G (2007), "Social Software Building Blocks", nforum. <http://nform.ca/publications/social-software-building-block>

S. Bengtsson and L. Hulgard(2004), Denmark: Co-operative Activity and Community Deelopment, The Emergence of Social Enterprise, Routledge: London and New York.

Webster, F. E. Jr.(1984), Industrial Marketing Strategy, 2nd Ed., New York: John Wiley & Sons.

<URL 출처>

http://blog.naver.com/ssamoo3103?Redirect=Log&logNo=60148264098
http://blog.naver.com/elegancekim?Redirect=Log&logNo=60164476344

http://aqua8786.blog.me/90138207420
http://jamiepark.wordpress.com/2010/05/19/pepsi_socialproject
http://news.naver.com/main/read.nhn?mode=LSD&mid=sec&sid1=105&oid=030&aid=0002147039
http://blog.naver.com/my02sang?Redirect=Log&logNo=40133179523
http://news.mk.co.kr/newsRead.php?year=2012&no=333907
http://blog.naver.com/bridgeipot?Redirect=Log&logNo=20150285275
http://blog.naver.com/pooh9143?Redirect=Log&logNo=140143834976
http://blog.naver.com/amourose?Redirect=Log&logNo=30096110423
http://www.imground.com/1066
http://www.zdnet.co.kr/news/news_view.asp?artice_id=20110428133945&type=det
http://blog.naver.com/unbearable_?Redirect=Log&logNo=50090704009
http://news.kukinews.com/article/view.asp?page=1&gCode=kmi&arcid=0004242740&cp=nv
http://gonystyle.egloos.com/4712593
http://blog.naver.com/appbooks?Redirect=Log&logNo=50126155981
http://bizmaster66.blog.me/130090881409
http://www.ebuzz.co.kr/news/news/2280432_1878.html
http://social-marketing.tistory.com/10
http://www.segye.com/Articles/NEWS/ECONOMY/Article.asp?aid=20120309021303&subctg1=&subctg2
http://h21.hani.co.kr/arti/special/special_general/32109.html
http://bizkhan.tistory.com/2463
http://www.midorisweb.com/890
https://www.facebook.com/SmallBusinessSaturday

아 | 산 | 재 | 단 | 연 | 구 | 총 | 서

1. 전환기의 중국경제
   김윤환 외 | 단국대 경제학과
2. 폴란드 경제의 변천 개혁과 그 전망
   김광수 | 숭실대 경제학과
3. 재소한인
   이광규 외 | 서울대 인류학과
4. 소련산림과 임업
   홍성천 외 | 경북대 임학과
5. 아세안의 정치경제
   김국진 외 | 외교안보연구원
6. 태국의 사회변동과 경제발전
   최석만 외 | 전남대 사회학과
7. 중국의 사회경제 통계분석
   신한풍 외 | 고려대 통계학과
8. 중국의 정치와 경제
   박두복 외 | 외교안보연구원
9. 동유럽의 개혁과 시장경제의 도입
   허만 외 | 부산대 사범대학
10. 동유럽의 개혁운동
    박영신 | 연세대 사회학과
11. 현대 러시아 연구
    기연수 외 | 한국외대 노어과
12. 전략적 선택과 기업의 국제경쟁력
    이장호 | 서강대 경영대학
13. 협동사회의 정착과 정부의 역할
    이종범 외 | 고려대 행정학과
14. 한국 제조기업 생산성의 동적 분석
    노부호 외 | 중앙대 경영대학
15. 분배의 정의
    변형윤 외 | 서울대 경제학과
16. 도덕적 행동의 강화
    이훈구 외 | 연세대 심리학과
17. 관료부패와 통제
    김해동 외 | 서울대 행정대학원
18. 한국경제의 내실 있는 성장
    정창영 외 | 연세대 경제학과
19. 한국국민정신운동의 역사와 발전방향
    박수명 외 | 부산대 사범대학
20. 한국대학생의 가치성향과 상담효과
    이영희 외 | 숙명여대 교육학과
21. 가출청소년과 학교관리체제
    안창규 외 | 부산대 교육학과
22. 동북아 정세변화와 한·일관계
    한승조 외 | 고려대 정치외교학과
23. 언론과 부정부패
    정대철 외 | 한양대 신문방송학과
24. 한국의 고등학교 교육
    이원호 외 | 부산대 교육학과
25. 가족과 방송
    김학수 외 | 서강대 신문방송학과
26. 재정개혁의 전망과 재산세제의 개편과제
    오연천 | 서울대 행정대학원
27. 청소년을 위한 전자게임 프로그램의 규제 및 평가체계 개발
    박혜원 외 | 울산대 가정관리학과
28. 정신장애자 가족의 사회심리적 특성
    이근후 외 | 이화여대 의과대학
29. 가족의 관계역동성과 문제인식
    이광규 외 | 서울대 인류학과
30. 현대인과 한국전통음식
    승정자 | 숙명여대 식품영양학과
31. 기업의 초고속정보통신망활용
    안중호 | 서울대 경영학과
32. 지역발전을 위한 교육자치제의 개선방안
    김남순 | 조선대 사범대학
33. 전환기의 공무원 가치관
    조경호 | 울산대 행정학과
34. 지방자치와 사회복지의 과제
    김영모 | 중앙대 사회복지학과
35. WTO체제하의 지방중소기업 지원정책
    최명주 외 | 계명대 통상학부
36. 현대한국의 시민운동
    이효선 | 중앙대 사회학과
37. 기업 세계화의 단계 및 정도의 측정
    허영도 외 | 울산대 경영학과
38. 가족복지를 위한 가족주치의 시범사업의 효과
    이혜리 외 | 연세대 가정의학교실
39. 한국대학생의 삶의 만족도
    김재은 외 | 이화여대 교육심리학과
40. 지역경제와 지역산업구조의 개편방향
    정기화 외 | 전남대 경제학부
41. 중국기업의 소유형태별 경영특성
    노철화 외 | 부산대 무역학과
42. 남북한의 인성·사상교육
    한승조 외 | 고려대 정치외교학과
43. 연계적 뇌기능 조언을 위한 의료용 멀티미디어 시스템의 설계
    유선국 | 연세대 의용공학교실
44. 다민족국가의 민족문제와 한인사회
    최협 외 | 전남대 인류학과
45. 저소득층지역 청소년 여가문화와 소집단 활성화
    박문수 외 | 서강대 사회학과

46 삶의 질의 국제비교와 지역간 비교분석
이재기 외 | 울산대 경제학과

47 21세기 지역주민의 삶의 질
양종회 외 | 성균관대 사회학과

48 삶의 질에 대한 국가간 비교
조명한 외 | 서울대 심리학과

49 외국인 노동자의 노사관계와 사회적 적응
석현호 외 | 성균관대 사회학과

50 한국의 사법제도와 발전 모델
정종섭 | 건국대 법학과

51 고령화사회와 중상층 노인의 사회활동
조성남 외 | 이화여대 사회학과

52 한국의 서비스 시장 개방정책
한홍렬 | 한양대 경제학부

53 한국과 AFTA간의 교역증진 및 경제 협력방안
손일태 외 | 경희대 경제통상학부향

54 물류비 절감을 위한 무역업체의 정보화전략
이영수 외 | 경북대 경제통상학부

55 사회주의 체제전환과 사회정책
오정수 외 | 충남대 사회복지학과

56 남북통일 이후 농업생산체계 개편
홍성규 외 | 건국대 농업경제학과

57 국제화와 세계화
하영선 외 | 서울대 외교학과

58 IMF 개혁정책의 평가와 한국경제의 신(新) 패러다임
조동근 | 명지대 경제학과

59 구조개혁과 실업대책
박동운 | 단국대 경제무역학부

60 21세기 신노사관계
심윤종 외 | 성균관대 사회학과

61 학교에서의 집단 따돌림
이춘재 외 | 가톨릭대 심리학과

62 한국노인의 정신건강실태와 건강증진
조맹제 외 | 서울대 의과대학

63 혁명과 개혁 속의 중국 농민
김광억 | 서울대 인류학과

64 중국의 경제환경과 한국기업의 진출 전략
지용희 외 | 서강대 경영학과

65 김대중 대통령의 시스템 사고
김동환 | 중앙대 공공정책학부

66 실업과 가족해체
최일섭 외 | 서울대 사회복지학과

67 합리적 부채비율 조정방안
오상근 | 동아대 경제학과

68 한국 중산층의 생활문화
문숙재 외 | 이화여대 소비자 · 인간발달학과

69 계층간 갈등상태에서 최적소득세
김진욱 | 건국대 경상학부

70 글로벌 경쟁력 제고를 위한 기업전략과 조직구축
이만우 외 | 고려대 경영학과

71 의료보험과 국민연금의 관리효율화를 위한 통합방안
사공진 외 | 한양대 경제학부

72 정부개혁의 과제와 전략
박우서 외 | 연세대 행정학과

73 책임운영기관 제도에 관한 비교분석
김근세 | 가톨릭대 행정학과

74 새로운 패러다임하에서의 한국기업의 바람직한 지배구조
최운열 외 | 서강대 경영학과

75 현대 한국사회의 계층구조
양춘 외 | 고려대 사회학과

76 한국의 산업정책과 산업구조조정
강안수 | 숙명여대 경제학부

77 기업구조조정
김석진 | 경북대 경영학부

78 지식경영을 위한 인적자원 개발 및 관리체계
장영철 | 경희대 경영학부

79 뉴 비즈니스 모델
전성현 | 국민대 정보관리학부

80 중산층의 정체성과 소비문화
함인희 외 | 이화여대 사회학과

81 외국관광객 유치를 위한 마케팅 전략
박상규 | 강원대 경영학과

82 한국인의 세대별 문학의식
이동순 | 영남대 국문과

83 공공부문의 효율성 평가와 측정
김재홍 외 | 울산대 사회과학부

84 한국 청소년의 정치의식과 형성요인
김광웅 외 | 숙명여대 아동복지학과

85 한국 대학생의 정치의식
배한동 | 경북대 윤리교육과

86 산업의 정보화와 산업발전
이기동 | 계명대 통상학부

87 한국 제조업의 고용조정 분석
이종원 외 | 성균관대 경제학부

88 지식자산에 대한 경영전략적 평가모형 개발
배재학 외 | 울산대 컴퓨터 · 정보통신공학부

89 관광사업을 위한 한국적 이미지의 휴식복 개발
채금석 | 숙명여대 의류학과

90 한국 정치제도의 개혁
신정현 | 경희대 사회과학부

91 e비즈니스와 아웃소싱 전략
정승화 외 | 연세대 경영학과

92 집단 따돌림의 진단 및 치료방안
홍준표 | 중앙대 인간생활환경학과

93 16대 총선과 낙선운동
조기숙 | 이화여대 국제대학원

94 부동층 유권자 행태 분석
진영재 | 연세대 정치외교학과

95 사이버 공동체의 성공요인
이재관 | 숭실대 경영학부

96 온라인 소비자 행동의 이론과 실증
윤성준 | 경기대 경영학부

97 글로벌 시대 정약용 세계관의 가능성과 한계
차성환 | 한일장신대 역사사회학과

98 러시아의 체제전환 과정에서 나타난 국가의 역할과 그 전망
이상민 외 | 부산대 정치외교학과

99 남북한의 경제발전 수준과 산업구조 비교, 그리고 경제교류 협력방향
주성환 | 건국대 경제학과

100 집단따돌림과 교육해체
한준상 | 연세대 교육학과

101 공적연금제도의 효율성과 개선방안
유금록 | 군산대 행정복지학부

102 벤처기업-대기업의 성공적인 협력 모델
나중덕 | 경산대 경영학과

103 북한의 재외동포정책
조정남 외 | 고려대 정치외교학과

104 사이버 공동체 형성의 역동적 모형
장용호 | 서강대 신문방송학과

105 기업이론과 기업의 소유지배구조
김일태 외 | 전남대 경제학부

106 가축분뇨 자원화를 위한 공동이용조직에 대한 농가선호도 분석
유덕기 | 동국대 생명자원경제학과

107 개혁정책과 전문가 집단
이경원 외 | 제주대 행정학과

108 현대 한국사회의 이중가치체계
신수진 외 | 이화여대 가정관리학과

109 한국의 산업구조 변화와 기업집단 다각화 전략
김용학 외 | 연세대 사회학과

110 지식정보사회의 경제적 모형 설정 및 사례 연구
김범환 | 배제대 경영정보학부

111 변호사징계제도
오종근 | 한림대 법학부

112 인터넷 특허법
김순석 | 광주대 법학과

113 e-비즈니스 시대의 금융 및 재정정책의 새로운 패러다임
이종욱 | 서울여대 경제학과

114 청소년의 하위문화와 정체성
조성남 | 이화여대 사회학과

115 디지털금융시대의 금융구조변화와 정부규제 및 정책
이충열 | 고려대 경제학부

116 지식경영을 위한 기업의 조직설계방안
김경수 외 | 전남대 경영학과

117 전자금융의 발달과 경제정책의 새로운 패러다임
이명훈 | 명지대 경제학과

118 동아시아의 안보와 유엔체제
강성학 편저 | 고려대 정치외교학과

119 유료 치매노인 그룹홈의 개발과 관련 정책
최정신 외 | 가톨릭대 소비자・주거학과

120 소비자 지향적 문화산업 정책
홍영준 | 호남대 광고홍보학과

121 국제・국가・지방 환경규제의 연계
정준금 외 | 울산대 행정학과

122 현행 회사 합병・분할제도의 평가와 개선방안
옥무석 외 | 이화여대 법학과

123 배려지향적 도덕성과 정의지향적 도덕성
정옥분 외 | 고려대 사범대학

124 기업구조조정에 대한 채권금융기관 및 금융감독기관의 역할과 책임
이중기 | 한림대 법학과

125 실업대책으로서 한국의 법정기준근로 시간 단축
박영범 | 한성대 경제학과

126 프랑스어의 비분리성 소유개념 표현
노윤채 | 연세대 언어정보연구원

127 지방채의 효율적 관리방안
강태구 | 호원대 법행정학부

128 21세기 산업구조 변화와 과학기술정책
임채성 외 | 그리스도신학대 경영정보학부

129 인터넷 쇼핑몰 이용자의 불평행동
예종석 | 한양대 경영학부

130 한국기업의 성과급제도 현황, 효과 및 개선방안
김성수 | 서울대 경영학과

131 전자상거래와 소비자보호
서민교 외 | 경일대 인터넷국제통상학과

132 평생학습 사회에서의 인적자원개발을 위한 사회적 파트너십 구축
김영화 | 홍익대 교육학과

133 한국 공교육의 새로운 구상과 전략
권대봉 외 | 고려대 교육학과

134 한국의 정부개혁
김태룡 | 상지대 행정학과

135 지방정부 생산성 측정의 이론과 실제
이은국 외 | 연세대 행정학과

136 불가 시문학론
배규범 | 경희대 학술연구 교수

137 남북경제교류의 법적 문제
제성호 | 중앙대 법학과

138 경제위기와 청소년 발달
구인회 | 서울대 사회복지학과

139 생명과학기술의 응용과 기본권보호적 한계
정상기 외 | 한남대 법학과

140 경제발전과 정치환경의 한·일 비교분석
정갑영 외 | 연세대 동서문제연구원

141 한국 공교육의 진단
윤정일 외 | 서울대 교육학과

142 우리나라 지방자치 발전을 위한 자치단체장의 역할
정성호 외 | 경기대 사회과학부

143 의료보험제도의 개혁방안
권순원 | 덕성여대 경제학과

144 중등 도덕교육의 현실과 문제
손동현 외 | 성균관대 철학과

145 사이버공동체 발전론
이명식 | 상명대 경영학과

146 남북경협 확대에 대비한 북한 담보제도의 정비방안
박훤일 | 경희대 법과대학

147 한국 공무원 인사제도 개혁
김판석 | 연세대 행정학과

148 교사화법 교육
임칠성 외 | 전남대 국어교육과

149 세계화의 문화정치학
임혁백 외 | 고려대 정치외교학과

150 효과적인 e-SCM을 위한 의사결정 조정 시스템 모형
이원준 | 성균관대 경영학부

151 환경거버넌스
김종순 외 | 건국대 행정학과

152 자동차산업의 인적자원관리
이덕로 | 서원대 경영학부

153 한국과 영국 간 지식기반산업 비교
이명호 | 한국외대 경영학과

154 한국 벤처기업의 기술네트워킹 및 기술마케팅 전략
장영일 | 인제대 경영학부

155 회사변호사의 윤리
오승종 | 성균관대 법과대학

156 미디어교육론
이정춘 | 중앙대 신문방송학과

157 조선시대 서원과 양반
윤희면 | 전남대 역사교육과

158 환경문제와 철학
박찬국 | 서울대 철학과

159 노인보건복지 이론과 실제
김명 외 | 이화여대 보건교육학과

160 북한의 법체계
권재열 외 | 숭실대 법학과

161 생명공학기술의 안전성 확보에 관한 법적 고찰
이재협 | 경희대 법학부

162 청소년복지학
김성이 외 | 이화여대 사회복지학과

163 변화하는 세계, 변화하는 복지국가
조영훈 | 동의대 사회복지학과

164 의리의 윤리와 한국의 유교문화
김낙진 | 진주교대 도덕교육과

165 미국의 통상정책과 통상법
윤충원 | 전북대 무역학과

166 사회복지 프로그램 평가
김학주 | 경상대 사회복지학과

167 환경주의와 지속가능한 발전
정대연 | 제주대 사회학과

168 무역과 환경
김기흥 외 | 경기대 경제학부

169 산업계 유해폐기물의 위험과 관리
김금수 | 호서대 경상학부

170 백범 김구의 지적 계발과정 탐색
문용린 | 서울대 교육학과

171 태평양전쟁 발발 이후 일제의 인적 지배와 그리스도교계의 대응
윤선자 | 전남대 사학과

172 거버넌스 상황에서 갈등관리를 위한 대체적 분쟁해결제도
서순복 | 광주대 법정학부

173 시장경제의 유형과 민주주의
최배근 | 건국대 경상학부

174 일본고전소설 총론
김현정 | 국립한국전통문화학교

175 국어 교육을 위한 국어 문법론
이관규 | 홍익대 국어교육과

176 율곡의 군주론
전세영 | 부산교대 윤리교육과

177 동북아시아 환경협력
정서용 | 명지대 법학과

178 기후변화협약과 기후정책
신의순 외 | 연세대 경제학과

179 인터넷과 국제 학술정보 네트워크-하이퍼링크 분석
박한우 | 영남대 언론정보학과

180 국내 기업복지의 활성화 방안
최수찬 | 연세대 사회복지대학원

181 세계화와 인간안보
김우상 외 | 연세대 정치외교학과

182 세계문화유산 종묘 이야기
지두환 | 국민대 국사학과

183 한국 평생교육의 사회철학적 과제
곽삼근 | 이화여대 교육학과

184 강점모델
정순둘 | 이화여대 사회복지학과

185 글로벌시대의 계약법
박영복 | 한국외대 법과대학

186 배심제와 시민의 사법참여
안경환 | 서울대 법학과

187 동북아공동체
김재한 | 한림대 정치외교학과

188 정치 참여와 탈물질주의
김욱 | 배재대 정치외교학과

189 퍼지전문가회로망을 이용한 금융기관의 사이버 기업여신결정 지원시스템의 개발
권혁대 | 목원대 경영학과

190 환경정책과 환경법
송인성 | 전남대 지역개발학과

191 포스트모던 시대의 평생교육학
한숭희 | 서울대 교육학과

192 현대 한국인의 세대경험과 문화
박길성 외 | 고려대 사회학과

193 서구의 근로연계복지
김종일 | 건국대 사회복지학과

194 사회복지운동론
현외성 | 경남대 사회복지학과

195 외국의 역모기지 사례
유선종 | 건국대 부동산학과

196 옛이야기와 어린이문학
이지호 | 진주교대 국어교육학과

197 노인사회복지관광의 정책과제와 방안
김창수 | 경기대 관광학부

198 복지서비스의 민간위탁 시스템 분석
김순양 | 영남대 행정학부

199 새로운 빈곤층의 대두와 정부의 정책과제
김진욱 | 건국대 경제학과

200 문화행정론
김정수 | 한양대 행정학과

201 스칸디나비아 노인용 코하우징의 계획과 적용
최정신 외 | 가톨릭대 생활과학부

202 북한의 자연생태계
공우석 | 경희대 지리학과

203 통계로 이해하는 러시아
전홍찬 | 부산대 정치외교학과

204 사회복지법인의 경영과 회계
이동규 | 충남대 회계학과

205 의약분업 정책과정
차흥봉 | 한림대 사회복지학과

206 지역공동체와 평생교육
오혁진 | 동의대 평생교육학부

207 아동보호서비스의 실제
한미현 | 백석대 사회복지학부

208 그린마케팅
박재기 | 충남대 경영학부

209 아동권리와 아동복지
이혜원 | 성공회대 사회복지학과

210 국제 이주와 인도인 디아스포라
김경학 | 전남대 인류학과

211 질병과 의료의 사회학
조병희 | 서울대 보건대학원

212 북한이탈주민의 사회통합을 위한 지역복지실천의 모색
이기영 | 부산대 사회복지학과

213 치매노인케어론
조유향 | 초당대 간호학과

214 노인상담입문
서혜경 외 | 한림대 대학원 사회복지학과

215 '통일 이후 통일과정'으로서의 독일 통일영화
이준서 | 이화여대 독어독문학과

216 중국의 사회보장
오정수 | 충남대 사회복지학과

217 환경자원의 경제적 가치와 환경오염의 사회적 비용
김재홍 | 울산대 사회과학부

218 사회복지프로그램의 경제적 평가방법
박창제 외 | 상주대 사회복지학과

219 자유의지와 결정론
안건훈 | 강원대 철학과

220 심리학자들이 쓴 행복한 결혼의 심리학
채규만 외 | 성신여대 심리학과

221 현대 해석학 강의
양해림 | 충남대 철학과

222 한국인의 주거 빈곤과 공공주택
하성규 | 중앙대 도시 및 지역계획학과

223 IMF 경제위기와 한국 출산력의 변화
김두섭 | 한양대 사회학과

224 동아시아의 영토분쟁과 국제법
이석우 | 인하대 법학부

225 독일 복지국가와 사회복지서비스
정재훈 | 서울여대 사회사업학과

226 사회복지사를 위한 실용 비모수통계
엄명용 | 성균관대 사회복지학과

227 피해자학 연구
이윤호 | 동국대 경찰행정학과

228 광고언어창작론
박영준 외 | 부경대 국어국문학과

229 환경규제 패러다임의 전환
한철 | 한남대 법학과

230 고령사회의 노동환경변화와 고용시스템의 문제점 및 법적 대응
고준기 | 국립군산대 법학과

231 세계화와 소득불평등
이성균 외 | 울산대 사회과학부

232 유비쿼터스 사회의 이해
안중호 외 | 서울대 경영학과

233 국제환경책임법론
박병도 | 건국대 법학과

234 한국의 선거와 민주주의
윤종빈 | 명지대 정치외교학과

235 한국 시민운동의 구조와 동학
조대엽 외 | 고려대 사회학과

236 또래관계
송영혜 | 대구대 재활심리학과

237 해외 한국기업과 현지인 노동자
석현호 외 | 에스코아이아학술문화재단

238 독일 국가복지에서 민간복지단체의 역할과 의미
차성환 외 | 한일장신대 사회복지학부

239 청정공학
조정호 | 동양대 생명화학공학과

240 한국전통연희론
심상교 | 부산교육대 국어교육학과

241 정신장애와 가족
서미경 | 경상대 사회복지학부

242 빈곤통계의 작성과 활용
김주환 | 동국대 정보통계학과

243 인터넷과 한국정치
강원택 | 숭실대 정치외교학과

244 북한의 시장경제이행
정영화 외 | 서경대 법학과

245 시스템사고로 본 지속가능한 도시
문태훈 | 중앙대 도시및지역계획학과

246 실버산업과 유비쿼터스 컴퓨팅
고일상 | 전남대 경영학부

247 재활상담과 사례관리
나운환 | 대구대 직업재활학과

248 영유아교육기관에서의 장애 이해 교육
유수옥 | 우석대 유아특수교육과

249 장애의 사회적 의미와 사회통합
박수경 | 대진대 사회복지학과

250 경제분석의 수리적 기초
조인성 | 공주대 경제통상학부

251 비영리부문의 비교연구
김승현 | 서울산업대 행정학과

252 고등교육경제학
반상진 | 전북대 교육학과

253 과학윤리교육의 이론과 방법
조희형 | 강원대 과학교육학부

254 결혼이민자가족의 이해
김오남 | 대불대 사회복지학과

255 동아시아 국가의 공공부조
신동면 | 경희대 사회과학부

256 특수아동 진단 및 평가
이나미 | 대불대 특수교육과

257 계약형 사회복지와 권리옹호시스템
이명현 | 경북대 상주캠퍼스 사회복지학과

258 실내공기질 및 위해성 관리
양원호 | 대구가톨릭대 산업보건학과

259 충남 방언 문법
한영목 | 충남대 국어국문학과

260 교육권론
노기호 | 군산대 법학과

261 도시경관계획론
임승빈 | 서울대 조경 · 지역시스템공학부

262 교통의 새로운 패러다임
김형철 | 경원대 도시계획 · 조경학부

263 노인의 삶의 질 향상을 위한 주거환경디자인
천진희 | 상명대 디자인대학 실내디자인전공

264 사회복지와 문화
박병현 | 부산대 사회복지학과

265 장애인복지의 이론과 실제
이선우 | 인제대 사회복지학과

266 창의성 개발을 위한 디자인교육 콘텐츠
김선영 | 인천가톨릭대 조형예술대학 환경디자인학과

267 구성주의 사회복지 실천 기술론
고미영 | 서울신학대 사회복지학과

268 장애아교육학
김기흥 | 부산교육대 유아교육과

269 지역사회복지와 자원부문
한상진 외 | 울산대 사회학과

270 환경관리회계
육근효 | 부산외국어대 회계학부

271 인권 관점에서 보는 장애인복지
유동철 | 동의대 사회복지학과

272 정신증상
송지영 | 경희대 의과대학병원 신경정신과

273 사이버공간의 사회심리학
이성식 외 | 숭실대 정보사회학과

274 노인에 대한 사회적 돌봄과 돌봄 서비스의 질 보장
최희경 | 신라대 가족노인복지학과

275 아동 심리치료의 실제
신현균 | 전남대 심리학과

276 사회복지와 위험관리
노충래 | 이화여대 사회복지전문대학원

277 국제 탄소시장의 이해
양승룡 | 고려대 식품자원경제학과

278 타자의 초상
신문수 | 서울대 영어교육과

279 한국정치와 환경정치
나정원 | 강원대 정치외교학과

280 북한이주민
윤인진 | 고려대 사회학과

281 음주의 사회경제적 비용
정우진 외 | 연세대 보건대학원

282 지방정치와 동북아 도시거버넌스
박재욱 | 신라대 행정학과

283 노숙인 복지론
남기철 | 동덕여대 사회복지학과

284 유럽통합과정과 지역협력
이규영 | 서강대 국제대학원

285 사회복지재정 연구
지은구 | 계명대 사회과학대학 사회복지학과

286 지역사회 교육개혁을 위한 시민사회 조직의 참여
김영화 | 홍익대 교육학과

287 복지사회를 대비한 국민연금의 구조개혁
박영석 외 | 서강대 경영학부

288 한미 FTA 지재권 협상에 따른 의약품 분야 사회후생 변화
오근엽 | 충남대 무역학과

289 산업입지, 환경 그리고 지역경제
이기동 외 | 계명대 국제통상학과

290 감성지능 개발을 통한 삶의 질 향상
김경수 외 | 전남대 경영학부

291 교육복지론
이용교 외 | 광주대 사회복지학부

292 인간과 행복에 대한 철학적 성찰
박찬국 | 서울대 철학과

293 유럽연합의 사회통합 사례와 교훈
이무성 | 명지대 정치외교학과

294 민영화와 사회후생
이상호 | 전남대 경제학부

295 북한의 교육학 체계 연구
최영표 외 | 동신대 교육대학원

296 한국 지속가능발전의 구조와 변동
정대연 | 제주대 사회학과

297 우리나라의 공익 연계 마케팅에 관한 연구
임승희 | 전주대 경영학부

298 시각장애인복지론
김영일 | 조선대 특수교육과

299 그린에너지와 환경촉매
정석진 | 경희대 화학공학과

300 취약학교 초등학생을 위한 온라인 보건 교육 프로그램
박경옥 | 이화여대 보건관리학과

301 신탁제도를 통한 고령자의 보호와 지원
최수정 | 서강대 법학전문대학원

302 사회적 약자계층에 대한 실태분석 및 정책방안
이은우 외 | 울산대 경제학과

303 한류 문화와 동북아 공동체
최혜실 | 경희대 국어국문학과

304 노동유연화와 해고보호법
권혁 | 부산대 법학전문대학원

305 사회복지 위험관리의 이해
박미은 | 한남대 사회복지학과

306 의료기관의 회계와 세무
노준화 | 충남대 경영학부

307 여성인적자원의 전문성 확보를 위한 경력개발
백지연 | 이화여대 국제사무학과

308 정신병리
강선경 | 서강대 신학대학원

309 바다의 반란 적조
윤양호 | 전남대 해양기술학부

310 한국 장애인 복지 발달사
이성규 | 서울시립대 사회복지학과

311 서양예술 속의 동양 탐색
진상범 | 전북대 독어독문학과

312 한국인의 도덕성 발달 진단
문용린 | 서울대 교육학과

313 영국정치와 국가복지
고세훈 | 고려대 공공행정학부

314 인간학적 사유를 여는 중도·중복장애 교육학
이숙정 | 단국대 특수교육과

315 개별화 교육과정
이소현 | 이화여대 특수교육과

316 인간의 긍정적 성품
권석만 | 서울대 심리학과

317 지방자치와 지역여성의 전망
이혜숙 | 경상대 사회학과

318 한국 현대 노년소설 연구
전흥남 | 한려대 교양학부

319 정보격차 해소를 위한 창의적 정보교육 프로그램
이영준 외 | 한국교원대 컴퓨터교육과

320 한국 가족과 젠더
손승영 | 동덕여대 교양학부

321 한국의 복지혼합
김진욱 | 서강대 신학대학원

322 사회자본과 자원봉사
김태룡 외 | 상지대 행정학과

323 농촌교육복지연구
박삼철 | 단국대 교양학부

324 사회정체성 평가 차원에 대한 국제비교조사
이명진 | 고려대 사회학과

325 캐나다 복지국가 연구
조영훈 | 동의대 사회복지학과

326 한국의 소수자운동과 인권정책
전영평 외 | 서울대 행정대학원

327 한국과 미국의 보육서비스 전달체계와 품질 비교분석
김근세 외 | 성균관대 국정관리대학원

328 한국사회의 소득불평등과 국민 의료이용
이용재 | 호서대 사회복지학과

329 정보시대의 인간안보
조화순 | 연세대 정치외교학과

330 가족의 사회경제적 특성과 아동발달
김광혁 | 전주대 사회복지학과

331 초·중·고등학생의 학업소진 진행과정 및 경로분석
이상민 | 고려대 교육학과

332 다문화사회의 사법통역
이지은 | 이화여대 통역번역대학원

333 동아시아 지역주의
유현석 | 경희대 정치외교학과

334 환경친화적 공공시설관리와 지역공동체의 삶의 질
이소영 | 중앙대 실내디자인·주거환경학과

335 의료보험의 법정책
김나경 | 성신여대 법과대학

336 양극화 시대 가족해체와 청소년의 적응에 관한 한국과 미국의 비교 연구
오승환 외 | 울산대 사회복지학과

337 기업의 사회적 책임과 지역경제사회발전 연구
허영도 외 | 울산대 경영학부

338 노인의 삶의 질 향상을 위한 온라인 소셜 네트워크 구축 방안
김진우 | 연세대 경영학과

339 청소년 생활역량
윤명희 외 | 동의대 평생교육학과

340 외국인 배우자의 다양성과 국제결혼의 안정성
김두섭 | 한양대 사회학과

341 정보인권의 규범구체화
이민영 | 가톨릭대 법학과

342 한국 사회복지실천의 고유성
최성재 외 | 서울대 사회복지학과

343 스웨덴의 환경책임 실천모형
최희경 | 경북대 행정학부

344 자율운동과 주거공동체
윤수종 | 전남대 사회학과

345 한국인의 공공봉사동기
김상묵 | 서울과학기술대 행정학과

346 한국 이혼가정 아동의 성장
김혜숙 | 경인교육대 교육학과

347 동양 사상과 노인 복지
홍승표 외 | 계명대 사회학과

348 노동과 사회보장의 연계
오문완 | 울산대 법학과

349 학습장애 위험군 아동의 조기선별을 위한 읽기검사 표준화 연구
김애화 외 | 단국대 특수교육학과

350 신·재생에너지에 기초한 녹색성장과 사회통합
김인호 | 이화여대 법학전문대학원

351 문화교류역량과 다문화 경영이 기업 경영성과에 미치는 영향
임병학 외 | 부산외대 경영학부

352 빈곤영유아의 발달과 적응
정익중 외 | 이화여대 사회복지학과

353 민사법질서와 인권
양천수 | 영남대 법학전문대학원

354 성년후견제도와 사회복지제도의 연계
신권철 | 서울시립대 법학전문대학원

355 한국 다문화사회의 이방인
김순양 | 영남대 행정학과

356 현대 시민사회와 소비자계약법
이병준 | 한국외대 법학전문대학원

357 개인의 사회적 정보보호를 위한 공공 정보서비스 개선 연구
장항배 | 상명대 경영학과

358 여성교육투자에 대한 교육경제학적 탐색
백일우 외 | 연세대 교육학부

359 사회적 기업과 지속가능한 지역발전
임업 외 | 연세대 도시공학과

360 다문화가정 구성원에 대한 투트랙 한국어 교육방안 연구
박시균 | 군산대 국어국문학과

361 아시아의 빈곤과 한국기업의 역할
한안수 | 충남대 경영학부

362 유치원·초등학교 연계 환경교육
박희숙 | 공주대 유아교육학과

363 비정규 고용과 사회정책
구인회 외 | 서울대 사회복지학과

364 사생활의 자유에 관한 비교법적 연구
이창현 | 서강대 법학전문대학원

365 다중융합 환경 기반의 미디어스킨을 활용한 문화콘텐츠 디자인 적용방안에 관한 연구
오문석 외 | 광운대 미디어영상학부

366 북한이탈주민 여성의 성인식 관련 기초조사
한인영 외 | 이화여대 사회복지학과

367 노인주택 파노라마
유선종 | 건국대 부동산학과

368 시설보호 청년의 적응
정선욱 | 덕성여대 사회복지학과

369 다수 집단과 소수 집단의 심리
김혜숙 | 아주대 심리학과

370 바이오 휴머니티
권택영 | 경희대 영어학부

371 프랑스 다문화교육의 이해
이경수 | 상명대 불어교육과

372 한·중 서비스산업의 비교분석과 교역 확대 방안
김상호 | 리츠메이칸 아시아태평양대 국제경영학부

373 현대의학에 있어서 생명의 시간과 인간의 존엄
김학태 | 한국외대 법학전문대학원

374 0~3세 영유아의 영상물 과몰입 실태조사 및 정신건강증진 프로그램 개발과 적용
이경숙 | 한신대 재활학과

375 복지국가의 조세와 정치
양재진 외 | 연세대 행정학과

376 청소년기 자살행위 실태와 관련 요인
박선희 | 경희대 간호과학대학

377 기술혁신에 따른 지역 간 정보격차
최정혜 외 | 연세대 경영대학

378 한국 사회의 이중구조와 생애주기적 불평등
안상훈 편 | 서울대 사회복지학과

379 소비자의 친환경행동에 영향을 미치는 사회적·경제적 가치에 대한 고찰
송재기 | 텍사스테크대 경영학과

380 어머니 양육행동 관련 변인들과 유아 사회정서행동 간의 구조모형 분석
심숙영 | 숙명여대 원격대학원

381 조선족 여성, 동남아시아 여성 그리고 새터민의 적응 유형 분석 및 삶의 질 향상 방안 모색
정태연 | 중앙대 심리학과

382 세계의 연금, 한국의 연금
허만형 | 중앙대 공공인재학부

383 노인요양원과 문화 변화
최재성 | 연세대 사회복지학과

384 시민사회와 국제개발협력
손혁상 | 경희대 공공대학원

385 복지국가의 변화와 빈곤정책
김윤태 | 고려대 사회학과

386 다문화가정의 미디어 이용과 사회적 자본의 관계
진창현 | 경기대 경영학과

387 사회진출 대졸 초년생의 탄력성 변화 양상
이상민 | 고려대 교육학과

388 사회자본과 경제발전 그리고 정부의 질
도수관 | 대구가톨릭대 행정학과

389 망명과 귀환이주
서장원 | 고려대 독일문화학과

390 근거기반실천과 사회복지
김유진 | 경북대 사회복지학부

391 인터넷상 정보 유통에 대한 새로운 저작권 규율 방향 모색
박준석 | 서울대 법학전문대학원

392 한국 사회의 인종차별적 담화구조
이창수 | 한국외대 통역번역대학원

393 사회복지사의 사회복지 가치 지향
김용석 | 가톨릭대 사회복지학과

394 개인정보의 국제적 유통에 따른 법적 문제와 대책
박훤일 | 경희대 법학전문대학원

395 정신장애인의 인권
서미경 | 경상대 사회복지학과

396 취약계층 비만청소년들의 체중관리를 위한 건강증진 프로그램의 효과
김영호 | 서울과학기술대 스포츠과학과

397 한국 전통의 돈의 문학사, 나눔의 문화사
서신혜 | 한양대 창의·융합교육원

398 와이파이 공간과 모바일 정보 격차
이건학 | 서울대 사회과학대학

399 도시정비사업의 법적 쟁점과 해설
성중탁 | 경북대 법학전문대학원

400 사회서비스 제공기관의 조직요인과 성과
신창환 | 경북대 사회복지학부

401 도시 사운드스케이프 디자인
전진용 외 | 한양대 건축공학부

402 지방의회 의원윤리연구
김택 | 중원대 경찰행정학과

403 발달장애인 자립생활 증진을 위한 역량탐색 및 주거로서의 해결과제
김라경 | 광주교육대 교육학과

404 외국인고용제도개선과 인권
김상호 외 | 경상대 법과대학

405 사회복지연구에서 질적방법과 분석
김인숙 | 가톨릭대 사회복지학과

406 현대미술에서의 예술적 성장과 창의적 인재양성
백경미 | 울산과학기술원 기초과정부

407 현대인의 삶과 문화예술교육
곽삼근 | 이화여대 교육학과

408 문화적 배경과 체화된 인지
민동원 | 단국대 경영학부

409 아동 섭식행동평가 척도 표준화 및 섭식문제 현황 조사
정경미 | 연세대 심리학과

410 잊혀질 권리: 이상과 실현
문재완 | 한국외대 법학전문대학원

411 인권의 지역화: 일상생활의 인권 증진을 위하여
김중섭 | 경상대 사회학과

412 다문화 시대 이주민의 한국어 의사소통
민병곤 외 | 서울대 국어교육과

413 다문화 시대의 문화교육 커리큘럼
윤여탁 외 | 서울대 국어교육과

414 다문화 시대의 통일교육
박성춘 외 | 서울대 윤리교육과

415 다문화 시대 사회 통합을 위한 시민 교육
이진석 외 | 부산대 일반사회교육과

416 다문화 관련 법률 및 제도
박성혁 외 | 서울대 사회교육과

417 생태복원의 인문학적 상상력
김성도 외 | 고려대 언어학과

418 다국내 출생 다문화가정 청소년의 아픔과 분투: 사회적 차별로부터의 회복과 성장
서영석 | 연세대 교육학과

419 종교심리학의 이해: 죽음인식의 논의를 중심으로
김재영 | 서강대 종교학과

420 글로벌 시대의 사회통합: 세계적 추세와 한국의 위상
장용석 외 | 연세대 행정학과

421 소규모 사회적기업과 소셜미디어 마케팅
박철 | 고려대 글로벌비즈니스대학

아 | 산 | 재 | 단 | 연 | 구 | 보 | 고 | 서

1 한국인의 도덕성 연구
배해수 | 고려대 국문학과

2 산업화와 청소년 진로
이원호 | 울산대 교육학과

3 공동체의식과 시민운동
김영섭 | 한양대 행정학과

4 한국청년의 삶의 의미 충족도와 만족적 태도
안정수 | 경희대 철학과

5 중국조선족의 사회발전과 한·중관계의 위상
손장권 | 고려대 사회학과

6 해송림 "솔껍질깍지벌레"의 천적 및 주요 종의 생태
김규진 | 전남대 농생물학과

7 사회정의와 실천윤리
박종대 | 서강대 철학과

8 동구개혁의 영향
김달중 | 연세대 정치외교학과

9 한국청소년의 의식세계
김문조 | 고려대 사회학과

10 고강도 철근 콘크리트 구조의 실용화
정헌수 | 중앙대 건축학과

11 신기술의 연관형태 및 출현예측의 구조모형
권철신 | 성균관대 산업공학과

12 민간기업의 연구개발을 위한 조세정책
권영훈 | 한양대 경제학부

13 기술개발 활성화방안
송승구 | 울산대 화학공학부

14 부패의 현상과 진단
이문조 | 영남대 정치외교학부

15 연구투자의 지역적 편중화와 부산지역의 기초과학연구 활성화방안
윤웅찬 | 부산대 화학과

16 GATT의 신구 덤핑방지협정과 그 대응방안
전창원 | 동국대 무역학과

17 한국사회의 도덕성 제고를 위한 진단과 처방
황경식 | 서울대 철학과

18 새로운 노사관계 방향
이진규 외 | 고려대 경영학과

19 21세기 동북아 정세예측과 한국의 전략적 대응방안
최평길 외 | 연세대 행정학과

20 소련의 한국에 대한 정책목표분석
신승권 | 한양대 정치외교학과

21 메모리 커패시터용 $Pb(Zr_xTi_{1-x})O_3$ 강유전체 박막의 제작과 특성
장지근 외 | 단국대 전자공학과

22 러시아 국제법학의 전통
김용구 | 서울대 외교학과

23 유럽연합의 현황과 전망
김동현 외 | 성균관대 행정학과

24 중국의 정치동원
송영우 외 | 건국대 정치외교학과

25 산업적 활용을 위한 이동로보트 시스템의 개발
박민용 외 | 연세대 전자공학과

26 중국조선족의 정치사회화과정과 동화적 국민통합의 방향
전인영 외 | 이화여대 사회생활학과

27 공적부조의 이론과 실제
최일섭 외 | 서울대 사회복지학과

28 대외통상환경의 변화와 법제개편
서헌제 | 중앙대 법학과

29 기업금융의 국제화
최생림 | 한양대 경영학부

30 자동차부품공업의 노사관계
김호진 외 | 고려대 행정학과

31 산업화 과정에서의 한국가족의 실태와 전망
정창수 외 | 성균관대 사회학과

32 공무원 가치관 실태와 정립방안
배병룡 외 | 경상대 행정학과

33 해외귀국청소년의 국내적응연구
이장영 | 국민대 사회학과

34 초고속정보통신망에서 LAN서비스 제공방안
이재용 | 연세대 전자공학과

35 WTO체제의 정책적 대응
김병진 외 | 경희대 행정학과

36 유럽의 통합정치
최수경 외 | 충남대 정치외교학과

37 유기질폐기물을 이용한 고단백사료원인 조류의 생산공정
최정우 외 | 서강대 화학공학과

38 초고속정보통신망의 수용성과 정책방향
박영상 외 | 한양대 신문방송학과

39 중국의 강남사회와 한중교섭
조영록 외 | 동국대 사학과

40 세계화시대의 사회 · 문화의식
신행철 외 | 제주대 사회학과

41 국내 외국인 노동자의 문제와 대책
성규탁 외 | 연세대 사회복지학과

42 노인인력 활용정책과 프로그램
김정후 외 | 강원대 법과대학

43 한일간 학술교류 현황과 활성화방안
정홍익 외 | 서울대 행정대학원

44 계량모형에 의한 한일 경제관계의 이해
김명직 외 | 한양대 경제학부

45 직장인의 음주행태와 삶의 질
진기남 외 | 연세대 보건행정학과

46 유통정보 시스템의 구조와 설계
정용길 | 충남대 경영학과

47 남북통일 이후 사회통합을 위한 교육의 역할
안기성 외 | 고려대 교육학과

48 대중음악에 심취한 청소년들의 심리적 특성
김인경 외 | 연세대 인간행동연구소

49 멀티미디어 시스템을 활용한 교육환경의 개선방안
김한일 | 제주대 컴퓨터교육학과

50 탈냉전기 한일관계의 쟁점
최상룡 | 고려대 정치외교학과

51 자치시대 새로운 '삶의 질' 지표의 모색
김형기 외 | 경북대 경제통상학부

52 유럽통합의 역내외 협력과 갈등
이호재 외 | 고려대 정치외교학과

53 21세기를 대비한 신노사관계
김재원 | 한양대 경제학부

54 대학의 시간제학생 등록제
안규철 외 | 전남대 교육학과

55 21세기에 대비한 방송통신정책
한진만 외 | 강원대 신문방송학과

56 주민참여를 통한 혐오시설 관리운영방안
박균성 외 | 경희대 법학부

57 여성의 정치적 권리인식과 정치참여
전경옥 외 | 숙명여대 정치외교학과

58 한국인 위장질환과 식생활 · 환경요인 및 *H. pylori* 감염과의 관계
이양자 외 | 연세대 식품영양학과

59 학생과 시민의 자원봉사활동
윤정일 외 | 서울대 교육학과

60 동북아 환경문제와 지역환경협력의 모색
신연재 외 | 울산대 정치외교학과

61 노인 자원봉사활동을 통한 사회통합 프로그램 개발
김동배 | 연세대 사회복지학과

62 물류정보 시스템
김태현 | 연세대 경영학과

63 전자식 문서교환을 이용한 항공화물 운송체계
민재형 | 서강대 경영학과

64 청소년과 성
이근후 | 이화여대 의과대학

65 민족통합과 무궁화호 위성의 남북한 공동활용방안
방정배 | 성균관대 신문방송학과

66 채식주의가 20대 여성의 영양상태와 에스트로겐 대사에 미치는 영향
성미경 | 숙명여대 식품영양학과

67 가상정보공간을 통한 지역개발 활성화 전략
유재천 외 | 한림대 언론정보학부

68 조산아 관리현황 및 정책수립 방안
박상기 외 | 조선대 의과대학

69 남북한관의 의식조사와 통일교육 개선방안
김동규 외 | 고려대 북한학과

70 동양 전통 자연사상 탐구
장동순 | 충남대 환경공학과

71 초고속정보망의 시뮬레이터 구현
한기준 | 경북대 컴퓨터공학과

72 유통원가 시스템의 유효성
정다미 | 명지대 경영학과

73 국악과 문화관광의 만남
정익준 외 | 동아대 국제관광통상학부

74 기업의 지식경영 활용사례
김창은 | 명지대 산업공학과

75 선진국과 한국의 직업교육 · 훈련제도의 특성과 한계
정주연 | 고려대 경제학과

76 제주지역 성인 여성의 자원봉사활동
이상철 외 | 제주대 사회학과

77 M&A와 문화충돌 관리
박원우 | 서울대 경영학과

78 폐금속광산 인근 주민들의 중금속 오염실태
정종학 외 | 영남대 의학과

79 북한 농촌 · 농업실태와 인력자원개발 시스템을 통한 북한 농민의 구호방안
박성열 | 건국대 교육공학과

80 중소 소매점의 경쟁력과 소매성과
채명수 외 | 한국외대 무역학과